Collection PAVAGES

W0267224

Sous la direction de Yves VERDIER

ACCOMPAGNEMENT PERSONNALISÉ • CONSOLIDATION • CO-INTERVENTION

Mathematiques

NOUVEAU PROGRAMME

Réforme de la voie professionnelle

1re | Tle | BAC PRO

Groupement C

- SP Statistique - Probabilités
- AA Algèbre - Analyse
- G Géométrie
- PA Programmation - Algorithmique
- S Synthèses
- AM Automatismes - Méthodes
- O Outils

YVES VERDIER

DAOUD ANKI
DELPHINE BOURDEAU
SYLVAIN MOKET
MANIL SOUFI
ARNAUD SERRE

Nathan
TECHNIQUE

Sommaire du site compagnon

www.nathan.fr/maths-sciences-lp

Pour chaque pavé il y a une démarche d'investigation, un à l'oral, une évaluation.

Fiches méthodes

Fiches outils

Les chapitres complémentaires

Les activités « Vers le BTS »
Les fiches de co-intervention

Couverture : Grégoire Bourdin
Maquette : Élodie Breda
Mise en pages : Cyrille de Swetschin

Schémas : Bernard Sullerot
Fabrication : Christine Aubert

ISBN : 978-2-09-167125-3

Avec ce livre, une licence i-Manuel 2.0

Le i-Manuel 2.0, un outil simple d'utilisation qui reprend l'ensemble des contenus de ce livre sous forme numérique et interactive.

Il permet d'accéder au contenu de ce manuel à tout moment et en tout lieu sur un ordinateur ou une tablette. L'utilisateur peut donc passer du papier au numérique et choisir le support qui lui convient le mieux selon le travail à faire et le lieu où il se trouve.

Une véritable interactivité entre l'enseignant et sa classe

- Piloter la classe : assurer le suivi du travail des élèves à distance et en cours (recevoir et envoyer du travail, faire des commentaires, intervenir en temps réel)
- Intégrer et envoyer à la classe, à un ou plusieurs élèves, des documents personnels
- Afficher les corrigés ou la correction individuelle du travail de l'élève
- Vidéoprojeter en classe les activités, les documents et les corrections pour animer les cours et travailler collectivement
- Télécharger la version papier pour une utilisation sans connexion
- Imprimer des documents pour mettre les élèves en situation d'examen

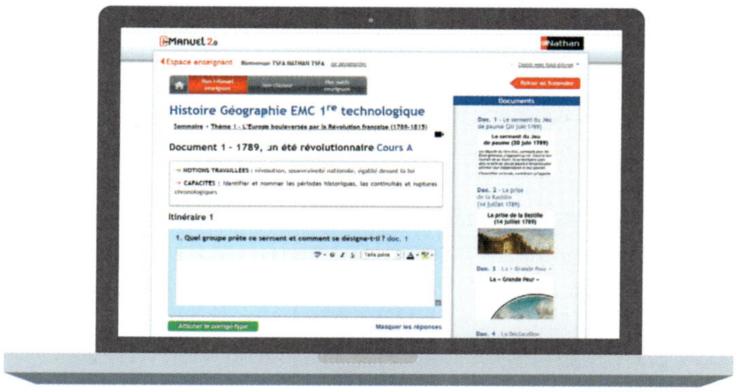

Des fonctionnalités innovantes pour favoriser l'intérêt, la motivation et l'implication des élèves

- Saisir les réponses en travaillant sur ordinateur ou tablette
- Faire les activités et les exercices, préparer ou réviser le cours en classe ou à la maison
- Accéder directement aux ressources numériques, vidéos, logiciels professionnels, fichiers élèves...
- Sauvegarder le travail effectué dans un dossier (classeur)
- Envoyer le travail à son professeur
- S'enregistrer, s'auto-évaluer et se former aux outils numériques

Toutes les infos et les tutos sur www.nathan.fr/i-manuel2

Sommaire des premières baccalauréat professionnel du groupement C

Domaine Statistique-Probabilités

Domaine Algèbre-Analyse

Domaine Géométrie

Module PA : Programmation-Algorithmique

Sommaire des terminales baccalauréat professionnel du groupement C

Domaine Statistique-Probabilités

Domaine Algèbre-Analyse

Module PA : Programmation-Algorithmique

Fiches outils

Lettre aux apprenants

La voie professionnelle ouvre un nouveau programme sur 3 ans, en septembre 2019 pour l'enseignement des mathématiques, applicable sur le cycle.

Ce programme doit permettre de mieux asseoir une appropriation de connaissances, des savoirs-faire pour envisager une poursuite d'études positive vers un enseignement post bac pro.

■ **Votre manuel, 1re et Terminale, avec 22 pavés** permet de faire ces allers retours pour gérer « l'information ». Il comporte :

• **3 domaines :**
- **SP : Statistique-Probabilités avec 2 pavés en première et 2 pavés en terminale**
- **AA : Algèbre-Analyse avec 6 pavés en première et 4 pavés en terminale**
- **G : Géométrie avec 1 pavé en première**

• **1 module : PA : Programmation-Algorithmique dans 1 pavé de 8 activités en première et 1 pavé de 4 activités en terminale**

• **4 pavés complémentaires, concernant une poursuite d'études, sur le site compagnon**

Chaque pavé des 3 domaines s'ouvre sur :
- **une accroche** « Je découvre » pour sensibiliser au contenu du pavé ;
- **des automatismes** avec un « coup de pouce » pour aider dans les automatismes et dans les activités ;
- **des activités** pour aborder les connaissances à maîtriser ;
- **des exercices consommables** pour se tester avec des « **Top chrono** » en temps limité à choisir ; des « **Entraînements** » ; des « **Approfondissements** » et une « **auto-évaluation** » ;
- **des situations** en fin de domaine pour développer le travail personnel en autonomie ou en groupe.

■ **En fin d'ouvrage :**
- **mes outils : notices TIC, Excel ou GeoGebra**, pour consolider la pratique du numérique.
- **le vocabulaire ensembliste, les grandeurs et leurs unités.**

■ **Le site compagnon :**

Les fiches jugées fondamentales et incontournables sont dans cet ouvrage, les autres sont sur le **site compagnon** en cas de besoin individuel et professionnel. Ces fiches peuvent être des supports en **Accompagnement personnalisé** par exemple.

Des « **Démarche d'Investigation** » ou un « **À l'oral** » et des évaluations sont disponibles sur le **site compagnon**.

Des **évaluations** sont proposées sur le site compagnon.

Cet ouvrage permet d'**aborder les capacités et les connaissances** du programme par une **approche par les 5 compétences certificatives** et une **6e compétence formative « Être autonome »** qui est introduite au niveau des Brevets de Technicien Supérieur notamment.

En espérant que cette démarche globale puisse aller dans le sens de :

« Tout problème doit avoir sa solution ».

Les auteurs

Delphine BOURDEAU ; Daoud ANKI ; Manil SOUFI ; Sylvain MOKET et Yves VERDIER.

Quelles sont les compétences évaluées ?

1 Cinq compétences de la grille d'évaluation nationale en baccalauréat professionnel

Je dois être capable de :

S'APPROPRIER	• Rechercher, extraire et organiser l'information • Traduire des informations, des codages
ANALYSER - RAISONNER	• Émettre des conjectures, formuler des hypothèses • Proposer une méthode de résolution • Choisir un modèle ou des lois pertinentes • Élaborer un algorithme • Choisir, élaborer un protocole • Évaluer des ordres de grandeur
RÉALISER	• Mettre en œuvre les étapes d'une démarche • Utiliser un modèle • Représenter (tableau, graphique...), changer de registre • Calculer avec un instrument ou à la main • Mettre en œuvre des algorithmes • Expérimenter, en particulier à l'aide d'outils numériques • Faire une simulation • Effectuer des procédures courantes (représentations, collectes d'information, utilisation de matériels...) • Mettre en œuvre un protocole expérimental en respectant ses règles • Organiser son poste de travail
VALIDER	• Exploiter et interpréter les résultats obtenus ou les observations effectuées afin de répondre à la problématique • Valider ou invalider un modèle ou une hypothèse en argumentant • Contrôler la vraisemblance d'une conjecture • Critiquer un résultat (signe, ordre de grandeur, identification des sources d'erreur...) et argumenter • Utiliser un raisonnement logique et des règles établies pour parvenir à une conclusion (démontrer, prouver)
COMMUNIQUER écrit et oral	• Rendre compte d'un résultat en utilisant un vocabulaire adapté et choisir des modes de représentation appropriés • Expliquer une démarche

2 Sixième compétence montrant mon esprit d'initiative et d'autonomie en formation

ÊTRE AUTONOME	• Montrer un esprit de responsabilité • Développer un travail en autonomie • Assurer des responsabilités

3 Attitudes à développer pour y arriver

❑ sens de l'observation ❑ rigueur et précision ❑ curiosité, imagination raisonnée, créativité ❑ ouverture à la communication et au débat argumenté	❑ esprit critique respect de soi et d'autrui ❑ intérêt pour le monde environnant et les enjeux de société ❑ responsabilité face à l'environnement

4 Question ouverte

....

....

Pavages Première
Groupement C

Domaine Statistique-Probabilités

Domaine Algèbre-Analyse

Domaine Géométrie

Module PA : Programmation-Algorithmique

SP

1 Statistique à 2 variables quantitatives

Nuage de points • Ajustement affine • Coefficient de détermination (R^2)

Je découvre

Mener une étude statistique

Mélissa réalise une étude de marché en vue d'ouvrir son affaire de « coach en développement personnel ». Elle propose des forfaits à l'année et a publié un sondage sur des réseaux sociaux pour connaître le nombre de clients intéressés en fonction du montant du forfait.

Montant du forfait (€)	600	660	760	840	960	1 000	1 040
Nombre de clients intéressés (effectif)	85	79	67	61	55	45	40

Finalement, **Mélissa** préfèrerait viser une clientèle plus aisée en tablant sur un forfait à 1 200 € ou alors avoir tout juste 50 clients.

1 **Sur combien de clients potentiels peut-elle compter si elle s'oriente vers un public aisé ?**

2 **À combien doit-elle proposer son forfait pour avoir 50 clients ?**

Recherche personnelle

Effectuez une recherche sur un des deux thèmes proposés :

- ☐ Les différents indices du développement humain d'un pays
- ☐ Les différents réseaux sociaux

À retrouver en ligne

Rendez-vous sur votre Site compagnon !

- Démarche d'investigation
- Outils calculatrice
- À l'oral
- Méthode
- Évaluation
- Excel

AUTOMATISMES

Je teste mes automatismes

1 **Calculer** les moyennes des séries de nombres suivantes. **Arrondir** les résultats au dixième.

Série n° 1	Série n° 2	Série n° 3
7 ; 14 ; 12 ; 9 ; 0 ; 1	23 ; 45 ; 1 000 ; 234 ; 29	1930 ; 1945 ; 1971 ; 1998 ; 2001 ; 2002 ; 2013
Moyenne = ...	Moyenne = ...	Moyenne = ...

2 **Indiquer**, à partir de la courbe représentative ci-contre :

a. L'ordonnée du point de la courbe d'abscisse 2.

b. L'abscisse du point de la courbe d'ordonnée 80.

c. L'ordonnée du point de la courbe d'abscisse 6.

d. L'abscisse du point de la courbe d'ordonnée 180.

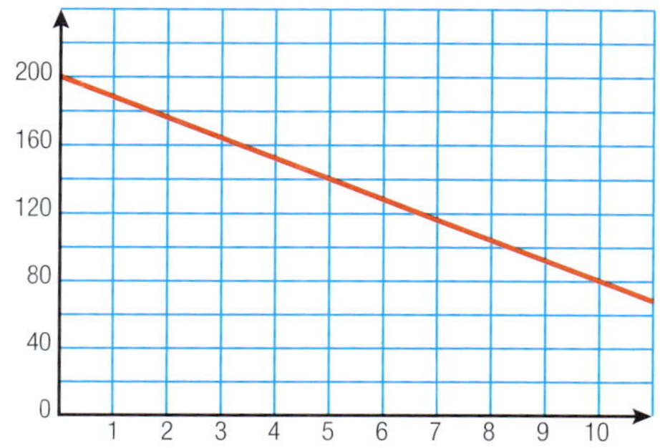

3 Soit la fonction f définie par : $f(x) = -1{,}6x + 2\,340$.

a. **Donner** l'allure de sa représentation graphique. **Donner** son équation réduite.

b. **Calculer** l'image de 230.

c. **Calculer** l'image de 150.

d. **Déterminer** l'antécédent de 2 000.

e. **Déterminer** l'antécédent de 1 500.

COUP DE POUCE

Comment lire une image ou un antécédent ?

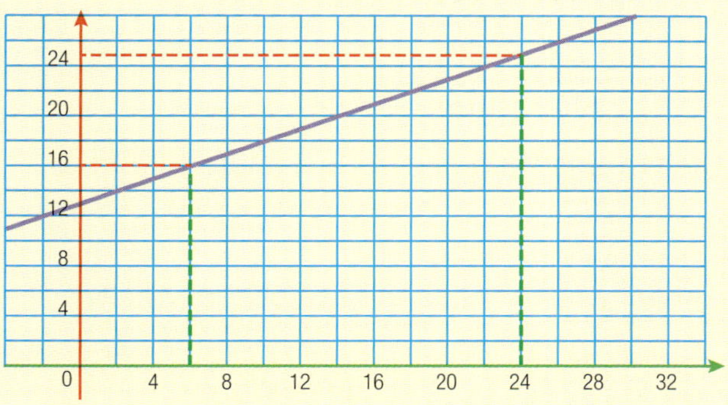

Soit, la courbe représentative de la fonction f.

• L'image de 24 par f se lit en suivant les pointillés depuis l'axe des abscisses, en rejoignant la courbe puis l'axe des ordonnées.

→ *On trouve 25.*

• L'antécédent de 16 par f se lit en suivant les pointillés depuis l'axe des ordonnées, en rejoignant la courbe puis l'axe des abscisses.

→ *On trouve 6.*

Comment calculer une image ou un antécédent à partir de l'équation réduite d'une droite ?

Dans le plan, une droite non verticale a toujours une équation réduite de la forme :

$$y = ax + b$$

a et b connus avec $a \in \mathbb{R}^*$, $b \in \mathbb{R}$

• **Pour chercher y, image de x :**
Remplacer x par sa valeur dans l'expression de l'équation réduite où a et b sont connus.

• **Pour chercher x, antécédent de y :**
– **Résoudre** l'équation du premier degré qui apparaît quand on remplace y, a et b connus dans l'équation réduite.

ou

– **Utiliser** la relation suivante :

$$x = \frac{y - b}{a} \quad \text{car } a \neq 0$$

Activité

1 Représenter graphiquement une série statistique à 2 variables quantitatives

Contexte — Une facturation plombée

Ray est un plombier à domicile qui cherche à passer la main avant de partir pour une retraite bien méritée. Durant toute sa carrière, il a facturé ses interventions « à l'instinct » selon ses propres mots. Il cherche à rassurer son successeur. Il a tenu un registre de toutes ses interventions. Il profite de la présence d'**Aboubakari**, un stagiaire pour faire le point sur son mode de facturation.

Alors qu'il est en intervention, **Aboubakari** est confronté à 2 appels :

• Le premier, de **Ray**, qui lui dit avoir retrouvé une facture impayée pour 140 €. Mais **Ray** ne se rappelle plus du temps qu'a pu prendre cette intervention.

• Le deuxième, d'un client qui a besoin d'une facture dans les plus brefs délais. L'intervention a consisté en un simple resserrage de joint(s) qui a duré 10 minutes.

Données

Extrait du registre de **Ray** pour ses dernières interventions :

Date	Durée (min)	Tarification (€)
14/10/2019	32	44,40
14/10/2019	127	106,90
14/10/2019	83	76,10
15/10/2019	110	108,00
15/10/2019	64	72,80
16/10/2019	29	50,30
16/10/2019	125	115,50

Date	Durée (min)	Tarification (€)
16/10/2019	102	90,40
17/10/2019	117	104,90
17/10/2019	85	88,50
18/10/2019	96	98,20
18/10/2019	58	67,60
18/10/2019	71	82,70
19/10/2019	54	62,80

Problématique — Comment Aboubakari peut-il répondre à ces deux appels ?

S'approprier

1 **Rédiger** les attentes de la problématique pour définir les objectifs de la **mission**.

Ma mission : ....

2 **Émettre** une conjecture, en tenant compte du facteur réel qui conditionne le montant que **Ray** facture.

❑ *Le pur instinct de Ray* ❑ *La date de l'intervention* ❑ *La durée d'intervention*

Communiquer

3 **Préciser** pourquoi vous formulez cette conjecture.

Appeler l'enseignant pour lui présenter cette réflexion.

Réaliser

4 Afin de mieux représenter son activité, **Aboubakari** décide de représenter le registre sous forme graphique.

a. Placer, sur le graphique ci-dessous, les points de coordonnées (***Durée*** ; ***Tarif***).

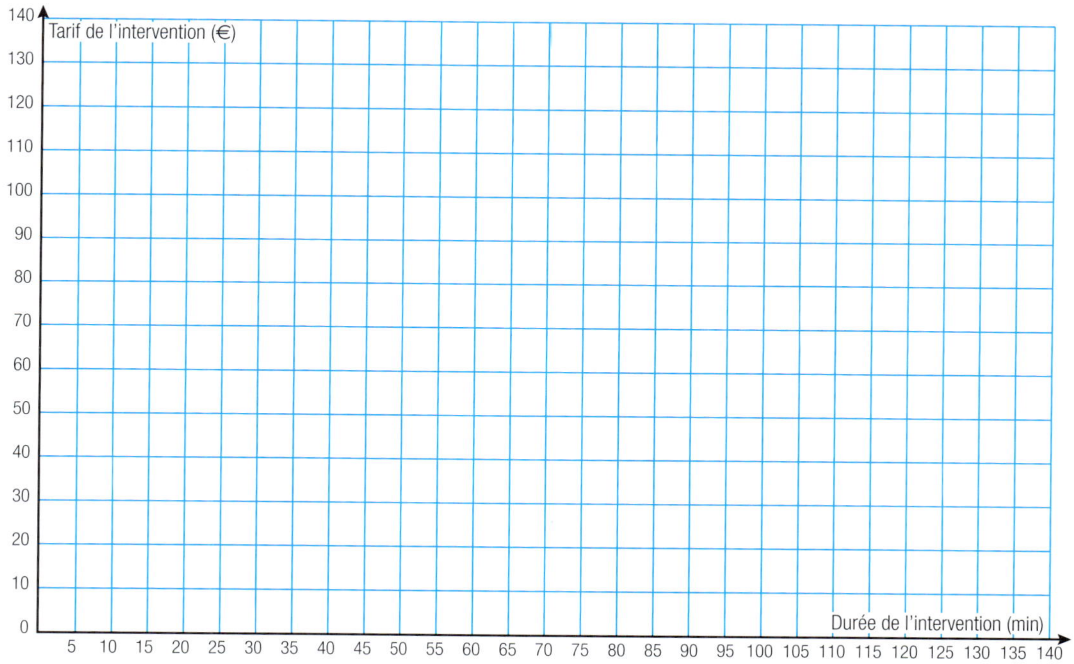

Réaliser

b. Préciser, en cochant, l'affirmation qui vous paraît la plus juste :

❏ Les points ne présentent aucune organisation particulière.

❏ Les points s'organisent autour d'une droite.

❏ Les points s'organisent autour d'une parabole.

Réaliser

c. Calculer les indicateurs suivants :

La durée moyenne	$\overline{durée}$ =
Le tarif moyen	$\overline{tarif}$ =

d. Placer en rouge ou en vert, sur le graphique, le point de coordonnées ($\overline{durée}$; $\overline{tarif}$). **Nommer** ce point ***G***.

e. Tracer, sur le graphique, une droite respectant ces deux consignes :

- la droite passe par le point ***G***.
- la droite passe au plus proche de tous les points avec une répartition avec autant de points au-dessus qu'en dessous.

Appeler l'enseignant pour lui présenter ces tracés.

Valider

Communiquer

7 **Répondre** à la problématique en prenant appui sur le graphique. **Justifier** les réponses en laissant apparaître les traits de lecture.

Activité

2 Représenter un nuage de points à l'aide des TIC et déterminer une droite d'ajustement affine

Contexte Une corrélation en géographie

L'**IDH** est l'abréviation de « **Indicateur de Développement Humain** ». Il s'agit d'un indice statistique évaluant le taux de développement humain d'un pays. Cet outil a été développé par l'économiste indien **Amartya Sen** et son confrère pakistanais **Mahbub ul Haq.**

L'**IDH** est compris entre 0 et 1. Il est calculé à partir de 3 autres indices :

- le niveau de santé et de longévité ;
- le niveau d'éducation ;
- le niveau de vie.

Soit le tableur des données fourni par l'**UNDP (United Nations Development Programme)**. Ce dernier permet de tracer le nuage de points pour près de 200 pays recensés par **UNDP** sur l'année 2018.

Première variable :	Education Index	*Zone de sélection de la première variable*
Deuxième variable :	PIB index	*Zone de sélection de la deuxième variable*

Problématique

Pourquoi l'IDH est-il donc un indicateur très global mais tout de même souvent représentatif ?

S'approprier

1 **Rédiger** les attentes de la problématique pour définir les objectifs de la mission.

Ma mission : ....

Analyser - Raisonner *Réaliser*

2 **a. Ouvrir** le fichier **Excel**, **faire apparaître** les nuages de points suivants et **en décrire** la répartition en cochant la réponse adéquate.

1re variable : Education Index
2e variable : PIB Index
Le nuage de points :
❑ est dispersé
❑ s'organise autour d'une droite
❑ s'organise autour d'une parabole

1er variable : Education Index
2e variable : Life expectancy Index
Le nuage de points :
❑ est dispersé
❑ s'organise autour d'une droite
❑ s'organise autour d'une parabole

1er variable : Life expectancy Index
2e variable : PIB Index
Le nuage de points :
❑ est dispersé
❑ s'organise autour d'une droite
❑ s'organise autour d'une parabole

Analyser - Raisonner

b. Préciser collectivement, à partir des observations précédentes, si les 3 indicateurs composant l'**IDH**, ont tendance à se compenser ou à se renforcer. **Justifier** la réponse.

Réaliser

3 Faisons un gros plan sur un pays émergent, le **Bangladesh**. Soit ci-contre, le tableau d'évolution de l'**IDH du Bangladesh**.

a. Obtenir, **sur un tableur**, le nuage de points de ces données.

b. Déterminer l'équation de la droite d'ajustement affine de ce nuage de points.

c. Estimer, par calcul, l'**IDH** que le **Bangladesh** peut espérer atteindre en 2030 si son évolution suit cette tendance.

d. Estimer, par calcul, en quelle année le **Bangladesh**, peut espérer atteindre un **IDH** de 0,8.

IDH du Bangladesh

Année	IDH	Année	IDH
2004	0,5	2011	0,56
2005	0,51	2012	0,57
2006	0,51	2013	0,57
2007	0,52	2014	0,58
2008	0,52	2015	0,59
2009	0,54	2016	0,6
2010	0,55	2017	0,61

3 Déterminer l'équation réduite d'une droite d'ajustement

Contexte — Une sponsorisation

Diounoubou fait vivre un compte Instagram sur lequel elle publie des vidéos humoristiques sur ses aventures dans les transports en Seine-Saint-Denis (93). Voici l'historique de ses abonnés visiteurs. Sa famille la soutient mais lui demande d'atteindre deux objectifs :

- obtenir son BTS ;
- atteindre, en juin 2021, les 80 000 abonnés pour attirer des financeurs sérieux.

Mois	Abonnés (en milliers)
sept-18	30
oct-18	29,7
nov-18	37,8
déc-18	32
janv-19	38,6
févr-19	43
mars-19	37,9
avr-19	40,5
mai-19	42,1
juin-19	46,7
juil-19	52,6
août-19	53,4

Mois	Abonnés (en milliers)
sept-19	51,1
oct-19	55,1
nov-19	52
déc-19	58,8
janv-20	60,6
févr-20	55,1
mars-20	56,5
avr-20	59,1
mai-20	66,3
juin-20	70,2
juil-20	70,8
août-20	72,2

Problématique — Diounoubou parviendra-t-elle à satisfaire ces objectifs ?

S'approprier 1 2 3 4

1 **Rédiger** les attentes de la problématique pour définir les objectifs de la mission.

Ma mission : ....

Analyser - Raisonner 1 2 3 4
Communiquer 1 2 3 4

2 **Rédiger** un protocole permettant de répondre à la problématique après avoir lu l'indice ci-après. **Indice :** sont à utiliser les mots ou expressions : **nuage de points**, **droite d'ajustement**, **extrapoler**.

Appeler l'enseignant qui s'assure de la validité de la démarche.

Réaliser 1 2 3 4

3 **Exécuter** le protocole validé avec l'enseignant et **noter** l'équation réduite de la droite d'ajustement, notée ***d***.

Valider 1 2 3 4
Communiquer 1 2 3 4
Être autonome 1 2 3 4

4 **Répondre** à la problématique en argumentant.

SYNTHÈSE Statistique à 2 variables quantitatives

Présentation d'une série statistique à 2 variables

Variable 1	1	2,5	4	8
Variable 2	3	4,8	8,2	15

4 couples de valeurs

ou

Variable 1	Variable 2
1	3
2,5	4,8
4	8,2
8	15

4 couples de valeurs

A Pour construire un nuage de points

1. **Repérer** les 2 variables
2. **Tracer** un repère avec :
   • **En abscisse**, un axe permettant de placer les valeurs de la **variable 1**
   • **En ordonnée**, un axe permettant de placer les valeurs de la **variable 2**
3. **Placer** les points de coordonnées (*variable 1* ; *variable 2*)

***Construire** le nuage de points des points fournis dans l'exemple ci-dessus dans le repère ci-contre.*

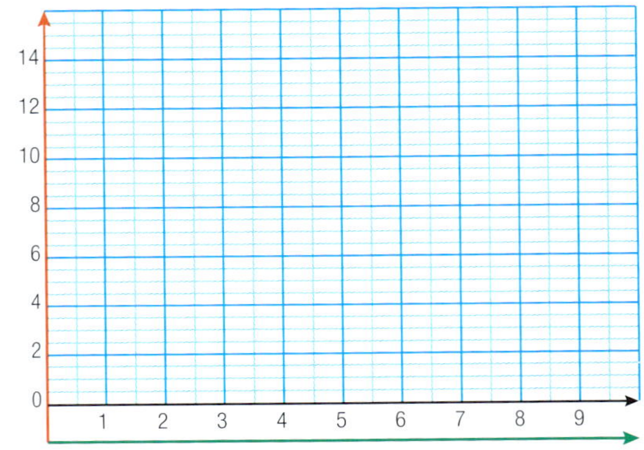

B Pour déterminer les coordonnées du point moyen noté *G*

1. **Calculer** la moyenne algébrique des 2 variables étudiées.
2.

$\frac{1+2,5+4+8}{4} = 3,875 \longrightarrow G(x_G\,;\,y_G) \longleftarrow \frac{3+4,8+8,2+15}{4} = 7,75$

***Placer** le point moyen G, dans le repère ci-dessus.*

C Pour tracer une courbe de tendance

1. **Placer** les points du nuage de données statistiques.
2. **Placer** le point moyen qui appartient à la courbe de tendance.
3. **Regarder** quelle courbe de tendance est obtenue.

Parfois, les points d'un nuage s'organisent plus ou moins autour d'une courbe : on dit qu'il y a **corrélation** parce que cela indique que les 2 variables sont liées entre elles. Quand cette courbe est une droite : on parle de droite d'**ajustement affine**.

***Tracer** la droite d'ajustement affine du nuage de points dans le repère ci-dessus.*

D Pour aller plus loin...

• Qu'il y ait corrélation entre 2 variables ne signifie pas nécessairement qu'un lien de cause à effet relie ces variables.

TOP CHRONO

☐ 5 minutes ☐ 10 minutes

Vérification des connaissances

Cocher la bonne réponse pour les phrases ci-dessous.

1 La représentation d'une série statistique à deux variables est un :
❏ ***diagramme*** ❏ ***nuage de points*** ❏ ***vecteur***

2 La droite d'ajustement passe par : ❏ ***le point moyen*** ❏ ***le point médian*** ❏ ***autre :*** .....

3 Quand un nuage de points s'organise autour d'une droite, on parle de lien de :
❏ ***corrélation*** ❏ ***causalité*** ❏ ***statistique***

4 Une droite d'ajustement permet d'estimer des valeurs non disponibles par :
❏ ***intégration*** ❏ ***extrapolation*** ❏ ***interpolation*** ❏ ***dérivation***

Entraînements

Exercice 1

1 2 3 4

Réaliser

1 **Déterminer** les coordonnées du point moyen des séries statistiques.
Justifier en faisant apparaître les calculs.

Série n° 1

x	3,5	4	4,5	5	6
y	1,6	1,8	1,8	1,9	2,1

Série n° 2

x	- 2,5	- 1,8	- 0,5	0
y	- 7,2	- 5,8	- 2,7	- 1,9

Série n° 3

x	- 20	- 14	- 12	0	1
y	21,1	14,7	13,4	1,4	0

2 **Extrapoler** linéairement sur la valeur de y quand x vaut 5.

Nuage 1

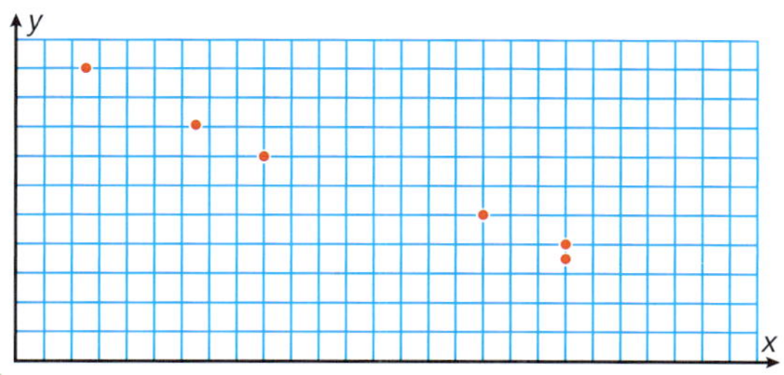

3 **Interpoler** linéairement sur la valeur de y quand x vaut 3,5.

Nuage 2

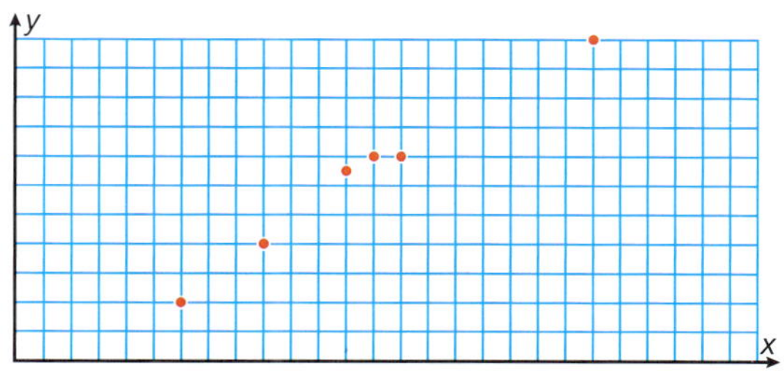

Approfondissements

Exercice 2

La fréquence cardiaque maximale

Per-Olof Astrand est un physiologiste suédois qui a pendant longtemps travaillé sur les capacités du corps humain face à l'effort. Ses travaux sont encore exploités. En effet, il a développé une formule permettant de calculer rapidement la fréquence cardiaque maximale. Cette fréquence est notée FC_{max} et dépend notamment de l'âge du sujet : $FC_{max} = 220 - \text{âge}$.
Soit ci-contre, un tableau répertoriant les FC_{max} de plusieurs sujets.

Âge	FC_{max}	Âge	FC_{max}
44	178	36	183
30	185	17	200
41	178	40	184
50	166	57	164
37	178	36	183
70	155	31	187
17	198	66	150
50	172	54	161
33	184	44	175
27	196	42	179
17	208	66	149
60	159	69	151
28	196	24	192

Problématique : ***Pourquoi cette formule est-elle valable ?***

S'approprier 1 2 3 4

1 **Rédiger** les attentes de la problématique pour définir les objectifs de la mission.

Ma mission : ....

2 **Préciser** les deux variables étudiées et **préciser** le nombre de sujets étudiés.

Analyser - Raisonner 1 2 3 4

Communiquer 1 2 3 4

3 **Proposer** une démarche mathématique permettant de vérifier la formule d'**Astrand**.

Appeler l'enseignant pour qu'il s'assure de la validité de la démarche.

Réaliser 1 2 3 4

4 **Exécuter** le protocole validé.

Valider 1 2 3 4

Communiquer 1 2 3 4

5 **Répondre** à la problématique. **Justifier** la réponse.

Exercice 3

Du vent !

Le **Vendée Globe** est une épreuve sportive qui consiste à faire le tour du monde, à la voile, en solitaire, sans escale et sans assistance. Voici l'historique de cette course :

Année	1990	1993	1997	2001	2005	2009	2013	2017	2021
Numéro de l'édition	1	2	3	4	5	6	7	8	9
Temps du vainqueur (en jour)	109,4	110,7	105,9	93,2	87,5	84,1	78,1	74,2	?

Problématique : ***Afin de préparer au mieux l'accueil à l'arrivée, quel est le temps que pourrait mettre le vainqueur de la prochaine édition en 2021 ?***

S'approprier 1 2 3 4

1 **Rédiger** les attentes de la problématique pour définir les objectifs de la mission.

Ma mission : ....

....

2 **Préciser** les deux variables étudiées qui interviennent dans la problématique.

Analyser - Raisonner 1 2 3 4

Communiquer 1 2 3 4

3 **Proposer** un protocole permettant de répondre à la problématique.

Réaliser 1 2 3 4

4 **Tracer**, sur une feuille ou dans un tableur, le nuage de points correspondant aux variables choisies.

5 **Calculer** les coordonnées du point moyen.

6 **Tracer** ou **faire apparaître** la droite d'ajustement du nuage de points.

Valider 1 2 3 4

Communiquer 1 2 3 4

Être autonome 1 2 3 4

7 **Répondre** à la problématique en rédigeant la réponse.

Autoévaluation

Exercice 4

Le service urbanisme de **Bourg Palette** souhaite planifier le remplacement de ses candélabres. Pour y voir plus clair, la commune a commandé des tests sur des candélabres de la ville.
En dessous de la note de 3/10, il est fortement conseillé de remplacer le candélabre.
Ces tests coûtent assez cher. Aussi, les agents de **Bourg Palette** préfèrent raisonner en fonction de l'âge du candélabre.

Résultats des tests

Âge (ans)	Note (sur 10)
31	3,25
13	6,75
38	1,5
25	3,75
1	8,75
21	4,75
21	3,75
15	7,25
34	0,5

Âge (ans)	Note (sur 10)
9	7,75
2	8,5
9	6,75
15	5,25
14	5,5
24	3
12	8
28	3

Problématique : ***À partir de quel âge faudrait-il programmer le remplacement des candélabres ?***

S'approprier 1 2 3 4

1 **Rédiger** les attentes de la problématique pour définir les objectifs de la mission.

Ma mission : ....

2 **Préciser** les deux variables étudiées dans la situation présentée.

Analyser - Raisonner 1 2 3 4

Communiquer 1 2 3 4

3 **Proposer** un protocole pour répondre à la problématique.

Appeler l'enseignant qui s'assure de la validité de la démarche.

S'approprier 1 2 3 4

4 **Exécuter** le protocole validé avec l'enseignant. **Noter** vos résultats.

Équation de la droite d'ajustement : .....

Valeur du coefficient de détermination (R^2) : ....

Valider 1 2 3 4

Communiquer 1 2 3 4

Être autonome 1 2 3 4

5 **Répondre** à la problématique en argumentant.

Grille d'évaluation

Compétences	*S'approprier*	*Analyser - Raisonner*	*Réaliser*	*Valider*	*Communiquer*	*Être autonome*	Total
Niveau d'acquisition	1 2 3 4	1 2 3 4	1 2 3 4	1 2 3 4	1 2 3 4	1 2 3 4	.../10
Barème	.../1	.../2	.../2	.../2	.../2	.../1	

SP

2 Probabilités

Probabilités d'un évènement, de la réunion ou de l'intersection des deux évènements • Probabilités conditionnelles

Je découvre

Participer à un jeu de société

Dans un jeu de société, le joueur a le choix de lancer un seul dé ou deux dés.
Le lancer d'un dé est une expérience aléatoire car son résultat est lié au hasard.
Les dés considérés sont équilibrés, non truqués et possèdent 6 faces numérotées respectivement de **1** à **6**.
Il faut faire un **total de 6** pour commencer la partie.
Deux possibilités se présentent :

- **Choix 1 :** utiliser un seul dé et le lancer deux fois de suite.
- **Choix 2 :** utiliser deux dés et effectuer un seul lancer.

Exploiter l'animation proposée en allant sur le lien :
https://www.edumedia-sciences.com/fr/media/259-lancer-de-des

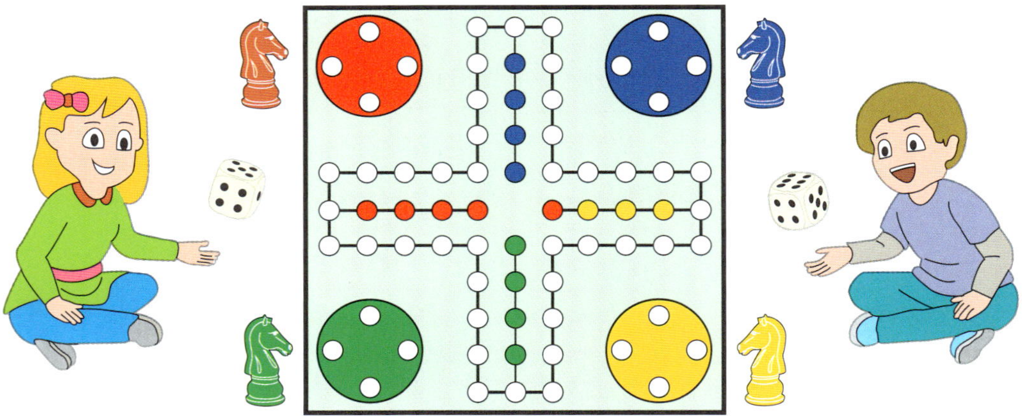

1 **Quel est le choix qui offre la plus grande probabilité de réussite ?**

2 **Quel serait le choix le plus judicieux s'il fallait faire un total de trois pour commencer ?**

Recherche personnelle

Effectuez une recherche sur un des deux thèmes proposés :

- ☐ Donner des exemples d'expérience aléatoire.
- ☐ Développer un exemple d'expérience aléatoire de la vie courante.

À retrouver en ligne

Rendez-vous sur votre Site compagnon !

- Démarche d'investigation
- Outils calculatrice
- À l'oral
- Méthode
- Évaluation

AUTOMATISMES

Je teste mes automatismes

Partie A : On procède au tirage d'une carte **avec remise**, dans un jeu de 32 cartes.

1 **Compléter** la phrase suivante.

Le nombre de cas possibles est toujours de …… cartes.

2 **Cocher** la bonne proposition.

• Obtenir un valet de pique **et** une carte rouge en un tirage ❑ ***est*** ❑ ***n'est pas*** possible.

• Obtenir un valet de pique **ou** une carte rouge en un tirage ❑ ***est*** ❑ ***n'est pas*** possible.

3 **Calculer** la probabilité de l'évènement **B** : « tirer la dame de pique ».

4 **Calculer** la probabilité de l'évènement **C** : « tirer un trèfle ».

5 **Calculer** la probabilité de l'évènement **D** : « tirer un as ».

6 **Calculer** la probabilité de l'évènement **E** : « ne pas tirer un as ».

7 **Calculer** la probabilité de l'évènement **F** : « tirer une carte rouge ».

8 **Calculer** la probabilité de l'évènement **G** : « ne pas tirer une carte rouge ».

9 **Calculer** la probabilité de l'évènement **H** : « tirer un roi noir ».

10 **Calculer** la probabilité de l'évènement **I** : « ne pas tirer un roi noir ».

Partie B : On considère un dé équilibré, non truqué, à 6 faces numérotées respectivement de **1** à **6**.

1 La fréquence d'apparition d'un résultat, d'une valeur est notée ***f*** tel que : $0 \leq f \leq 1$

$$f = \frac{\text{Nombre d'apparition de l'issue}}{\text{La taille de l'échantillon}}$$

2 **Tableau 1 :** résultats obtenus pour **100** lancers.

	1	2	3	4	5	6
Nombre	17	16	17	17	16	17
Fréquence	0,17	0,16	0,17	0,17	0,16	0,17

Vérifier les fréquences du **tableau 1** ci-dessus.

3 **Tableau 2 :** résultats obtenus pour **1 000** lancers.

	1	2	3	4	5	6
Nombre	167	166	167	167	166	167
Fréquence	0,167	0,167	0,167	0,167	0,166	0,167

Vérifier les fréquences du **tableau 2** ci-dessus.

4 La probabilité de l'évènement **A** : « **obtenir un 6** » est $P(A) =$ ……

Toutes les issues sont **équiprobables**.

COUP DE POUCE

- La probabilité d'un évènement **A**, notée $P(A)$, est un nombre tel que :
$$0 \leq P(A) \leq 1.$$

- La **probabilité** d'un évènement **A** est donné par la relation :
$$P(A) = \frac{\text{Nombre de cas favorables à la réalisation de A}}{\text{Nombre de cas possibles}}$$

- Lorsque des évènements **élémentaires** ont la même probabilité, ils sont dits **équiprobables**.

- La partie de la population sur laquelle est réalisée une expérience aléatoire est appelée **échantillon**. Lorsque la taille de l'**échantillon** augmente, la **fréquence** se rapproche de sa **probabilité**.

Activité

1 Déterminer la probabilité d'un évènement ou d'une intersection d'évènements

Contexte — Les salariés

Terry dirige une entreprise. Les salariés de l'entreprise sont soit des hommes, soit des femmes et en CDI ou en CDD.
Pour le suivi d'un projet, **Terry** souhaite faire intervenir une femme en CDI.
Terry estime que la probabilité d'avoir une femme en CDI est d'au moins **20 %**.

Données

La répartition des salariés de l'entreprise est donnée dans le tableau :

	CDI	CDD	Total
Hommes	......	......	128
Femmes	......	......	......
Total	140	......	160

70 % des salariés sont des hommes en contrat à durée indéterminée (CDI).
Tous les salariés ont la même probabilité d'être choisis, on définit les évènements **A** et **B** :

- Évènement **A** : « Le salarié est une femme »
- Évènement **B** : « Le salarié est en CDI ».

Problématique

Problématique : L'estimation de Terry est-elle correcte ?

S'approprier 1 2 3 4

1 **Rédiger** les attentes de la problématique pour définir les objectifs de la **mission**.

Ma mission : ....

2 **Cocher** la bonne proposition.
Parmi les salariés de l'entreprise, il y a : ❏ ***98*** ❏ ***112*** hommes en CDI.

Analyser - Raisonner 1 2 3 4
Communiquer 1 2 3 4
Réaliser 1 2 3 4

3 **Émettre** une conjecture permettant de répondre à la problématique.

Présenter cette conjecture aux autres apprenants et **écouter** attentivement les leurs.

4 **Calculer** la probabilité de réaliser l'évènement **A**.

5 **Calculer** la probabilité de réaliser l'évènement **B**.

Analyser - Raisonner 1 2 3 4
Réaliser 1 2 3 4

6 **Cocher** la bonne proposition.
Les deux évènements **A** et **B** ❏ ***sont*** ❏ ***ne sont pas*** indépendants et non incompatibles.

7 **Calculer** en explicitant la probabilité $P(A \cap B)$ en utilisant la relation : $P(A \cap B) = P(A) \times P(B)$.

Valider 1 2 3 4
Communiquer 1 2 3 4
Être autonome 1 2 3 4

8 **Répondre** à la problématique en rédigeant la réponse.

Présenter oralement la réponse au professeur.

Déterminer la probabilité d'un évènement ou d'une intersection d'évènements

Contexte — Les patients

Madame **Emma Grand** est responsable d'un service hospitalier. Elle effectue le suivi médical de **550 patients** atteints de la même maladie. Une partie des patients est traitée par le médicament **M1** et l'autre par le médicament **M2**. Le médicament **M1** est efficace si au moins **45 %** des patients traités sont guéris.

Données

Les résultats du suivi médical des patients sont donnés par le tableau :

	Médicament M1	Médicament M2	Total
Patients guéris	……	……	440
Patients non guéris	66	44	110
Total	330	220	550

Tous les patients ont la même probabilité d'être choisis, on définit les évènements **A** et **B** :
- Évènement **A** : « Le patient est traité avec le médicament **M1** »
- Évènement **B** : « Le patient est guéri ».

Problématique — Le médicament M1 est-il efficace ?

S'approprier 1 2 3 4

1 **Rédiger** les attentes de la problématique pour définir les objectifs de la **mission**.

Ma mission : ……………………………………………………………………

2 **Cocher** la bonne proposition.
Le nombre de patients guéris avec le médicament **M1** est de : ❏ *176* ❏ *264* ❏ *Autre :* ……

Analyser - Raisonner 1 2 3 4
Communiquer 1 2 3 4
Réaliser 1 2 3 4

3 **Émettre** une conjecture permettant de répondre à la problématique.

Présenter cette conjecture aux autres apprenants et écouter attentivement les leurs.

4 **Calculer** la probabilité que le patient soit traité par le médicament **M1**.

5 **Calculer** la probabilité que le patient soit guéri.

Analyser - Raisonner 1 2 3 4
Réaliser 1 2 3 4

6 **Calculer** la probabilité **$P(A \cap B)$**. **Expliciter** le résultat du calcul précédent.

7 **Calculer** la probabilité que le patient soit traité par le médicament **M1**, sachant qu'il a été guéri.

8 **Calculer** la probabilité que le patient soit guéri sachant qu'il a été traité par le médicament **M1**.

Valider 1 2 3 4
Communiquer 1 2 3 4

9 **Répondre** à la problématique en rédigeant la réponse.

Présenter oralement la réponse au professeur.

Activité 3

Exploiter un arbre pondéré de probabilités

Contexte — Les élèves

Madame **Ambre** est directrice d'un lycée professionnel.
Pour les élèves de terminale Bac pro de son établissement, les intentions de poursuite d'études en BTS sont les suivantes :

- **75 %** des filles souhaitent poursuivre en BTS ;
- **60 %** des garçons souhaitent poursuivre en BTS.

Ambre estime que, parmi les élèves qui souhaitent poursuivre en BTS, la probabilité que ce soit une fille est plus grande.

Données

Les intentions d'orientation des élèves sont répertoriées dans des fiches et chacune d'elle a la même probabilité d'être choisie.
65 % des élèves de terminale Bac pro sont des garçons.
On définit les évènements **A**, **B** et **C** :

- Évènement **A** : « l'élève est un garçon »
- Évènement **B** : « l'élève est une fille »
- Évènement **C** : « l'élève souhaite poursuivre en BTS ».

L'évènement $\overline{C}$ est l'évènement contraire de l'évènement **C**.

Problématique — L'estimation d'Ambre est-elle correcte ?

S'approprier 1 2 3 4

1 **Rédiger** les attentes de la problématique pour définir les objectifs de la **mission**.

Ma mission : ....

2 **Cocher** la bonne proposition.

L'évènement $\overline{C}$ est l'évènement

❑ *« l'élève n'est pas un garçon »*
❑ *« l'élève n'est pas une fille »*
❑ *« l'élève ne souhaite pas poursuivre en BTS ».*

Analyser - Raisonner 1 2 3 4

3 **Émettre** une conjecture permettant de répondre à la problématique.

Communiquer 1 2 3 4

Présenter cette conjecture aux autres apprenants et écouter attentivement les leurs.

Analyser - Raisonner 1 2 3 4

4 **Compléter** l'arbre de probabilités ci-contre.
Justifier les réponses.

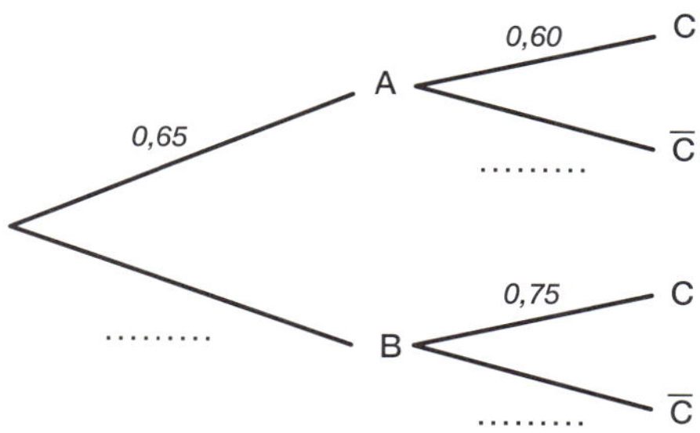

Analyser - Raisonner 1 2 3 4

Réaliser 1 2 3 4

5 On considère l'évènement **A ∩ C**.

a. Définir l'évènement **A ∩ C**.

b. Calculer la probabilité de l'évènement **A ∩ C** à partir de la relation : $P(A \cap C) = P(A) \times P_A(C)$.

6 On considère l'évènement **B ∩ C**.

a. Définir l'évènement **B ∩ C**.

b. Calculer la probabilité de l'évènement **B ∩ C** à partir de la relation : $P(B \cap C) = P(B) \times P_B(C)$.

Réaliser

7 **Calculer** la probabilité de l'évènement **C** à partir de la relation : $P(C) = P(A \cap C) + P(B \cap C)$.

Analyser - Raisonner

8 **Calculer** la probabilité conditionnelle $P_C(A)$ de **A** sachant **C**, notée : $P_C(A) = P(A \cap C) / P(C)$.

9 **Calculer** la probabilité conditionnelle $P_C(B)$ de **B** sachant **C**, notée : $P_C(B) = P(B \cap C) / P(C)$.

Valider

Communiquer

Être autonome

10 **Répondre** à la problématique en rédigeant la réponse.

Présenter oralement la réponse au professeur.

Activité 4

Déterminer la probabilité d'une intersection ou d'une réunion d'évènements

Contexte — Le magasin de disques

Annie est disquaire, elle vend des disques vinyles.
Elle doit refaire son stock et pour cela elle décide de doubler la commande de disques de style Rap en version française.

Données

Un sondage a été mené sur un échantillon de **150** clients du magasin.
Le tableau indique la préférence des clients interrogés.

	Disco	Rock	Rap	Total
Version anglaise	10	12	8	30
Version française	45	48	27	120
Total	55	60	35	150

On définit les évènements **A** et **B** :
- l'évènement **A** « le client préfère un disque en version française »
- l'évènement **B** « le client préfère le style Rap ».

Problématique — La décision d'Annie est-elle judicieuse ?

S'approprier

1 **Cocher** les bonnes propositions.
La probabilité que l'évènement **A** se réalise est de : ❑ *0,8* ❑ *0,2* ❑ *Autre :* ......
La probabilité que l'évènement **B** se réalise est de : ❑ *0,6* ❑ *0,4* ❑ *Autre :* ......

Analyser - Raisonner

Communiquer

2 **Émettre** une conjecture permettant de répondre à la problématique.

Présenter cette conjecture aux autres apprenants et **écouter** attentivement les leurs.

Réaliser

3 **a. Calculer** la probabilité de l'évènement $A \cap B$.
b. Calculer la probabilité de l'évènement $A \cup B$.

Valider

Communiquer

4 **Répondre** à la problématique en rédigeant la réponse.

Présenter oralement la réponse au professeur.

SYNTHÈSE

Probabilités « directes »

Le résultat d'une expérience aléatoire est dû au hasard. L'ensemble des résultats possibles que peuvent donner les issues d'une expérience aléatoire est appelé « **l'univers des possibles** ».

1. Évènement élémentaire

Chaque élément de « l'univers des possibles » est un « évènement élémentaire ».

- Lorsqu'un **évènement élémentaire A** n'est pas réalisable, on dit qu'il est **impossible**.
- Lorsque des évènements élémentaires ont la même probabilité, ils sont **équiprobables.**
- Lorsqu'un évènement se réalise toujours il est dit **certain.**

2. Probabilité d'un évènement

La probabilité d'un évènement **A**, notée $P(A)$, est un nombre tel que $0 \quad P(A) \quad 1$.

$$P(A) = \frac{\text{Nombre de cas favorables}}{\text{Nombre de cas possibles}}$$

- **P (évènement impossible) = 0.**
- **P (évènement certain) = 1.**

3. Évènement contraire

Lorsque **A** est un évènement, alors $\overline{A}$ est l'évènement contraire. Sa probabilité de réalisation est donnée par la relation : $P(\overline{A}) = 1 - P(A)$.

4. Intersection de deux évènements

L'intersection de deux évènements **A** et **B** est notée

$$A \cap B.$$

- L'évènement $A \cap B$ est réalisé si les deux évènements sont réalisés simultanément, s'ils sont indépendants et non-incompatibles :

$$P(A \cap B) = P(A) \times P(B).$$

- Quand des évènements sont incompatibles :

$$P(A \cap B) = 0.$$

5. Réunion de deux évènements

La réunion de deux évènements **A** et **B** est noté

$$A \cup B.$$

- L'évènement $A \cup B$ est réalisé si l'un au moins des deux évènements est réalisé :

$$P(A \cup B) = P(A) + P(B) - P(A \cap B).$$

Pour déterminer la probabilité d'un évènement

1. **Définir** la situation aléatoire.
2. **Déterminer** l'univers des possibles et le nombre de cas possibles.
3. **Déterminer** les cas favorables à la realisation d'un évènement et leur nombre.
4. **Appliquer** la relation définissant la probabilité de realisation d'un évènement.

Le tirage d'une carte, dans un jeu de **32 cartes**, s'effectue **avec remise**.
Soit l'évènement **A** : « **tirer une dame** » et l'évènement **B** : « **tirer un cœur** ».

***1. Cocher** la bonne proposition et **conclure**.*

- Obtenir un roi de carreau **et** une carte noire ❑ ***est*** ❑ ***n'est pas*** possible.
- Obtenir un roi de carreau **ou** une carte noire ❑ ***est*** ❑ ***n'est pas*** possible.

***2. Calculer** la probabilité de l'évènement* **A**.

***3. a. Définir** l'évènement* $\overline{A}$.
***b. Calculer** sa probabilité.*

***4. Calculer** la probabilité de l'évènement* **B**.

***3. a. Définir** l'évènement* $A \cap B$.
***b. Calculer** sa probabilité.*

***3. a. Définir** l'évènement* $A \cup B$.
***b. Calculer** sa probabilité.*

Probabilités « conditionnelles »

Une **probabilité conditionnelle** est la probabilité d'un évènement sachant qu'un autre évènement est réalisé. « **L'univers des possibles** » est alors restreint par la condition.

1. La probabilité que l'évènement **B** se réalise, sachant que l'évènement **A** est réalisé, est notée : $P_A(B)$ et se calcule par la relation :

$$P_A(B) = \frac{P(A \cap B)}{P(A)} \text{ avec } P(A) \neq 0.$$

2. Arbre de probabilités

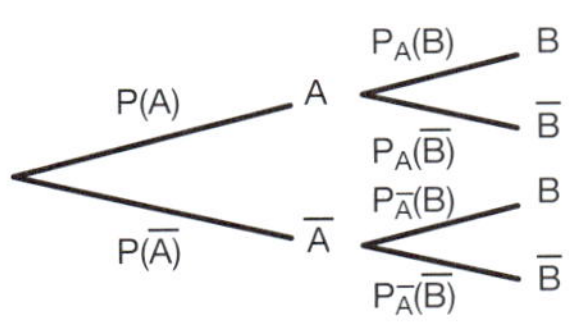

$P(A \cap B) = P(A) \times P_A(B)$

$P(A \cap \overline{B}) = P(A) \times P_A(\overline{B})$

$P(\overline{A} \cap B) = P(\overline{A}) \times P_{\overline{A}}(B)$

$P(\overline{A} \cap \overline{B}) = P(\overline{A}) \times P_{\overline{A}}(\overline{B})$

a. La somme des probabilités portées par les branches issues d'un même point est égale à 1, donc :
- $P(A) + P(\overline{A}) = 1$
- $P_A(B) + P_A(\overline{B}) = 1$
- $P_{\overline{A}}(B) + P_{\overline{A}}(\overline{B}) = 1$

b. La probabilité d'un évènement est égale au produit des probabilités portées par les branches qui aboutissent à cet évènement, donc :
- $P(B) = P(A \cap B) + P(\overline{A} \cap B)$
- $P(\overline{B}) = P(A \cap \overline{B}) + P(\overline{A} \cap \overline{B})$.

3. Tableau de probabilités

Le tableau ci-dessous indique le nombre d'issues pour les évènements **A** et **B**.

	A	$\overline{A}$	Total
B	3	12	15
$\overline{B}$	2	8	10
Total	5	20	25

a. Pour le calcul de $P(A \cap B)$, $P(A)$ et $P(B)$ « l'univers des possibles » est de 25.

b. Pour la probabilité conditionnelle $P_B(A)$, « l'univers des possibles » est restreint à l'univers de l'évènement **B**, soit à **15**.

c. Pour la probabilité conditionnelle $P_A(B)$, « l'univers des possibles » est restreint à l'univers de l'évènement **A**, soit à **5**.

Pour utiliser l'arbre des probabilités

Suivre la démarche et les définitions précédentes.
Soit deux évènements **A** et **B** d'un même univers avec **A** et **B** leur évènement contraire respectif. La probabilité de réalisation des deux évènements **A** et **B**, est décrite par un arbre de probabilité, voir question 1.

1 Partie 1 : Arbre pondéré des probabilités

***1. Compléter** l'arbre de probabilité.*

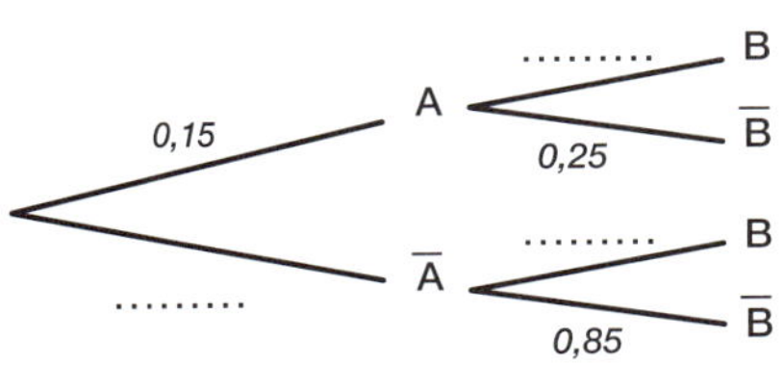

***2. Déterminer** la probabilité que **B** se réalise sachant que **A** est réalisé.*

***3. Compléter** les égalités.*

$P_A(B) = ...$ et $P_{\overline{A}}(B) = ...$

***4. Calculer** la probabilité de $A \cap B$.*

***5. Calculer** la probabilité de $\overline{A} \cap B$.*

***6. En déduire** la probabilité de l'évènement **B**.*

2 Partie 2 : Exploitation directe du tableau ci-dessus

***1. Calculer** la probabilité de l'évènement $A \cap B$.*

$P(A \cap B) = ...$

***2. Calculer** la probabilité des évènements **A** et **B**.*

$P(A) = ...$ et $P(B) = ...$

***3. Vérifier** l'égalité $P(A \cap B) = P(A) \times P(B)$.*

***4. Calculer** la probabilité $P_B(A)$ que l'évènement **A** se réalise sachant que l'évènement **B** est réalisé.*

***5. Calculer** la probabilité $P_A(B)$ que l'évènement **B** se réalise sachant que l'évènement **A** est réalisé.*

Exercices

Vérification des connaissances

TOP CHRONO

☐ 5 minutes ☐ 10 minutes

Cocher la bonne réponse dans les propositions suivantes.

1 Lorsque des évènements élémentaires ont la même probabilité, ils sont dits :
❑ *indépendants* ❑ *équiprobables* ❑ *Autre :* ......

2 L'intersection de deux évènements **A** et **B** est notée : ❑ $A \cup B$ ❑ $A \cap B$.

3 La probabilité d'un **évènement** contraire $\overline{A}$, est telle que : $P(A) + P(\overline{A}) = 1$. ❑ *Vrai* ❑ *Faux*.

4 La probabilité de l'intersection de deux évènements **A** et **B** indépendants et non-incompatibles est donnée par l'égalité :
❑ $P(A \cap B) = P(A) \times P(B)$ ❑ $P(A \cap B) = 0$ ❑ *Autre :* ......

5 La probabilité de la réunion de deux évènements **A** et **B** indépendants et non-incompatibles est donnée par l'égalité :
❑ $P(A \cup B) = P(A) + P(B) - P(A \cap B)$ ❑ $P(A \cup B) = P(A) + P(B)$

6 La probabilité que l'évènement **A** se réalise, sachant que l'évènement **B** est réalisé s'écrit :
❑ $P(A \cap B)$ ❑ $P_B(A)$ ❑ $P_A(B)$

7 La probabilité que l'évènement **B** se réalise, sachant que l'évènement **A** est réalisé s'écrit :
❑ $P(A \cap B)$ ❑ $P_B(A)$ ❑ $P_A(B)$

Entraînements

Exercice 1

Anniversaire

Annie Martin est gérante d'un magasin de décoration. Elle doit refaire son stock de ballons et de guirlandes destinés à des anniversaires pour enfants. Les ballons et les guirlandes peuvent être soit bleus ou roses. **Annie** souhaite doubler la commande de guirlandes bleues.

Le tableau ci-dessous indique le nombre de clients interrogées avec leurs préférences.

	Ballons	Guirlandes	Total
Bleus	6	14	20
Roses	9	21	30
Total	15	35	50

On définit les évènements **A** et **B** :
- l'évènement **A** « le client préfère les guirlandes »
- l'évènement **B** « le client préfère le bleu ».

Analyser - Raisonner ☐1 ☐2 ☐3 ☐4

1 **Calculer** la probabilité de réaliser l'évènement **A**, puis celle de réaliser l'évènement **B**.

Réaliser ☐1 ☐2 ☐3 ☐4

2 **Calculer** la probabilité de réaliser l'évènement $A \cap B$.

3 **Calculer** la probabilité de réaliser l'évènement $A \cup B$.

Être autonome ☐1 ☐2 ☐3 ☐4

4 **Répondre** à la problématique en rédigeant la réponse.

Approfondissements

Exercice 2

L'auto-école

Monsieur **Otto** est le gérant d'une auto-école. Parmi les candidats au passage du permis de conduire, certains ont bénéficié d'une conduite accompagnée. **Otto** estime que ses élèves devraient bénéficier de la conduite accompagnée pour mieux réussir l'examen.

Le tableau ci-dessous indique le nombre de candidats admis à l'examen :

	Admis	Non admis	Total
Avec la conduite accompagnée	9	3	12
Sans la conduite accompagnée	11	7	18
Total	20	10	30

Les candidats ont la même probabilité d'être choisis, on définit les évènements **A** et **B** :
- l'évènement **A** « le candidat est admis »
- l'évènement **B** « le candidat a bénéficié de la conduite accompagnée ».

Analyser - Raisonner *Réaliser*

1 **Calculer** la probabilité d'obtenir un candidat admis et qui a bénéficié de la conduite accompagnée.

2 **Calculer** la probabilité d'obtenir un candidat qui a bénéficié de la conduite accompagnée sachant qu'il a été admis.

3 **Calculer** la probabilité d'obtenir un candidat qui a été admis sachant qu'il a bénéficié de la conduite accompagnée.

Être autonome

4 **Répondre** à la problématique en justifiant la réponse.

Autoévaluation

Exercice 3

Fred est le gérant d'une société. Durant une période de grève des transports, **Fred** propose à ses salariés un itinéraire. **25 %** des salariés sont des femmes. **65 %** des hommes et **20 %** des femmes prennent l'itinéraire proposé.
Fred estime que **53 % ± 1 %** des salariés prennent l'itinéraire proposé.
On définit les évènements **A, B** et **C** :
- Évènement **A** : « le salarié est une femme »
- Évènement **B** : « le salarié est un homme »
- Évènement **C** : « le salarié prend l'itinéraire proposé ».

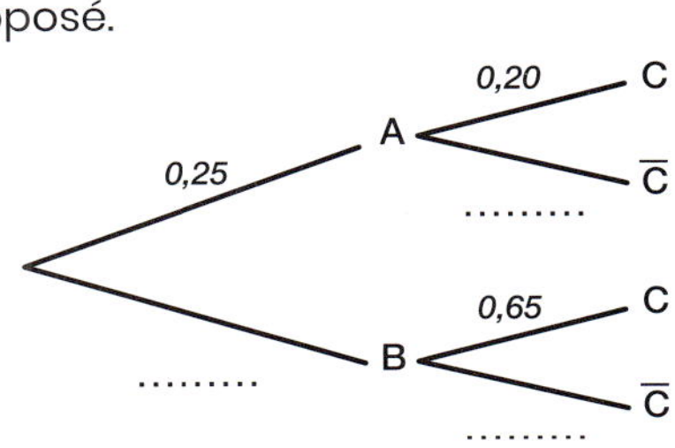

Problématique : *L'estimation de Fred est-elle judicieuse ?*

S'approprier *Analyser - Raisonner* *Communiquer*

1 **Compléter** l'arbre de probabilités précédent, **en déduire** :
$P_A(C) = ...$ et $P_B(C) = ...$

2 **Calculer** la probabilité de l'évènement **A ∩ C** en utilisant la relation :
$P(A \cap C) = P(A) \times P_A(C)$.

Réaliser *Communiquer* *Être autonome*

3 **Calculer** la probabilité de l'évènement **B ∩ C** en utilisant la relation :
$P(B \cap C) = P(B) \times P_B(C)$.

4 **Répondre** à la problématique en rédigeant la réponse.

Situations de SP1 et SP2

Exercice 1

Le chiffre d'affaires

Jean est responsable des ventes d'une épicerie d'alimentation.
Jean souhaite engager **1 300 €** de frais de publicité pour obtenir un chiffre d'affaires d'au moins **30 000 €**. Le **tableau** ci-dessous indique le chiffre d'affaires.

Les valeurs sont exprimées en centaines d'euros.

Frais de publicité x_i	6	6,5	7	7,5	8	9	10	11	11,5	12
Chiffre d'affaires y_i	220	222	230	235	233	245	248	260	265	268

Analyser - Raisonner
Réaliser

1 **Calculer** les coordonnées du point moyen $G(x, y)$. **Arrondir** les résultats à 0,1.

2 **Représenter** la série statistique en utilisant les fonctionnalités d'un fichier **Excel**.

3 **Déterminer** graphiquement le chiffre d'affaires obtenu pour des frais de publicités de **1 300 €**.

4 **Répondre** à la problématique posée.

Exercice 2

L'entreprise de nettoyage

Eva est vendeuse d'appareils électroménagers dans un magasin spécialisé. Le **tableau 1** indique le nombre d'appareils vendus en fonction du nombre d'heures de présence en magasin.

Avec **8 heures** de présence en magasin, **Eva** pourra-t-elle espérer vendre au moins **55** appareils électroménagers ?

Nombre d'heures (x_i)	4	4,5	5	6	6,5
Nombre d'appareils (y_i)	32	36	39	45	48

Tableau 1

Analyser - Raisonner
Réaliser

1 **Représenter** la série statistique à l'aide des **TIC**.

2 **Établir** l'équation de la droite d'ajustement sous la forme : $y = ax + b$, en utilisant la méthode des moindres carrés.
Arrondir les valeurs à 0,01.
a. Recopier et **compléter** le **tableau 2**.
b. Calculer la valeur de « a » : a = **Total (2) / Total (1)**
c. En déduire la valeur de « b » en utilisant l'égalité : $\bar{y} = a\bar{x} + b$.

Tableau 2

	$x_i - \bar{x}$	$y_i - \bar{y}$	$(x_i - \bar{x})^2$	$(x_i - \bar{x})(y_i - \bar{y})$
	−1,2	……	1,44	……
	……	− 4	……	2,8
	− 0,2	……	0,04	……
	……	5	……	4
	1,3	……	1,69	……
Total	0	0	(1) = 4,3	(2) = 27

Moyenne $\bar{x} = 5{,}2$ $\bar{y} = 40$

3 **Vérifier** l'équation de la droite d'ajustement en utilisant le mode statistique de la calculatrice.

4 **Calculer** l'ordonnée du point de la droite d'ajustement qui a pour abscisse $x = 8$.

5 **Répondre** à la problématique posée.

Exercice 3

Le jeu de 32 cartes

Sandy estime que la probabilité de tirer une dame ou une carte rouge est d'au moins **56 %**. Elle procède au tirage d'une carte avec remise.

Soit les évènements **A** et **B** définis par :
- l'évènement **A** : « tirer une dame »,
- l'évènement **B** : « tirer une carte rouge ».

Analyser - Raisonner
Réaliser

1 **Calculer** les probabilités $P(A)$ et $P(\overline{A})$.

2 **Calculer** les probabilités $P(B)$ et $P(\overline{B})$.

3 **En déduire** la probabilité $P(A \cap B)$.

4 **Calculer** la probabilité $P(A \cup B)$.

5 **Répondre** à la problématique posée.

Exercice 4

Le restaurant chinois

Ming est gérant d'un restaurant chinois. Il propose à ses clients quelques plats épicés.
30 % des clients sont des hommes qui choisissent un plat non épicé.
Ming estime que la probabilité qu'une femme choisisse un plat épicé est de **15 %.**

Soit les évènements **A** et **B** définis par :

- Évènement **A** : « Le client est une femme »,
- Évènement **B** : « Le client choisi un plat épicé ».

La répartition des clients du restaurant est donnée par le tableau ci-dessous :

	Plat épicé	Plat non épicé	Total
Femmes	....	....	48
Hommes	....	....	....
Total	20	....	80

Analyser - Raisonner 1 2 3 4
Réaliser 1 2 3 4

1. **Recopier** et **compléter** le tableau.
2. **Calculer** les probabilités **P(A)** et **P(B)**.
3. **Définir** puis **calculer** la probabilité $P_B(A)$.
4. **Définir** puis **calculer** la probabilité $P_A(B)$.
5. **Calculer** la probabilité $P(A \cap B)$.
6. **Répondre** à la problématique posée.

Exercice 5

Les chocolats

Justine souhaite offrir une boite de chocolats à ses amies.
Cette boite contient des chocolats noirs ou au lait, certains sont à la liqueur.

- **15 %** des chocolats au lait contiennent de la liqueur,
- **20 %** des chocolats noirs contiennent de la liqueur,
- **60 %** des chocolats sont au lait.

Soit les évènements **A**, **B** et **C** définis par :

- Évènement **A** : « le chocolat est noir »,
- Évènement **B** : « le chocolat est au lait »,
- Évènement **C** : « le chocolat contient de la liqueur ».

Justine estime que la probabilité d'obtenir un chocolat à la liqueur est de **17 %**.

Analyser - Raisonner 1 2 3 4
Réaliser 1 2 3 4

1. **Construire** l'arbre de probabilités.
2. **En déduire** les probabilités : $P_A(C)$ et $P_B(C)$.
3. **Calculer** la probabilité de l'évènement $A \cap C$.
4. **Calculer** la probabilité de l'évènement $B \cap C$.
5. **Calculer** la probabilité de l'évènement **C**.
6. **Répondre** à la problématique posée.

AA 1 Calculs commerciaux et financiers

Déterminer des taux et des coûts de production

Je découvre

Nicolas place **5 000 €** le 1er janvier 2019 sur les conseils de son ami **Emilio** sur un livret à un taux ***t* = 2,5 % par an**.

Il espère avoir épargné **6 400 €** pour acheter son scooter à la fin de l'année.

Il schématise les actions précédentes dans un tableau :

Mois	Solde en €	Intérêts en €
Janvier 2019	5 000	
Décembre 2019	?	?

Vocabulaire

L'intérêt simple I est proportionnel au capital C, au taux t et à la durée du placement n exprimée en année ou en mois ou en quinzaines ou en jours.

$$I = C \times t \times n$$

1 Quel est le montant des intérêts gagnés par Nicolas ?

2 À combien le capital de Nicolas va s'élever en décembre de la même année ?

3 Nicolas pourra-t-il acheter son scooter en janvier 2020 ?

Recherche personnelle

Effectuez une recherche sur un des deux thèmes proposés :

- ☐ Les offres de placement financier
- ☐ Le lancement d'une entreprise

À retrouver en ligne

Rendez-vous sur votre Site compagnon !

- Démarche d'investigation
- Outils calculatrice
- À l'oral
- Méthode
- Évaluation

AUTOMATISMES

Je teste mes automatismes

Exemple 1

Floriane veut s'acheter une paire de lunettes de soleil.
Elle dispose de **120 €**.
Les lunettes qu'elle veut acheter sont à **150 €**.
Le vendeur lui propose une remise de **15 %**.

1 **Calculer** le montant de la remise du vendeur en euro.

2 **Déterminer** le prix des lunettes après la remise.

3 **Floriane** peut-elle acheter les lunettes ?

Exemple 2

Cristiano travaille dans l'entreprise **BATITOUT**.
Son salaire brut est de **1 900 €** par mois.
Il a perçu **1 482 €** net pour le mois de janvier.
En février son patron lui a promis une augmentation de **5 %** sur son salaire brut.

1 **Déterminer** le taux de ses charges.

2 **Calculer** son nouveau salaire brut en février.

3 **Calculer** le nouveau salaire net de **Cristiano** en février.

COUP DE POUCE

Les pourcentages

Les pourcentages sont un moyen d'exprimer une proportion.
Un nombre correspond à un pourcentage s'il peut s'exprimer sous la forme d'une fraction dont le dénominateur est 100.
Pour passer d'un nombre décimal à un pourcentage, il faut le multiplier par 100.

Exemple 3 : Le nombre décimal 0,35 correspond à la fraction $\frac{35}{100}$ et au pourcentage de 35 %.

Le bulletin de salaire et la formation des prix

1. Le salaire brut ne tient pas compte des cotisations. Il faut en moyenne lui retirer 25 % de charge pour obtenir le salaire net. Le salaire net est le salaire perçu par l'employé.
2. Le prix hors taxe, PHT, ne tient pas compte de la taxe, il faut rajouter 5 % ou 20 % selon les cas pour obtenir le prix taxe comprise, PTC. Le prix taxe comprise, PTC, est le prix payé par le client.

Le taux d'évolution t d'une grandeur A vers une grandeur B est : $A \times (1 + t) = B$.

$$\text{Ainsi } t = \frac{B - A}{A}$$

Exemple 4 : Un produit coûte 500 € HT, son prix TC avec 20 % est donc $500 \times (1 + 0{,}20) = 600$ €.

Les derivées

Le nombre dérivé se note $f'(x)$. Le signe de la dérivée f' permet de déterminer les variations la fonction f.
Lorsque $f'(x_0) = 0$ la fonction peut admettre un extremum en x_0.

Exemple 5 : $f'(x) = 3x^2$ alors $f'(x) = 6x$.
$f'(x) = 0$ pour $x = 0$.
Donc en 0 il y a un extremum.

x	$-\infty$		0		$+\infty$
f		↘	0	↗	

Activité 1

Déterminer un taux

Contexte — Les placements financiers

Guillaume, **Aurore**, **Alex** et **Rachid** sont tous les quatre banquiers. Ils proposent chacun des placements différents à leurs clients.
Michel fait le tour des banques et se laisse convaincre par l'offre de **Rachid.** Il dépose sur le livret son épargne de **15 000 €** dans le but d'avoir des intérêts à hauteur de **1 100 €** dès la première année.

Données

Les différentes propositions des banquiers sont les suivantes :

Proposition :	Epargne de départ en €	Durée de placement	Intérêts perçus en €	Taux pour un placement annuel
Guillaume	10 000		500	5 %
Aurore	5 000	120 jours	125	
Alex		18 quinzaines	975	6,5 %
Rachid	12 000	8 mois	560	

Problématiques

1. Michel a-t-il choisi le meilleur placement pour son épargne ?
2. Michel a-t-il fait le bon choix pour réaliser son objectif ?

PARTIE 1 : Étude des propositions des banquiers

S'approprier 1 2 3 4

1 **Rédiger** les attentes de la **problématique 1** pour définir les objectifs de la **mission 1**.

Ma mission 1 : ....

2 **Préciser**, pour quel banquier :

a. la durée de placement est la plus courte.

b. le taux de placement est le plus fort.

c. les intérêts perçus sont maximum.

Info

Une année commerciale est équivalente à 360 jours, 24 quinzaines et 12 mois.

Analyser - Raisonner 1 2 3 4

Réaliser 1 2 3 4

3 **Compléter** le tableau en détaillant le(s) calcul(s).

Durée de placement de Guillaume	Taux de placement d'Aurore	Epargne de départ d'Alex	Taux de placement de Rachid

Valider 1 2 3 4
Communiquer 1 2 3 4

4 **Répondre** à la **problématique 1** en rédigeant la réponse.

PARTIE 2 : Le choix de Michel

S'approprier 1 2 3 4

1 **Rédiger** les attentes de la **problématique 2** pour définir les objectifs de la **mission 2**.

Ma mission 2 : ....

Réaliser 1 2 3 4

2 **Calculer** les intérêts perçus au bout d'un an par **Michel** pour chaque situation :

Intérêts perçus avec le placement de Guillaume	Intérêts perçus avec le placement d'Aurore	Intérêts perçus avec le placement d'Alex	Intérêts perçus avec le placement de Rachid

Analyser - Raisonner 1 2 3 4
Communiquer 1 2 3 4

3 **Déterminer** la valeur acquise maximale que **Michel** aurait pu avoir.

Info

La valeur acquise A est la somme disponible à la fin du placement.

$A = C + I$

Valider 1 2 3 4
Communiquer 1 2 3 4
Être autonome 1 2 3 4

4 **Rédiger** une réponse à la **problématique 2.**

Activité 2 Calculer un coût

Contexte Une production de parfum

Sophie a lancé son laboratoire de production de parfum. Elle demande à son ami **Romain**, mathématicien, de dresser un bilan comptable de son activité pour optimiser sa production. La réponse de **Romain** laisse **Sophie** perplexe.

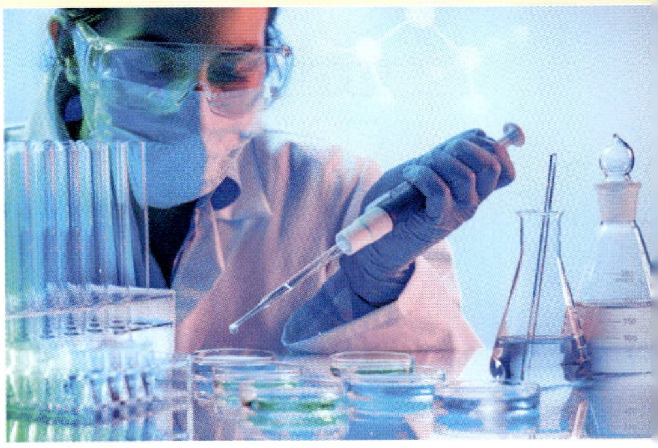

Données

Le **coût total hebdomadaire de la production** se modélise par la fonction :

$$C(x) = 0{,}5x^2 - 9x + 250$$

pour laquelle les coûts s'expriment en centaines d'euros et x est associé au nombre de litres appartenant à l'intervalle **[0 ; 40]**.

Le **coût moyen de production** d'un litre pour x litres produits est modélisé par la fonction $C_M(x) = \frac{C(x)}{x}$ avec x associé au nombre de litres appartenant à l'intervalle **[0 ; 40]**.

Le prix d'un litre de parfum est de **1 500 €**.

Problématiques

1. Combien de litres de parfum *Sophie* doit-elle produire pour avoir un bénéfice maximal ?
2. Combien dépenserait-elle pour une production supplémentaire hebdomadaire d'un litre ?

S'approprier

PARTIE 1 : Étude de la fonction bénéfice

1 **Rédiger** les attentes de la **problématique 1** pour définir les objectifs de la **mission 1**.

Ma mission 1 : ....

....

2 **Donner** le nombre de litres maximum que pourrait produire **Sophie**.

3 **Donner** l'expression algébrique de la fonction modélisant le coût total hebdomadaire de la production.

Analyser - Raisonner

4 **Exprimer**, en fonction de x, :

a. la recette des ventes $R(x)$;

b. le bénéfice $B(x)$.

Info

Le bénéfice B est la différence entre la recette R et les coûts de production C.

Analyser - Raisonner

5 **Calculer** la dérivée $B'(x)$ puis **résoudre** l'équation $B'(x) = 0$.

Réaliser

6 **Compléter** le tableau de variations de la fonction bénéfice B.

x	0 40
$B'(x)$	
B	

Valider

Communiquer

7 **Rédiger** une réponse à la **problématique 1**.

S'approprier

PARTIE 2 : Étude de la fonction coût moyen de production

1 **Rédiger** les attentes de la **problématique 2** pour définir les objectifs de la **mission 2**.

Ma mission 2 : ....

2 **Redonner** le nombre de litres maximum que pourrait produire **Sophie**.

3 **Donner** l'expression algébrique de la fonction modélisant coût moyen de production d'un litre.

Analyser - Raisonner 1 2 3 4
Réaliser 1 2 3 4

4 **Calculer** la dérivée $C_M'(x)$ puis **résoudre** l'équation : $C_M'(x) = 0$.

5 **Compléter** le tableau de variations de la fonction coût moyen de production C_M.

x	0	40
$C_M'(x)$		
C_M		

Valider 1 2 3 4
Communiquer 1 2 3 4

6 **Donner** la valeur de x pour laquelle Sophie obtient son coût moyen de production minimum. **En déduire** le coût moyen de production minimum.

Analyser - Raisonner 1 2 3 4
Réaliser 1 2 3 4

7 **Calculer** le coût marginal $C_m(23{,}4)$.

8 **Calculer** $C'(23{,}4)$ puis **comparer** le résultat avec $C_m(23{,}4)$.

Valider 1 2 3 4
Communiquer 1 2 3 4

9 **Rédiger** une réponse à la **problématique 2**.

Vocabulaire

Coût marginal : le coût de la dernière unité produite :

$C_m(x) = C(x+1) - C(x)$

PARTIE 3 : Simulation TIC avec le logiciel GeoGebra

Au moyen du logiciel **GeoGebra**, vous allez retrouver les résultats obtenus dans les **parties 1 et 2**.

1 **Saisir** la fonction $B(x) = -0{,}5x^2 + 24x - 250$.

2 **Placer** un extremum et **noter** ses coordonnées.

3 **Comparer** les valeurs avec celles obtenues **partie 1**.

4 **Saisir** la fonction $C_M(x) = 0{,}5x - 9 + \dfrac{250}{x}$.

5 **Placer** un extremum et **noter** ses coordonnées.

6 **Comparer** les valeurs avec celles obtenues **partie 2**.

7 **Saisir** la fonction $C_M(x) = x - 8{,}5$.

8 **Résoudre graphiquement** l'équation $C_m(x) = C_M(x)$.

SYNTHÈSE Calculs commerciaux et financiers

A Les interêts simples et les taux

1. **L'intérêt :** revenu d'une somme d'argent prêtée ou placée.
2. **L'intérêt simple :** proportionnel au capital *C*, au taux *t* et à la durée du placement *n* exprimée en année ou en mois ou en quinzaines ou en jours.

$$I = C \times t \times n$$

3. **La valeur acquise A :** la somme disponible à la fin du placement.

$$A = C + I$$

4. **Le taux d'évolution :** est exprimé sous forme d'un pourcentage. Il peut être positif ou négatif.
Le taux d'évolution t d'une grandeur **A** vers une grandeur **B** est :

$$A \times (1 + t) = B \quad \text{ou} \quad t = \frac{B - A}{A}$$

5. **Les taux sont :** annuels, mensuels, par quinzaines ou journaliers. Une année commerciale est équivalente à 360 jours, 24 quinzaines et 12 mois.

$$t = t_{\text{annuel}} \quad t_{\text{journalier}} = \frac{t}{360} \quad t_{\text{quinzaines}} = \frac{t}{24} \quad t_{\text{mois}} = \frac{t}{12}$$

Exemple 1 :

***Farid** place **2 500 €** sur un compte au taux de **3 %** annuel.*

***1. Déterminer** son intérêt simple au bout de **120 jours**.*

***2. Déterminer** son intérêt simple à la fin de l'année.*

***3. En déduire** sa valeur acquise.*

***4.** Il constate qu'après **6 mois** il a déjà **50 €**.*
***a. Déterminer** le taux des 6 premiers mois.*
***b. Déterminer** son réel taux annuel.*

B Les différents coûts

1. **Le coût total de production** ***C*** est le produit de la **quantité totale** ***x*** créée par le coût d'un élément :

$$C = \textit{Coût unitaire} \times x$$

2. **Le coût moyen unitaire** $C_M(x)$ est le prix moyen pour un élément :

$$C_M(x) = \frac{C}{x}$$

3. **Le coût marginal** C_m est le coût de la dernière unité produite :

$$C_m(x) = C(x+1) - C(x)$$

Pour une production important $C_m(x)$ peut être approché par $C'(x)$

4. **Le bénéfice B** est la différence entre la recette ***R*** et les coûts de production ***C*** :

$$B = R - C$$

Exemple 2 :

*Une entreprise a une production annuelle de **450 drones**.*
*Le coût unitaire de chaque drone est de **750 €**.*
*Elle commercialise les drones au prix de **900 €**.*

***1. Déterminer** le coût total de production.*

***2. Déterminer** le bénéfice que l'entreprise peut espérer faire au bout de **2 ans**.*

***3.** L'entreprise souhaite produire 100 drones de plus par an. Son nouveau coût total de production est de **427 500 €**.*
***a. Calculer** le coût marginal.*
***b. Exprimer** par une phrase à quoi il correspond.*

TOP CHRONO
☐ 5 minutes ☐ 10 minutes

Vérification des connaissances

1 **Calculer** l'intérêt produit par un capital de **4 250 €** à **13 %** pendant **80 jours**.

2 **Calculer** la valeur acquise par un placement de **12 500 €** à **8,5 %** au bout de **8 quinzaines**.

3 **Calculer** le taux de placement pour un capital de **36 500 €** placé durant **2 ans** qui a rapporté **8 760 €** d'intérêts.

4 La production de **100 pièces** automobiles revient à **12 000 €**. Si l'entreprise veut produire **200 pièces** le coût total de production s'élève à **18 000 €**. Elle vend les pièces **150 € l'unité**.

a. **Déterminer** le coût unitaire moyen pour **100 et 200 pièces**.

b. **Calculer** le coût marginal pour la série de **200 pièces**.

c. **Déterminer** le bénéfice réalisé par l'entreprise pour **200 pièces**.

Entraînements

1 2 3 4 Réaliser

1 **Compléter** le tableau ci-dessous en détaillant les calculs :

Capitaux (en €)	Taux de placement annuel	Durée du placement			Intérêt (en €)	Valeur acquise (en €)
		Années	Mois	Jours		
12 500	22 %		4			
				240	450	4 950
35 000	7 %					39 900

1 2 3 4 Réaliser

2 **Compléter** le tableau ci-dessous en détaillant les calculs :

Descriptif	Pour 150 pièces	Pour 300 pièces	Coût marginal global	Coût marginal unitaire
Matières premières	2 250	3 950		
Salaires	12 500	26 000		
Charges	4 750	9 100		
Coût global de production				
Coût moyen unitaire				
Prix de vente unitaire	180	170		
Bénéfice				

Approfondissements

Sonny est le patron de l'entreprise **Microtech** au **capital de 15 000 €**.
Ils sont spécialisés dans la fabrication de microprocesseurs pour ordinateur portable.
Il dispose d'une chaîne de production capable de fabriquer 40, 60 ou 80 microprocesseurs dont les coûts de production sont donnés dans le tableau ci-dessous.

Le prix de vente est fixé à 128 € quel que soit le nombre de microprocesseurs produits.
Il souhaite réaliser **un bénéfice minimum de 7,5 %.**

Pour les années futures **Sonny** veut accroître sa production et acheter une autre machine à **12 000 €** avec **7 000 €** de son capital. Le **taux annuel** de placement est de **6 %.**

Problématiques :

1. Combien de microprocesseurs Sonny doit-il produire pour atteindre le bénéfice attendu ?
2. Au bout de combien d'années Sonny pourra-t-il investir dans sa seconde machine ?

S'approprier 1 2 3 4

1 **Rédiger** les attentes de la **problématique 1** pour définir les objectifs de la **mission**.

Ma mission : ....

Analyser - Raisonner 1 2 3 4
Réaliser 1 2 3 4

2 **Compléter** le tableau ci-dessous en détaillant vos calculs :

Nombre de microprocesseurs	40	60	80
Coûts moyens unitaires (en €)	120		126
Coût total de production (en €)		6 900	
Coût marginal total (en €)			
Coût marginal unitaire (en €)			
Bénéfice (en %)			

Valider 1 2 3 4
Communiquer 1 2 3 4

3 **Rédiger** une réponse à la **problématique 1.**

S'approprier 1 2 3 4

4 **Rédiger** les attentes de la **problématique 2** pour définir les objectifs de la **mission**.

Ma mission : ....

Analyser - Raisonner 1 2 3 4
Réaliser 1 2 3 4

5 **Calculer** les intérêts que **Sonny** gagne chaque année grâce à son placement chaque année.

Valider 1 2 3 4
Communiquer 1 2 3 4

6 **Rédiger** une réponse à la **problématique 2.**

Autoévaluation

La **société FC** fabrique régulièrement **800 ballons** de football vendus **150 €** l'unité.
Les dépenses liées à cette production sont les suivantes :

- matières premières : **12 000 €** ;
- main-d'œuvre : **37 000 €** ;
- charges : **55 000 €**.

Pour le prochain Euro de football, la fédération leur commande **200 ballons** supplémentaires. Cependant, les **200 ballons** doivent être vendus avec **20 %** de remise par rapport au prix initial.

Problématique : ***Yoann et Robin, les dirigeants de l'entreprise, doivent-ils accepter cette commande ?***

1 2 3 4 *S'approprier*

1 **Rédiger** les attentes de la problématique pour définir les objectifs de la mission.

Ma mission : ....

1 2 3 4 *Analyser - Raisonner*
1 2 3 4 *Réaliser*

2 **Compléter** le tableau ci-dessous en détaillant vos calculs :

Descriptif	Pour 800 ballons	Pour 1 000 ballons	Coût marginal global	Coût marginal unitaire
Matières premières				
Main-d'œuvre				
Charges				
Coût global de production				
Coût moyen unitaire				
Prix de vente unitaire	150			
Bénéfice				

1 2 3 4 *Valider*
1 2 3 4 *Communiquer*
1 2 3 4 *Être autonome*

3 **Rédiger** une réponse à la **problématique**.

Grille d'évaluation							
Compétences	*S'approprier*	*Analyser - Raisonner*	*Réaliser*	*Valider*	*Communiquer*	*Être autonome*	Total
Niveau d'acquisition	1 2 3 4	1 2 3 4	1 2 3 4	1 2 3 4	1 2 3 4	1 2 3 4	.../10
Barème	.../2	.../2	.../2	.../1	.../2	.../1	

AA

2 Suites numériques et suites arithmétiques

Représentation graphique d'une suite • Ajustement affine • Coefficient de détermination numérique avec ou sans les TIC

Je découvre

Analyser la pousse des cheveux dits « afros »

Les dreadlocks sont une forme de coiffure ancienne, apparue dès l'Égypte antique. Au cours des siècles les dreadlocks ont été portées par différents peuples sur différents continents.

Momo a décidé de faire confiance à **Thomas** pour l'entretien de ses dreadlocks.

Entre la reprise des racines et les retouches sur les longueurs, le travail sur sa chevelure aura duré, ce jour, 130 minutes.

Il entend revenir une fois par mois et s'attend à consacrer autant de temps.
Bonnie, une coiffeuse du salon, lui indique que compte tenu du fait que ses cheveux auront poussé, les séances augmenteront de 12 minutes d'une séance à l'autre.

1 **Combien de temps durera la reprise de ses dreadlocks au bout d'un an ?**

2 **Combien de temps au total aura-t-il consacré à l'entretien de ses dreadlocks, sur une année ?**

Recherche personnelle

Effectuez une recherche sur un des deux thèmes proposés :

- ☐ Satoshi Tajiri créateur de la franchise Pokémon
- ☐ Les suites numériques logiques

À retrouver en ligne

Rendez-vous sur votre Site compagnon !

- Démarche d'investigation
- Outils calculatrice
- À l'oral
- Méthode
- Évaluation
- Excel

AUTOMATISMES

Je teste mes automatismes

1 **Cocher**, pour chaque série de nombres, l'ensemble ℕ, ℤ et/ou ℝ auquel ils appartiennent.

-7,4 ; 0 ; 9 ; 12,894 ; 12 ; 894 ; 27 000
Cette série appartient à :
❑ ℕ ❑ ℤ ❑ ℝ

0 ; 3 ; 4 ; 8 ; 13 ; 20 ; 32
Cette série appartient à :
❑ ℕ ❑ ℤ ❑ ℝ

-8 ; -37 ; 2 ; 17 ; 23 ; 93
Cette série appartient à :
❑ ℕ ❑ ℤ ❑ ℝ

2 **Placer**, dans le repère ci-dessous, les points de coordonnées $(n ; f(n))$.

n	$f(n)$
0	32
1	48
2	72
3	108
4	162
5	243

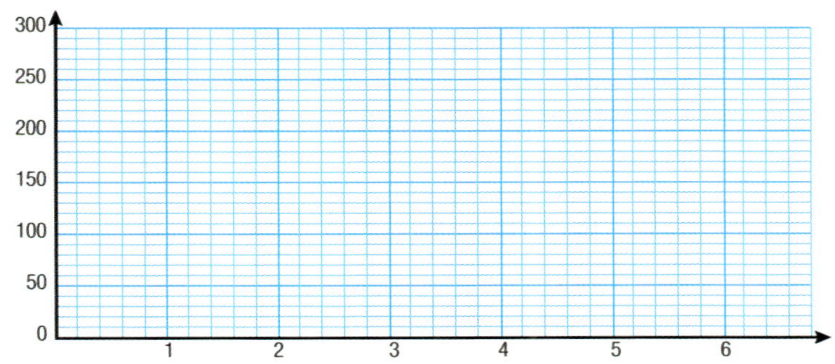

3 Soit la fonction f définie sur l'intervalle $[0 ; 5]$ par : $f(n) = 0{,}5n^2 + n - 50$.

a. Compléter le tableau de valeurs.

n	0	1	2	3	4	5
$f(n)$						

b. Conjecturer sur le sens de variation de la fonction f.

4 Soit 2 relations littérales :

$$a = \frac{y_2 - y_1}{x_2 - x_1}$$

Calculer a avec $x_1 = 5$, $x_2 = 11$, $y_1 = 38$ et $y_2 = 17$.

$$S = (n+1)\frac{\alpha + \beta}{2}$$

Calculer S avec $n = 12$, $\alpha = -1$ et $\beta = 53$.

COUP DE POUCE

- ℕ est l'ensemble des entiers naturels positifs ou nul :
0 ; 1 ; 2 ; 3...
- ℤ est l'ensemble des entiers relatifs négatifs, positifs ou nul :
-2 ; -1 ; 0 ; 1 ; 2 ; 3...
- ℝ est l'ensemble des nombres réels, à savoir tous les nombres que l'on peut placer sur un axe gradué.
-2,1 ; -1 ; 0 ; 0,333 ; 2,2...
- Dans un repère du plan, le point de coordonnées $(x ; y)$ est placé selon :
  - son abscisse →, pour la variable x
  - son ordonnée ↑, pour son image y
- Pour calculer l'image d'un nombre par une fonction, il faut remplacer la variable par la valeur de ce nombre.
  - Si f est définie par : $f(x) = -3x + 7$
  alors l'image de 8 par f est : $f(8) = -3 \times 8 + 7$
  $f(8) = -17$.

Activité

1 Générer les termes d'une suite numérique

Contexte Une contamination à Safrania-les-bains

Safrania-les-bains était une île magnifique jusqu'à la survenue d'un terrible évènement. Une capsule du laboratoire de l'île s'est brisée, libérant un virus zombie qui affecte un individu. Le laboratoire comptait 13 scientifiques qui ont tous été contaminés le premier jour. Le lendemain, la contamination affecte 20 personnes de plus que la veille, et ainsi de suite pour les jours suivants. L'île étant accessible uniquement en bateau, il a fallu deux semaines pour que les secours arrivent : les 2 500 habitants avaient tous été contaminés à l'arrivée des secours.

Problématique Comment l'épidémie a-t-elle pu se propager aussi vite ?

S'approprier 1 2 3 4

1 **Rédiger** les attentes de la problématique pour définir les objectifs de la **mission**.

Ma mission : ....

2 **Indiquer** combien d'humains sont contaminés le premier jour. **Justifier** en citant l'énoncé.

3 **Préciser** comment, d'un jour sur l'autre, on peut calculer le nombre de nouveaux zombies.

Analyser - Raisonner 1 2 3 4

Réaliser 1 2 3 4

4 Soit $z(n)$, le nombre de nouveaux zombies chaque jour.

a. Compléter le tableau ci-dessous pour les 14 jours de l'épidémie.

Jour 1 $z(0) = 13$	**Jour .....** $z(.....) = ...$
Jour 2 $z(1) = 33$	**Jour .....** $.....(.....) = ...$
Jour 3 $z(2) = ...$	
Jour 4 $z(3) = ...$	
Jour 5 $z(.....) = ...$	
Jour ..... $z(.....) = ...$	
Jour ..... $z(.....) = ...$	

Réaliser 1 2 3 4

Valider 1 2 3 4

Communiquer 1 2 3 4

Être autonome 1 2 3 4

b. Calculer le nombre total de zombies apparus sur les 14 jours pour **rédiger la réponse** à la problématique.

Activité

2 Étudier le sens de variation d'une suite

Contexte — Une auto-régulation naturelle ?

Les zombies finissent par atteindre un niveau supplémentaire de folie et finissent par s'entredévorer.
Hiro Nakamura et son équipe de chercheurs recensent par satellite la population de l'île quelques jours après l'arrivée des secours.
Ils compilent alors les données en nommant u_n le nombre de zombies restants au jour n.
Ils entendent planifier au mieux la reconquête de l'île, quand il n'y aura plus de zombies.

Données

Jour	0	1	2	3	4
Zombies restants	2283	2262	2241	2220	2199

Problématique — Dans combien de jours les équipes pourront-elles s'engager sur l'île ?

S'approprier 1 2 3 4

1 **Rédiger** les attentes de la problématique pour définir les objectifs de la mission.

Ma mission : ....

2 **Chiffrer** l'évolution du nombre de zombies d'un jour à l'autre.

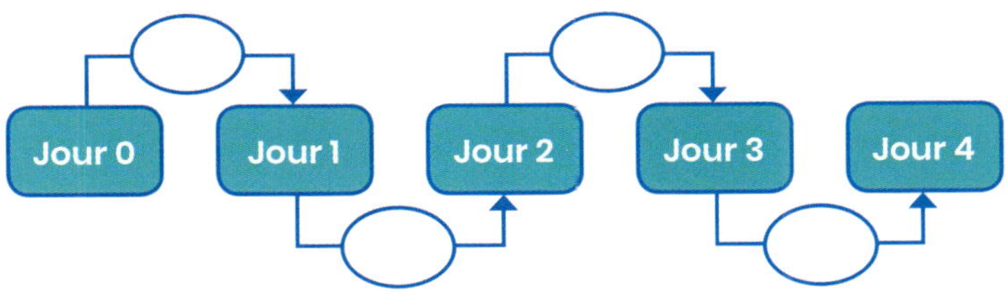

Analyser - Raisonner 1 2 3 4

3 **Conjecturer**, à partir de ces données, sur le nombre, noté r, de zombies dévorés chaque jour.

Réaliser 1 2 3 4

4 **Calculer** le nombre de zombies restants au jour **100**, noté u_{100}. **Détailler** le(s) calcul(s).

Appeler l'enseignant pour lui présenter ce(s) calcul(s).

Analyser - Raisonner 1 2 3 4

5 **Proposer** une expression littérale permettant de calculer le nombre u_n de zombies restants au jour n.

Réaliser 1 2 3 4
Valider 1 2 3 4

6 L'équipe de réinvestissement de l'île a prévu de débarquer au jour **120**.

Préciser si cette décision est raisonnable. **Justifier** la réponse.

Valider 1 2 3 4
Communiquer 1 2 3 4

7 **Répondre** à la problématique. **Justifier** la réponse en faisant apparaître les calculs.

Activité 3

Exploiter la représentation graphique d'un nuage de points pour une suite arithmétique

Contexte — Une évolution de température

Walter, **Selen** et **Hanane** préparent un exposé sur l'eau pure et se demandent comment la température évolue entre le moment où elle est versée dans la casserole et le moment où elle bout.
Avant de conduire l'expérience permettant de répondre à cette question, ils parient une boite de **Capri-Sun** en émettant chacun une hypothèse qui figure ci-contre.

Les élèves font chauffer un récipient rempli d'eau et relèvent la température toutes les minutes.

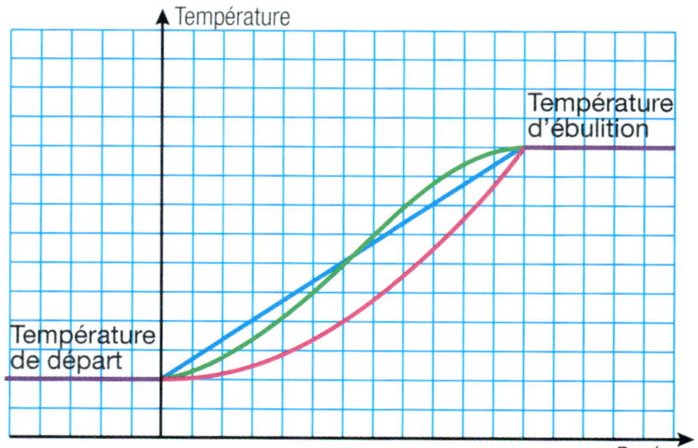

Hypothèse de Walter en rose
Hypothèse de Selen en bleu
Hypothèse de Hanane en vert

Données

Durée (min)	0	1	2	3	4	5	6	7	8
Température (°C)	10	27	44	61	78	95	100	100	100

Problématique — Quel élève a formulé la bonne hypothèse ?

1 2 3 4 *S'approprier*

1 **Rédiger** les attentes de la problématique pour définir les objectifs de la mission.

Ma mission : ....

2 On souhaite associer cette série de données à une suite (u_n).

a. Préciser la variable que l'on peut attribuer au **rang** et celle que l'on peut attribuer au **terme**.

rang ⟷ ..... **terme** ⟷ .....

1 2 3 4 *Analyser - Raisonner*

b. Indiquer entre quels rangs on peut considérer que la suite (u_n) est arithmétique.
Justifier la réponse en précisant le premier terme u_0 et la raison r.

u_0 : ..... r = ...

c. Donner le signe de la raison r et en **déduire** le sens de variation de la suite.

1 2 3 4 *Réaliser*

3 **a. Placer**, sur le graphique ci-contre, les points de coordonnées $(n\,;u_n)$.

1 2 3 4 *Communiquer*

b. Répondre à la problématique en rédigeant la réponse.

1 2 3 4 *Analyser - Raisonner*

1 2 3 4 *Communiquer*

c. Conjecturer sur l'allure de la représentation d'une suite arithmétique par un nuage de points.

1 2 3 4 *Être autonome*

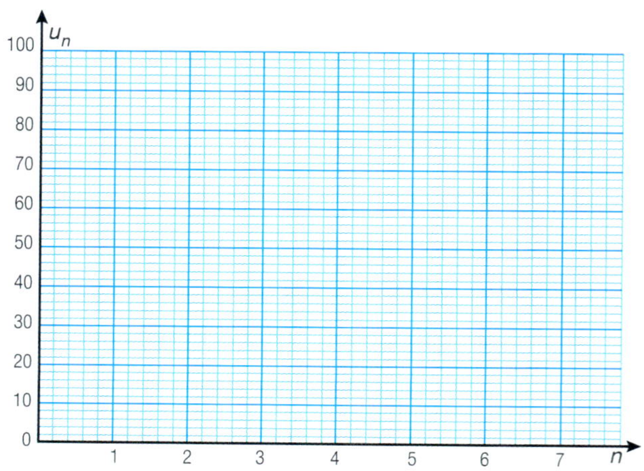

Activité 4 Calculer la somme de *n* premiers termes d'une suite arithmétique

Contexte Une course de récupération

À la fin d'une séance de rugby, l'entraîneur de l'équipe installe des plots et a prévu une course de récupération. Il propose deux options en fonction des postes des joueurs :
- 5 tours de terrain pour les avants ;
- un « suicide » pour les trois-quarts.

Voici un schéma simplifié représentant le terrain de l'équipe :

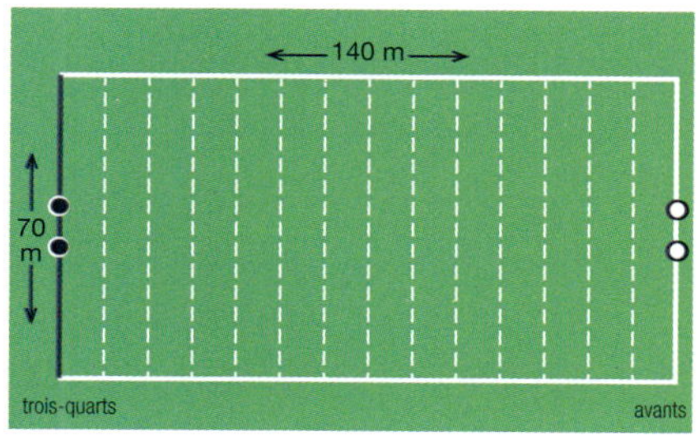

Voici en quoi consiste un suicide :
- partir de la ligne noire ;
- rejoindre la ligne pointillée la plus proche et revenir à la ligne noire ;
- repartir vers la ligne pointillée suivante et revenir à la ligne noire.

Et ainsi de suite jusqu'à la ligne du fond de terrain.
Précision : les lignes sont toutes espacées de 10 m.

Problématique Quels joueurs courent le plus : les avants ou les trois-quarts ?

S'approprier 1 2 3 4

1 **Rédiger** les attentes de la problématique pour définir les objectifs de la mission.

Ma mission : ....

2 **Déterminer** la distance parcourue :

a. par les avants ;

b. par les trois-quarts lors du premier aller-retour ;

c. par les trois-quarts lors du deuxième aller-retour ;

d. supplémentaire à chaque aller-retour par les trois-quarts.

Analyser - Raisonner 1 2 3 4

3 **a. Associer** la situation à une suite arithmétique (S_n) en précisant son premier terme S_0 et sa raison.

Réaliser 1 2 3 4

b. Déterminer les 15 premiers termes de la suite :

$S_0 =$ $S_1 =$ $S_2 =$ $S_3 =$ $S_4 =$ $S_5 =$ $S_6 =$ $S_7 =$

$S_8 =$ $S_9 =$ $S_{10} =$ $S_{11} =$ $S_{12} =$ $S_{13} =$ $S_{14} =$

Réaliser 1 2 3 4

c. Calculer la distance parcourue au total par les trois-quarts.

d. Repérer les données nécessaires à l'application de la relation.

$S_0 =$ $S_n =$ $n =$

e. Calculer la distance parcourue au moyen de la relation.

Valider 1 2 3 4

f. Comparer la somme entre les résultats des **consignes 3 c.** et **3 e.**

Analyser - Raisonner 1 2 3 4

Communiquer 1 2 3 4

g. Répondre à la problématique. **Justifier** la réponse.

Être autonome 1 2 3 4

Info

Pour alléger les calculs soit la relation suivante :

$$\textit{Somme} = (n+1)\frac{S_0 + S_n}{2}$$

avec :
- S_0 : premier terme ;
- S_n : dernier terme ;
- n : rang du dernier terme.

SYNTHÈSE Suites numériques et suites arithmétiques

A. Suite numérique

Une suite numérique est une « succession » de nombres réels, appelés les **termes** de la suite. Leur position dans la suite est appelée le **rang.**

1. Les termes d'une suite peuvent être déterminés :
- à partir d'une expression générale algébrique, comme pour une fonction numérique ;
- à partir du ou des termes précédents.

2. Le premier terme d'une suite est au rang 0.

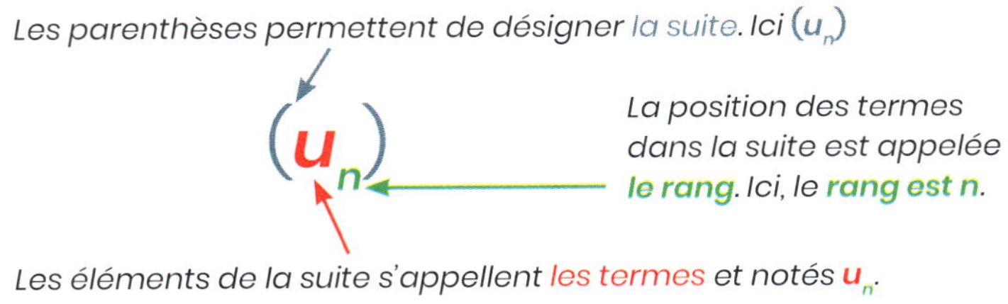

B. Suite arithmétique

1. Une suite arithmétique est une suite numérique pour laquelle on passe d'un terme au suivant en ajoutant toujours le même nombre positif ou négatif. Ce nombre est appelé la **raison de la suite** et est souvent noté ***r***.

2. Le sens de variation d'une suite arithmétique de raison peut être conjecturé.

Les points du nuage de points d'une suite arithmétique sont alignés.

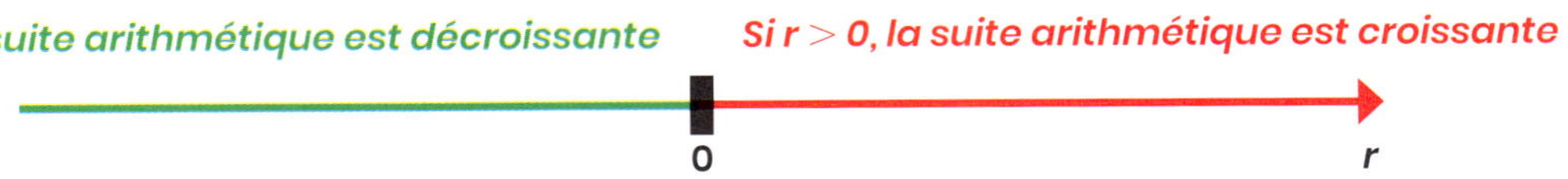

A Pour définir une suite arithmétique

1. **Déterminer** son premier terme : u_0
2. **Déterminer** sa raison : r

Déterminer *le premier terme et la raison des deux suites arithmétiques (k_n) et (m_n).*

Suite (k_n) : -3 ; $-1,5$; 0 ; $1,5$; 3 ; $4,5$.

Premier terme : k_0..... *Raison : $r =$.....*

Suite (m_n) : 10 ; 7 ; 4 ; 1 ; -2.

Premier terme : m_0..... *Raison : $r =$.....*

B Pour représenter une suite par un nuage de points

1. **Porter** en abscisses : le rang
2. **Porter** en ordonnées : le terme

Représenter *le nuage de points des suites arithmétiques (k_n) et (m_n) dans le repère ci-contre.*

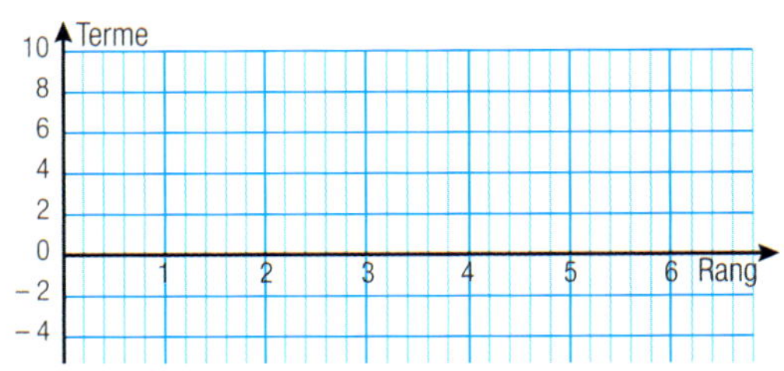

C Pour calculer un terme u_n ou la somme des termes S_n d'une suite arithmétique (u_n)

1. **Utiliser** une des deux expressions :

$$u_n = u_0 + nr \quad \text{ou} \quad u_n = u_{n-1} + r$$

2. **Utiliser** la relation : ***Somme*** $S_n = (n+1)\dfrac{u_0 + u_n}{2}$ avec

u_0 : premier terme. u_n : dernier terme.
n : rang du dernier terme.

Déterminer *k_8 et S_8 puis m_7 et S_7.*

k_8 et S_8

.....

.....

m_7 et S_7

.....

.....

Vérification des connaissances

TOP CHRONO
☐ 5 minutes ☐ 10 minutes

Soit (u_n) une suite arithmétique telle que : $u_0 = -5$ et $u_1 = 1$.

Cocher la bonne réponse.

1. $u_2 = ...$ ❑ *5* ❑ *6* ❑ *7.*

2. $u_{17} = ...$ ❑ *95* ❑ *97* ❑ *101* ❑ *107.*

3. La somme des 18 premiers termes vaut : ❑ *828* ❑ *900* ❑ *1 000* ❑ *1 100.*

4. (u_n) est une suite : ❑ *décroissante* ❑ *constante* ❑ *croissante.*

Entraînements

1 2 3 4 *Réaliser*

1 **Calculer** les termes indiqués pour les suites arithmétiques de premier terme u_0 et de raison r.

$\begin{cases} u_0 = 14 \\ r = -4 \end{cases}$

$u_1 = ...$

$u_{17} = ...$

$\begin{cases} u_0 = -13 \\ r = 2 \end{cases}$

$u_1 = ...$

$u_9 = ...$

$\begin{cases} u_0 = 113 \\ r = 92 \end{cases}$

$u_1 = ...$

$u_{109} = ...$

1 2 3 4 *Réaliser*

2 **Calculer**, pour ces mêmes suites, les sommes suivantes :

$S = u_0 + u_1 + ... + u_{16} + u_{17}$

$S = ...$

$S = u_0 + u_1 + ... + u_8 + u_9$

$S = ...$

$S = u_0 + u_1 + ... + u_{108} + u_{109}$

$S = ...$

Approfondissements

Exercice 1

Dungeons & Dragons est un jeu de rôle traditionnel créé par Gary Gygax.

Les joueurs s'assoient autour d'une table et font évoluer des personnages grâce à des points d'expérience, appelés aussi des **PX**.

Le tableau ci-contre donne les points d'expérience nécessaires pour atteindre les premiers niveaux mais pas les suivants.

Maïmouna est **niveau 6** avec **15 000 PX**.

Niveau	PX
1	0
2	1 000
3	3 000
4	6 000
5	10 000

Problématique : ***À combien de PX Maïmouna atteindra-t-elle le niveau 7 ?***

1 2 3 4 *Rédiger*

1 **Rédiger** les attentes de la problématique pour définir les objectifs de la mission.

Ma mission : ....

Réaliser

2 **Calculer** les termes de **rang 1** et **2** pour les suites suivantes :

$\begin{cases} p_0 = 0 \\ p_n = 2\,000\,n - 1\,000 \end{cases}$

$p_1 = ...$

$p_2 = ...$

$\begin{cases} q_0 = 0 \\ q_n = q_{n-1} + 1\,000\,n - 1\,000 \end{cases}$

$q_1 = ...$

$q_2 = ...$

$\begin{cases} r_0 = 0 \\ r_n = r_{n-1} + 1\,000 \end{cases}$

$r_1 = ...$

$r_2 = ...$

Analyser - Raisonner

3 **Préciser** la suite, parmi celles de la **question 2**, qui modélise les **PX** à atteindre selon le niveau.

Valider

4 **Justifier** qu'avec **15 000 PX**, **Maïmouna** est bien **niveau 6**.

Réaliser — Communiquer — Être autonome

5 **Répondre** à la problématique en rédigeant la réponse.

Exercice 2

La voiture de collection

Monsieur **César** est garagiste, il a acheté, en janvier 2000, une voiture de collection pour un montant de **1 500 euros**.
La valeur de cette voiture augmente de **200 €** par an.
Le prix de la voiture est donné par la relation :
$f(n) = 200n + 1\,500$ au bout de n années, soit en $(2000 + n)$.
Cette fonction suit la progression d'une suite arithmétique telle que : $u_n = 200\,n + 1\,500$.
César espère vendre sa voiture, en **2025**, à un prix d'au moins **6 500 euros**.

Analyser - Raisonner

1 **Cocher** la bonne proposition.
Le prix de la voiture en janvier 2001 est de ❑ *1 500 €* ❑ *1 700 €* ❑ *Autre : .....*

2 **Calculer** le terme de **rang 2**.

3 **Montrer** que la suite arithmétique (u_n) est croissante.

a. **Utiliser** la relation : $u_n + 1 - u_n > 0$

b. **Réaliser** la représentation graphique de la fonction f sur l'intervalle $[0 ; 10]$.
Exploiter les fonctionnalités d'un fichier **Excel**.

c. **En déduire** la raison de la suite arithmétique (u_n).

4 **Calculer** $f(25)$.

Être autonome

5 **Répondre** à la problématique posée.

Autoévaluation

Exercice 3

Pokémon Go est un jeu développé par **Niantic**.

Il s'agit d'un jeu de réalité augmentée où l'on incarne un dresseur Pokémon.

Un des buts du jeu consiste à conserver le contrôle d'arènes au moyen de **Pokémons** défenseurs. Pour les soigner, au fur et à mesure des assauts des autres joueurs, il faut leur fournir des baies. C'est une opération coûteuse mais qui rapporte des poussières d'étoiles, une ressource importante dans le jeu.

Le premier apport de baie(s) rapporte 40 poussières d'étoiles. Chaque apport de baie(s) supplémentaire(s) rapporte 20 poussières d'étoiles de plus que le précédent.

Lucie veut faire évoluer son **Magicarpe**. Elle dispose de 15 baies et a besoin de 3 000 poussières d'étoiles.

Problématique : ***Lucie aura-t-elle de quoi faire évoluer son Magicarpe ?***

S'approprier 1 2 3 4

1 **Rédiger** les attentes de la problématique pour définir les objectifs de la mission.

Ma mission : ....

2 **Déterminer** la quantité de poussière(s) d'étoiles récoltée avec :

- La 1re baie : .....   La 2e baie : .....
- La 1re et la 2e baie : .....

3 **Associer** la situation à une suite arithmétique en complétant les informations :

u_n, le terme, représente ..... u_0, le premier terme, vaut .....

n, le rang, représente ..... r, la raison, vaut .....

Analyser - Raisonner 1 2 3 4

Communiquer 1 2 3 4

4 **Rédiger** un protocole permettant de répondre à la problématique.

Appeler l'enseignant pour qu'il s'assure de la validité de la démarche.

S'approprier 1 2 3 4

5 **Exécuter** le protocole validé avec l'enseignant. **Noter** les résultats ci-dessous.

Analyser - Raisonner 1 2 3 4

Communiquer 1 2 3 4

Être autonome 1 2 3 4

6 **Répondre** à la problématique en argumentant.

Grille d'évaluation																								
Compétences	S'approprier				Analyser - Raisonner				Réaliser				Valider				Communiquer				Être autonome				Total
Niveau d'acquisition	1	2	3	4	1	2	3	4	1	2	3	4	1	2	3	4	1	2	3	4	1	2	3	4	.../10
Barème	.../2				.../2				.../2				.../1				.../2				.../1				

AA

3 Résolution graphique d'équations et d'inéquations

Utilisation des TIC pour cette résolution graphique

Je découvre

Exploiter une étape du « Tour »

Le Tour de France, communément appelé « le Tour », est la plus prestigieuse des compétitions de cyclisme.
Le jour de l'étape de montagne séparant les villes de Pau en région Nouvelle Aquitaine et de Peyragudes en région Occitanie, Météo France prévoit des chutes de neige exceptionnelles à partir de 800 mètres d'altitude.

1-23 JUILLET 2017
104e édition

IGN 2012 - Licence ouverte

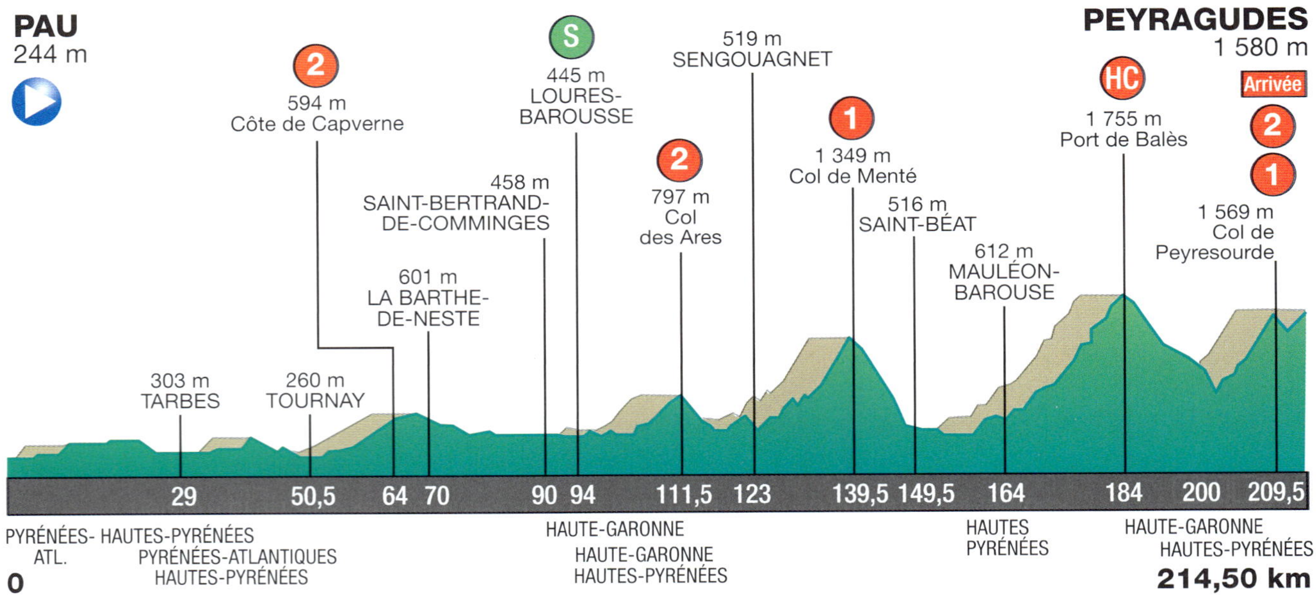

1 Quelle distance sépare les deux villes ?

2 Quels sont les cols concernés par ces chutes de neige ?

3 Sur quelle distance les coureurs doivent-ils prendre des précautions contre cette neige ?

Recherche personnelle

Effectuez une recherche sur un des deux thèmes proposés :

☐ Historique du tour de France
☐ Les grands vainqueurs du tour de France

À retrouver en ligne

Rendez-vous sur votre Site compagnon !

- Démarche d'investigation
- Outils calculatrice
- À l'oral
- Méthode
- Évaluation
- GeoGebra

Je teste mes automatismes

Soit f une fonction du second degré définie sur l'intervalle [0 ;4] par : $f(x) = x^2 - 4x + 3$.

1 **Donner** le nom de la représentation graphique de la fonction f.

2 **Dresser** un tableau de valeurs pour des valeurs de x appartenant à l'intervalle $[0 ; 4]$.

x					
$f(x)$					

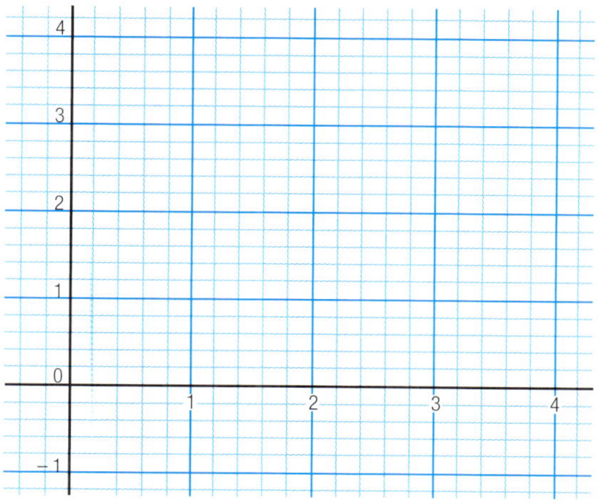

3 **Tracer** la courbe représentative de la fonction f sur l'intervalle $[0 ; 4]$.

4 La courbe est-elle sécante avec l'axe des abscisses ?

5 **Donner** les coordonnées des points d'intersection.

6 Sur quel intervalle $f(x) \geqslant 0$?

7 **Donner** l'équation de la droite représentant l'axe des abscisses.

COUP DE POUCE

Résolution graphique de l'équation $f(x) = c$

Pour résoudre graphiquement une équation type $f(x) = c$, où c est un réel donné, il faut déterminer, la (les) valeur(s) approchée(s) de l'abscisse (des abscisses) du (des) point(s) d'intersection de la représentation graphique de la fonction f et de la droite (D) d'équation : $y = c$.

Soit la fonction f définie sur l'intervalle [-4 ; 4] par : $f(x) = 0,5\,x^2 - 2$ et dont la courbe représentative est donnée ci-contre.

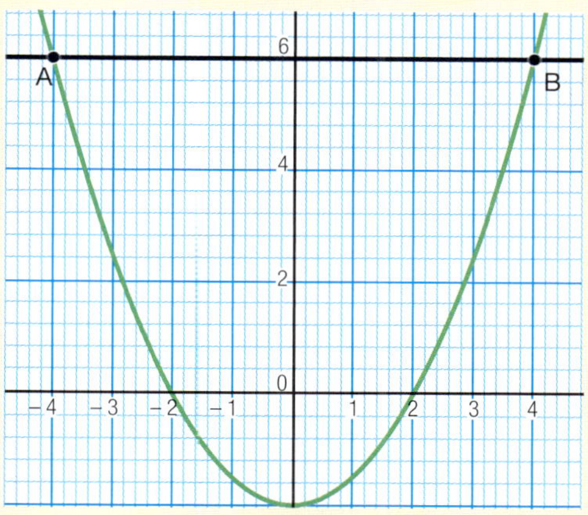

A. Pour résoudre graphiquement l'équation $f(x) = 6$:

- **Tracer** la droite d'équation : $y = 6$.
- **Repérer** les points d'intersection. Ici les points A et B.
- **Relever** les coordonnées des points A et B. Ici A (−4 ; 6) et B (4 ; 6).

Les solutions de l'équation $f(x) = 6$ sont les abscisses des points A et B donc : $x_1 = -4$ et $x_2 = 4$.

B. Pour résoudre graphiquement l'équation $f(x) = 0$ il faut trouver, s'ils existent, les points d'intersection avec l'axe des abscisses d'équation : $y = 0$.
Ici, les solutions sont : $x_1 = -2$ et $x_2 = 2$.

Activité 1

Résoudre graphiquement une équation du type : $f(x) = g(x)$ avec les TIC

Contexte — La relation entre distance d'arrêt et vitesse

Entre le moment où un conducteur perçoit un obstacle et celui où son véhicule s'immobilise, le conducteur parcourt une distance appelée **distance d'arrêt**, somme de deux distances : la distance de réaction et la distance de freinage.

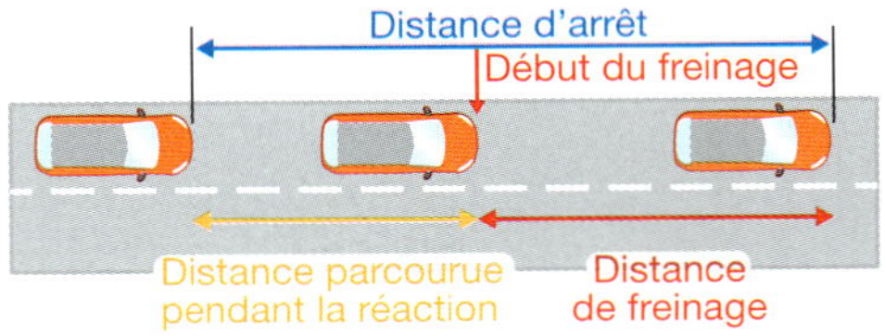

Données

La **distance de réaction** dépend du temps de réaction et de la vitesse. Elle est donnée par la relation : $d_{TR} = 0{,}3\ v$.

La **distance de freinage** dépend de la vitesse et son expression est donnée, sur route sèche, par la relation : $d_F = 0{,}005\ v^2$.
Dans les deux relations, la vitesse s'exprime en km/h et la distance en mètre, m.

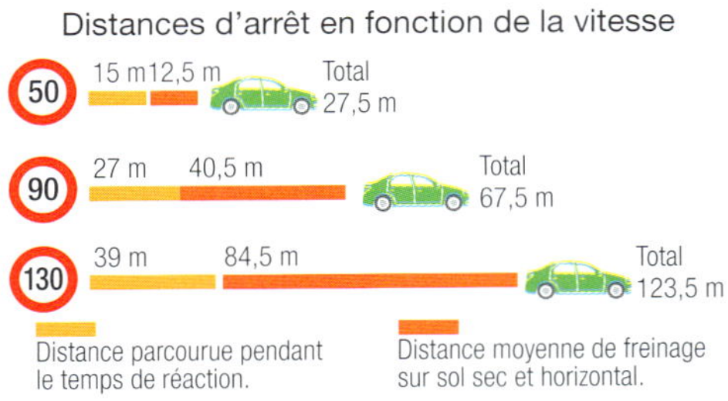

Problématique

Quelle est la vitesse d'un véhicule lorsque distance de freinage et distance de temps de réaction sont égales ?

S'approprier 1 2 3 4

1 **Rédiger** les attentes de la problématique pour définir les objectifs de la **mission**.

Ma mission : ....

Analyser - Raisonner 1 2 3 4 · Communiquer 1 2 3 4

2 **Émettre** une conjecture permettant de répondre à la problématique.

Présenter cette conjecture aux autres apprenants et **écouter** attentivement les leurs.

Analyser - Raisonner 1 2 3 4

3 **Donner** l'expression de la relation qui permet de calculer la distance d'arrêt.

4 **Traduire** la problématique par une équation mathématique.

Réaliser 1 2 3 4

5 **Calculer** les distances de réaction et de freinage d'un véhicule dont la vitesse est de 45 km/h.

6 Soit les fonctions f et g modélisant les distances de réaction et de freinage.
Leurs expressions algébriques respectives sont : $f(x) = 0{,}3\,x$ et $g(x) = 0{,}005\,x^2$.

a. **Tracer** sur **GeoGebra** les courbes C_f et C_g des fonctions f et g sur l'intervalle $[0 ; 130]$.

b. **Dire** si les deux courbes sont sécantes.

c. **Donner** les coordonnées du point d'intersection des deux courbes.

Valider 1 2 3 4 · Communiquer 1 2 3 4 · Être autonome 1 2 3 4

7 **Répondre** à la problématique en rédigeant la réponse.

Présenter oralement la réponse au professeur.

Résoudre graphiquement une inéquation du type : $f(x) \geqslant g(x)$ avec les TIC

Contexte — La rentabilité d'entreprises

Zeta et **Voltige** sont deux entreprises concurrentes.
L'évolution de leurs rentabilités respectives est donnée, ci-contre.

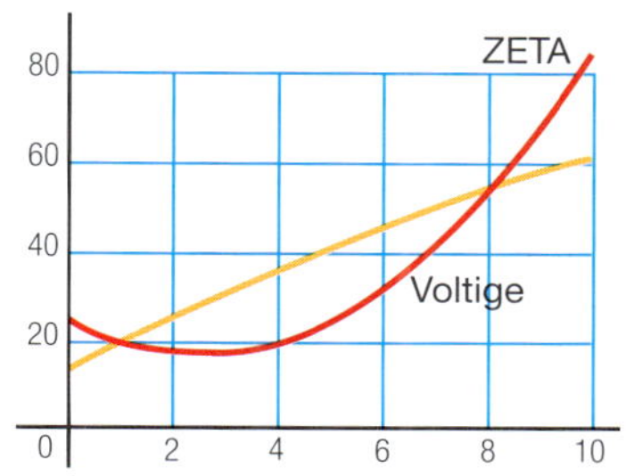

Données

Soit f et g les deux fonctions qui modélisent respectivement la rentabilité des entreprises **Zeta** et **Voltige** sur l'intervalle [0 ; 10] et ont pour expressions :

$$f(x) = 1{,}185x^2 - 5{,}79x + 24{,}6$$

$$g(x) = -0{,}12x^2 + 5{,}95x + 14{,}2$$

Problématique

Sur quelle période l'entreprise *Voltige* est-elle plus rentable que l'entreprise *Zeta* ?

S'approprier

1 **Rédiger** les attentes de la problématique pour définir les objectifs de la **mission**.

Ma mission : ....

Analyser - Raisonner / *Communiquer*

2 **Émettre** une conjecture permettant de répondre à la problématique.

Présenter cette conjecture aux autres apprenants et **écouter** attentivement les leurs.

Analyser - Raisonner

3 Comment évolue la rentabilité de chacune des entreprises ?

4 **Traduire** la problématique par une inéquation mathématique.

Réaliser

5 **a. Tracer** avec **GeoGebra** les représentations graphiques C_f et C_g des fonctions f et g sur l'intervalle **[0 ; 10]**.

b. Dire si les deux courbes sont sécantes.

c. Déterminer les coordonnées du point d'intersection des deux courbes.

d. À quoi correspondent les valeurs de ces coordonnées ?

Valider / *Communiquer*

6 **Répondre** à la problématique en rédigeant la réponse.

Présenter oralement la réponse au professeur.

Être autonome

SYNTHÈSE Résolution graphique d'équations et d'inéquations

1. Résolution graphique d'une équation $f(x) = g(x)$

Soit ***f*** et ***g*** deux fonctions définies sur un intervalle identique.
Les **abscisses** des points d'intersection, s'ils existent, des courbes représentatives sont **solutions** de l'équation.

2. Résolution graphique d'une inéquation $f(x) \geqslant g(x)$

Soit ***f*** et ***g*** deux fonctions définies sur un intervalle identique.
Les solutions de l'inéquation sont données sous la forme d'un intervalle en fonction de l'existence ou non de point(s) d'intersection des 2 courbes représentatives et en adéquation avec l'inéquation.

A Pour résoudre graphiquement l'équation $f(x) = g(x)$

1. **Tracer** la courbe représentative de chacune des fonctions.
2. **Rechercher** le(s) point(s) d'intersection entre les deux courbes.
3. **Noter** les coordonnées du (des) point(s) s'il(s) existe(nt).
4. **Conclure :**
   - S'il existe un(des) point(s) d'intersection l'(les) abscisse(s) est la (sont les) solution(s) de cette équation.
   - S'il n'existe pas de point(s) d'intersection alors l'équation n'a pas de solution.

*Soit **f** et **g** deux fonctions définies sur l'intervalle [-4 ; 8] dont nous avons tracé les courbes représentatives sur le graphique.*
Résoudre *l'équation* $f(x) = g(x)$

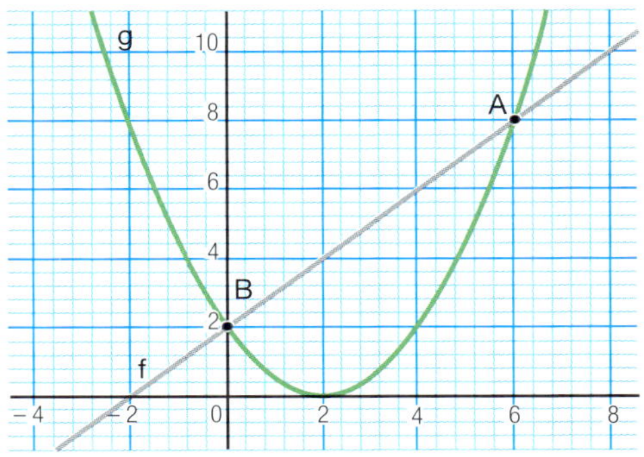

Les points d'intersection sont *A* et *B* avec *B* (0 ; 2) et *A* (6 ; 8).
Les abscisses des points d'intersection sont $x_1 = 0$ et $x_2 = 6$.
Ces deux valeurs sont les solutions de l'équation $f(x) = g(x)$.

B Pour résoudre graphiquement l'inéquation $f(x) \geqslant g(x)$

1. **Tracer** la courbe représentative de chacune des fonctions.
2. **Rechercher** les points d'intersection entre les deux courbes représentatives des fonctions ***f*** et ***g***.
3. **Noter** les coordonnées du ou des points s'ils existent.
4. **Conclure :**
   - **Repérer**, sur le graphique, les valeurs minimum et maximum de ***x*** pour lesquelles la partie de la courbe représentative de la fonction ***f*** se situe au-dessus de celle de la fonction ***g***. Les solutions de l'inéquation seront alors toutes les valeurs de ***x*** appartenant à l'intervalle $[x_{min} ; x_{max}]$.
   - S'il n'existe pas de points d'intersection alors :
   Si la courbe de ***f*** est au-dessus de la courbe de ***g***, les solutions de l'inéquation sont tous les ***x*** appartenant à l'intervalle d'étude sinon l'inéquation n'a pas de solution.

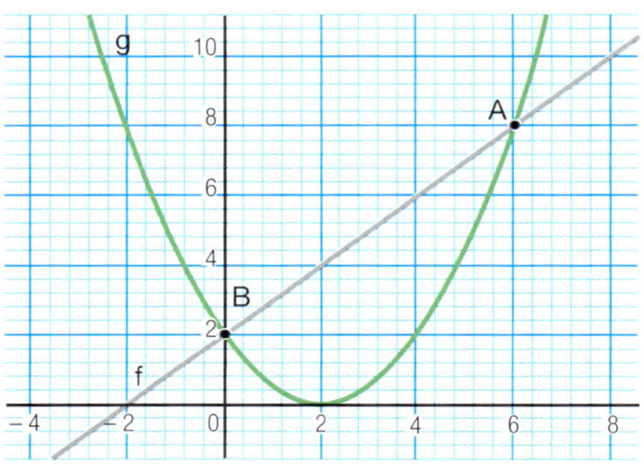

Résoudre *l'inéquation* $f(x) \geqslant g(x)$, *dans l'exemple précédent.*

La courbe représentative de la fonction ***f*** se trouve au-dessus de la courbe représentative de la fonction ***g*** entre les points d'intersection A et B.
Les solutions de l'inéquation $f(x) \geqslant g(x)$ sont l'ensemble des valeurs de ***x*** de l'intervalle [0 ; 6].

Vérification des connaissances

TOP CHRONO

☐ 5 minutes ☐ 10 minutes

☐ 1 2 3 4 Analyser - Raisonner

1 **Cocher** la bonne réponse pour la résolution de l'équation $f(x) = g(x)$.

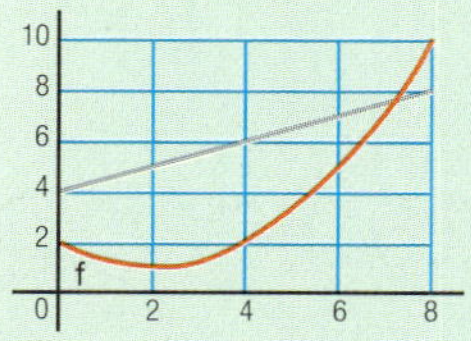

L'équation n'a pas de solution

❑ *Vrai* ❑ *Faux*

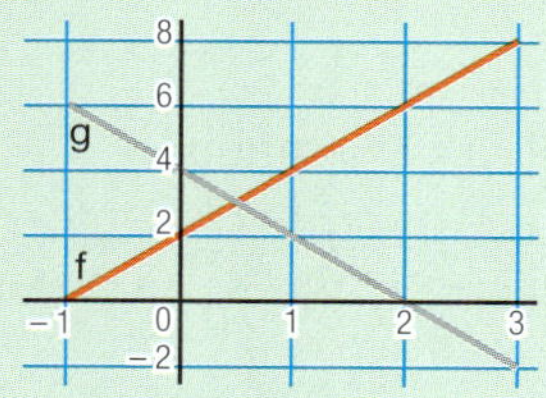

L'équation a 1 solution

❑ *Vrai* ❑ *Faux*

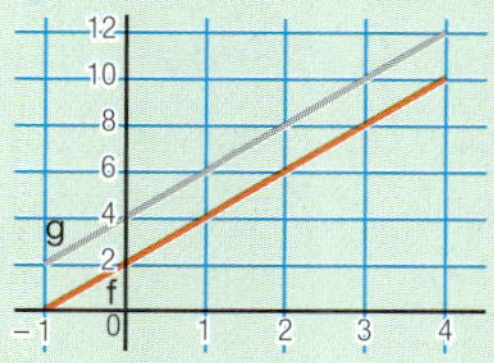

L'équation a 2 solutions

❑ *Vrai* ❑ *Faux*

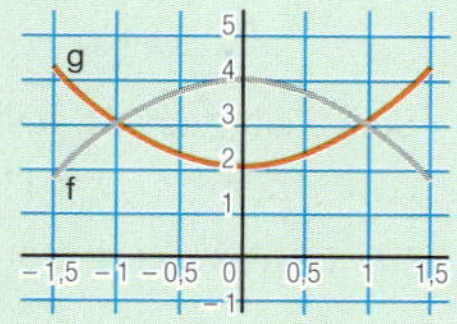

L'équation a 2 solutions

❑ *Vrai* ❑ *Faux*

2 **Cocher** la bonne réponse pour la résolution de l'inéquation $f(x) \geqslant g(x)$.

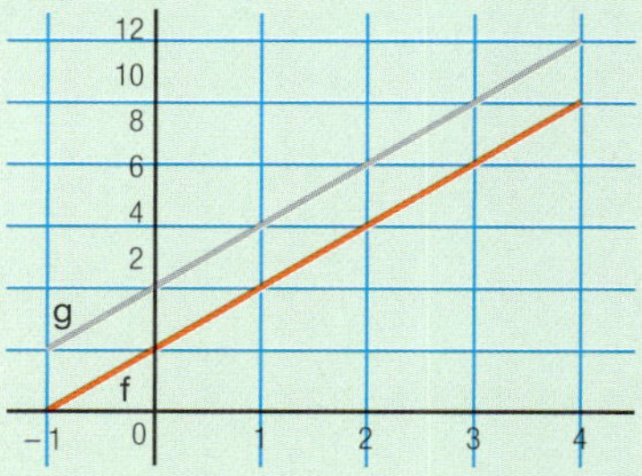

L'intervalle solution : [−1 ; 4]

❑ *Vrai* ❑ *Faux*

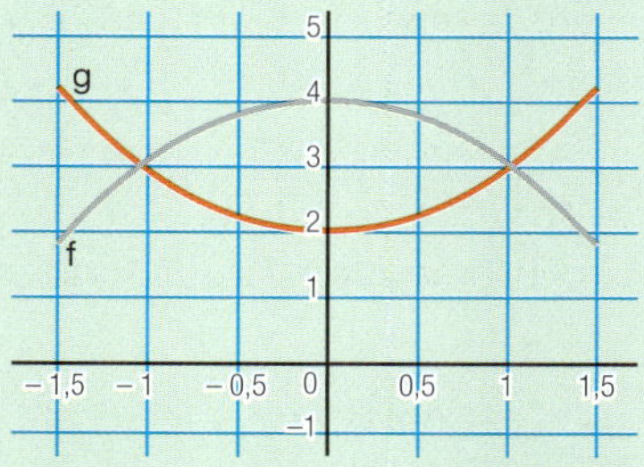

L'intervalle solution : [−1 ; 1]

❑ *Vrai* ❑ *Faux*

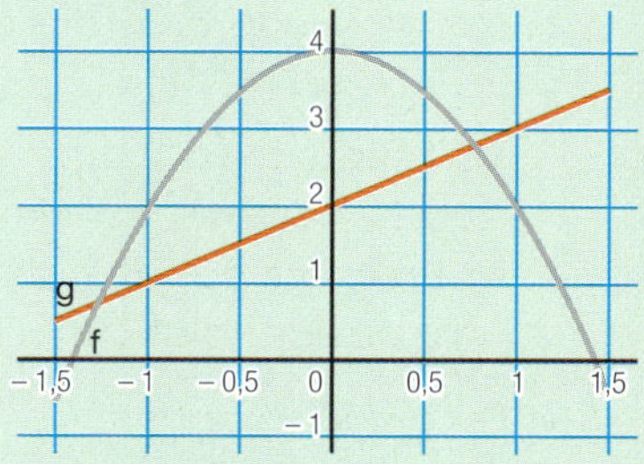

L'intervalle solution : [−1,5 ; 1,5]

❑ *Vrai* ❑ *Faux*

Entraînements

Exercice 1

Soient f et g deux fonctions définies sur l'intervalle [−2 ;2]. La courbe représentative de chacune des fonctions est tracée dans le repère ci-contre.

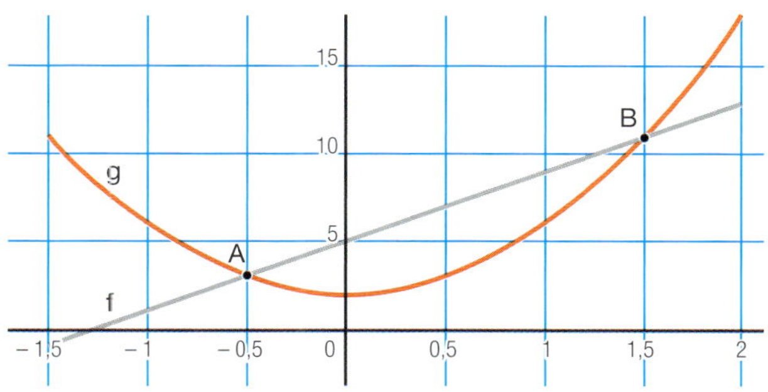

1 **Résoudre** graphiquement l'équation : $f(x) = g(x)$.

2 **Résoudre** graphiquement l'inéquation : $f(x) \geqslant g(x)$.

Exercice 2

Soient f et g deux fonctions définies sur l'intervalle [0 ; 12]. La courbe représentative de chacune des fonctions est tracée dans le repère ci-contre.

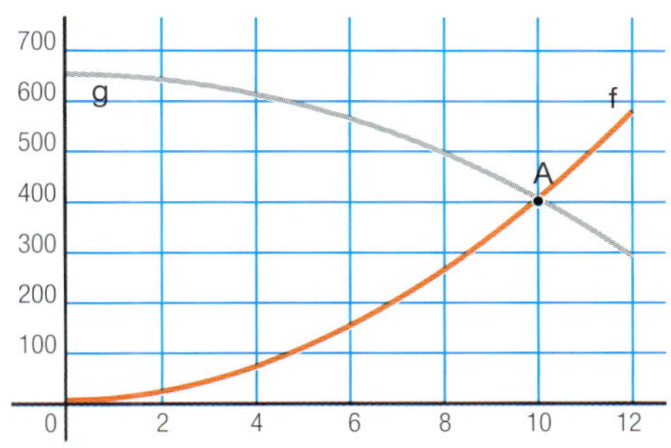

1 **Résoudre** graphiquement l'équation : $f(x) = g(x)$.

2 **Résoudre** graphiquement l'inéquation : $f(x) \geqslant g(x)$.

Exercices

Exercice 3

Soient *f*, *g* et *h* trois fonctions définies sur l'intervalle [0 ; 12,5]. La courbe représentative de chacune fonction est tracée dans le repère ci-contre, avec : x_C=5,25 et x_E=6,31.

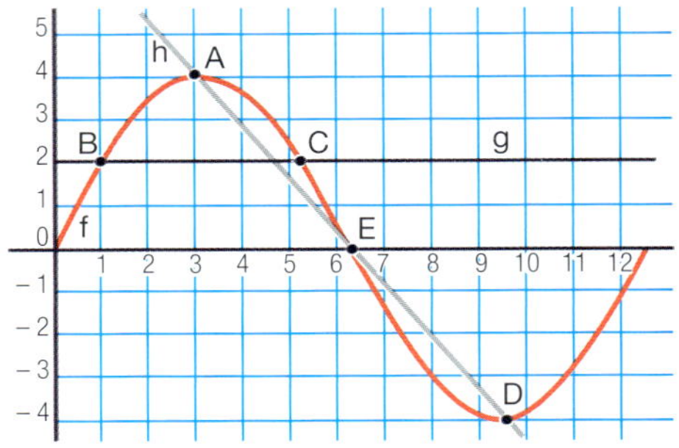

1 **Résoudre** graphiquement l'équation : $f(x) = g(x)$.

2 **Résoudre** graphiquement l'inéquation : $h(x) = g(x)$.

3 **Résoudre** graphiquement l'inéquation : $h(x) \geqslant f(x)$ puis : $h(x) \geqslant g(x)$.

Exercice 4

Soient *f* et *g* deux fonctions définies sur l'intervalle [-2 ;2] par : $f(x) = -x^2 + 4$ et $g(x) = x + 2$.

1 **Tracer** sur **GeoGebra** les courbes représentatives des fonctions *f* et *g*.

2 **Résoudre** graphiquement l'équation : $f(x) = g(x)$.

3 **Résoudre** graphiquement l'inéquation : $g(x) \geqslant f(x)$.

Exercice 5

Soient *f* et *g* deux fonctions définies sur l'intervalle [-1 ;1] par : $f(x) = x^2 + 1$ et $g(x) = 2x + 1$.

1 **Tracer** sur **GeoGebra** les courbes représentatives des fonctions *f* et *g*.

2 **Résoudre** graphiquement l'équation : $f(x) = g(x)$.

3 **Résoudre** graphiquement l'inéquation : $f(x) \geqslant g(x)$.

Approfondissements

Exercice 6

La culture de phytoplanctons

Dans les laboratoires de recherches de la **société BFR** a été développée une technologie innovante : la culture de phytoplanctons pour produire du biocarburant capable d'absorber d'importantes quantités de CO_2.

L'une des phases de cette culture dite « phase stérilisation du milieu nutritif » est réalisée par procédé thermique à l'aide d'un autoclave.

Elle consiste à chauffer l'autoclave durant un temps **t** en minutes, compris entre **0 et 60 minutes**, afin d'atteindre une température précise.

La température **T** du milieu nutritif, en degré Celsius, est donnée en fonction du temps **t** par la relation : $T = -0{,}06\,t^2 + 5x + 23$.

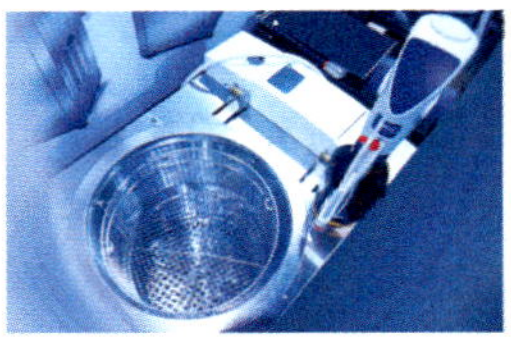

Autoclave

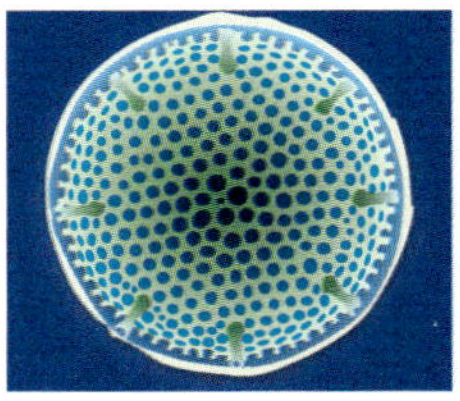

Phytoplancton marin Alpha-3CMP

Problématique : ***Quelle durée est nécessaire pour atteindre la température de 124,5 °C ?***

S'approprier 1 2 3 4

1 **Rédiger** les attentes de la problématique pour définir les objectifs de la mission.

Ma mission : ....

2 À quel usage est destiné la culture de phytoplanctons ?

Analyser - Raisonner 1 2 3 4

Communiquer 1 2 3 4

3 À quoi sert l'autoclave ?

Réaliser 1 2 3 4

4 **Donner** la température à **t** = 0 min. **Résoudre graphiquement** l'équation validée par le professeur.

Valider 1 2 3 4

Communiquer 1 2 3 4

5 **Répondre** à la problématique en rédigeant la réponse.

Autoévaluation

Exercice 7

La grande arche de la ville de Saint Louis

La ville de **Saint Louis** désire décorer sa célèbre **Gateway Arch**, grande arche conçue par l'architecte **EERO Saarinen**, aux couleurs du drapeau américain. Une partie haute en rouge, une intermédiaire en blanc et une basse en bleu.
La partie inférieure est en-dessous d'une droite modélisée par la fonction g telle que : $g(x) = 0{,}64x + 20$.
La partie supérieure est au-dessus d'une droite modélisée par la fonction h telle que : $h(x) = 0{,}64x + 58{,}8$.

La partie intermédiaire entre les deux droites où x est la distance, en mètre, du départ de sa base gauche vers sa base droite.

Problématique : ***Sur quelles distances x sont définies les trois parties ?***

S'approprier 1 2 3 4

1 **Rédiger** les attentes de la problématique pour définir les objectifs de la mission.

Ma mission : ....

2 **Donner** le type de courbe qui caractérise la forme de l'arche de Saint Louis.

Analyser - Raisonner 1 2 3 4
Communiquer 1 2 3 4
Réaliser 1 2 3 4

3 La forme de l'arche est bien modélisée par la courbe représentative de la fonction f définie sur l'intervalle $[0 ; 190{,}5]$ et définie par : $f(x) = -\,0{,}021x^2 + 4x$.

a. Tracer la courbe représentative de f sur l'intervalle $[0 ; 190{,}5]$.

b. Tracer la courbe représentative de g sur l'intervalle $[0 ; 190{,}5]$.

c. Tracer la courbe représentative de h sur l'intervalle $[0 ; 190{,}5]$.

Analyser - Raisonner 1 2 3 4

4 **Cocher** la bonne réponse.

La distance qui définit :
- la partie supérieure est donnée par : ❑ $f(x) = g(x)$ ❑ $f(x) \geqslant h(x)$ ❑ $f(x) \leqslant g(x)$
- la partie inférieure est donnée par : ❑ $f(x) = h(x)$ ❑ $f(x) \leqslant h(x)$ ❑ $f(x) \leqslant g(x)$

Réaliser 1 2 3 4

5 **Résoudre graphiquement** les inéquations validées par le professeur.

Valider 1 2 3 4
Communiquer 1 2 3 4
Être autonome 1 2 3 4

6 **Répondre** à la problématique en rédigeant la réponse.

Grille d'évaluation																									
Compétences	*S'approprier*				*Analyser - Raisonner*				*Réaliser*				*Valider*				*Communiquer*				*Être autonome*				Total
Niveau d'acquisition	1	2	3	4	1	2	3	4	1	2	3	4	1	2	3	4	1	2	3	4	1	2	3	4	.../10
Barème	.../2				.../2				.../2				.../1				.../2				.../1				

AA 4 Fonctions polynômes et équations de degré 2

Représentation graphique et résolution d'équations

Je découvre

Prendre connaissance du « nombre d'or »

« Le nombre d'or » est l'expression d'une harmonie et d'une esthétique dans des œuvres d'artistes. Il est un ratio c'est-à-dire un rapport qui décrit des proportions « parfaites » dans beaucoup de domaines : les arts, l'architecture, l'homme...

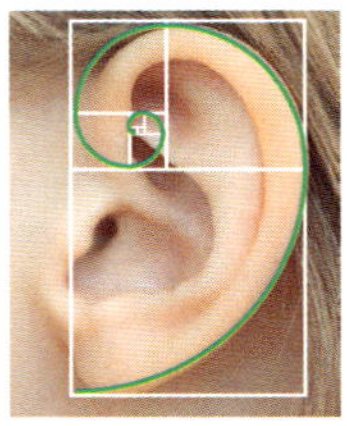

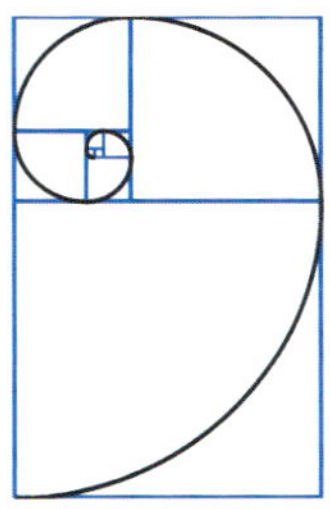

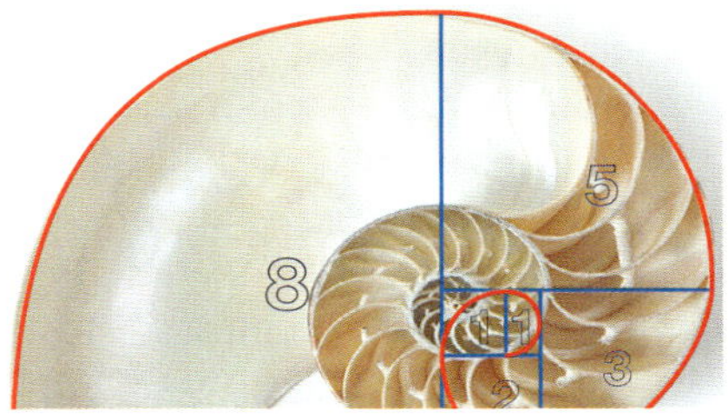

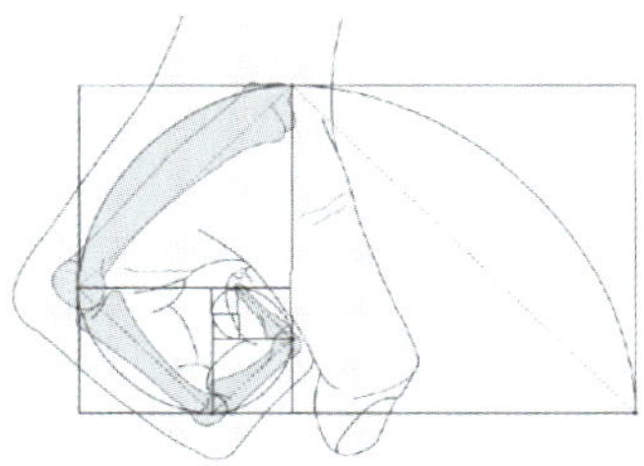

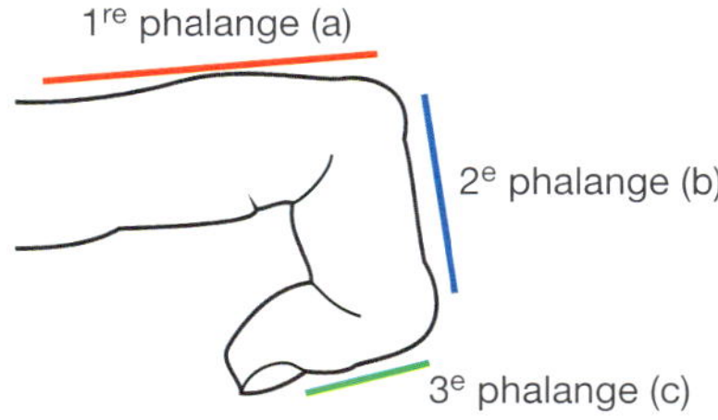

Figure 1 : un doigt

1 Les proportions de votre doigt sont-elles « parfaites » ?
Pour y répondre : mesurer a, b et c (figure 1), puis calculer les rapports : a/b et b/c et conclure.

2 Ces rapports, notés x, vérifient-ils l'égalité : $x^2 = x + 1$?

Recherche personnelle

Effectuez une recherche sur un des deux thèmes proposés :

- ☐ Le nombre d'or utilisé dans différents domaines.
- ☐ Léonard de Vinci et ses œuvres.

À retrouver en ligne

Rendez-vous sur votre Site compagnon !

- Démarche d'investigation
- Outils calculatrice
- À l'oral
- Méthode
- Évaluation
- GeoGebra

AUTOMATISMES

Je teste mes automatismes

Sur un intervalle *I*, une fonction **polynôme du second degré** est une fonction qui, à un nombre x, associe le nombre : $ax^2 + bx + c$ avec **a**, **b** et **c** des réels donnés et $a \neq 0$.
La représentation graphique des fonctions du second degré de la forme : $f(x) = ax^2 + bx + c$, est une **parabole**.

Soit la fonction h définie par :
$h(x) = 2x^2 - 2x - 4$ sur l'intervalle $[-2 ; 3]$.

1 **Résoudre** l'équation $2x^2 - 2x - 4 = 0$;
en utilisant le **mode solver** de la calculatrice.

$x_1 = \ldots\ldots$ et $x_2 = \ldots\ldots$

2 **Visualiser** la représentation graphique de la fonction h en utilisant le **mode graphique** de la calculatrice et en paramétrant la fenêtre graphique.

Xmin = ...	Ymin = ...
Xmax = ...	Ymax = ...
Scale = ...	Scale = ...

3 **Cocher** la bonne proposition.
La courbe représentative de la fonction h coupe l'axe des abscisses en :
❑ *aucun point* ❑ *un point* ❑ *deux points*.

Soit la fonction k définie par :
$k(x) = -2x^2 - 4x + 6$ sur l'intervalle $[-4 ; 2]$.

1 **Résoudre** l'équation $-2x^2 - 4x + 6 = 0$;
en utilisant le **mode solver** de la calculatrice.

$x_1 = \ldots\ldots$ et $x_2 = \ldots\ldots$

2 **Visualiser** la représentation graphique de la fonction k en utilisant le **mode graphique** de la calculatrice et en paramétrant la fenêtre graphique.

Xmin = ...	Ymin = ...
Xmax = ...	Ymax = ...
Scale = ...	Scale = ...

3 **Cocher** la bonne proposition.
La courbe représentative de la fonction k coupe l'axe des abscisses en :
❑ *aucun point* ❑ *un point* ❑ *deux points*.

COUP DE POUCE

L'allure de la parabole dépend du **coefficient de x^2** noté **a**.

▶ Si **a est positif**, la parabole **a** pour allure « contente ». Soit la fonction f définie par :
$f(x) = 2x^2 + 4x - 6$.

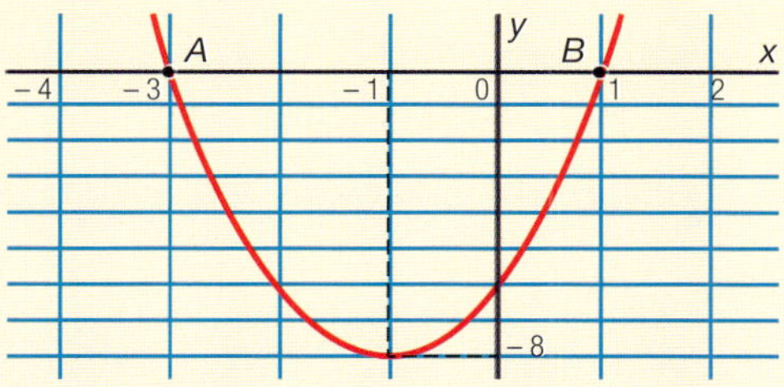

La représentation graphique de la fonction f coupe l'axe des abscisses en deux points :
A (−3 ; 0) et **B (1 ; 0)**.
$x_1 = -3$ et $x_2 = 1$ sont les solutions de l'équation :
$2x^2 + 4x - 6 = 0$ sur l'intervalle d'étude $[-4 ; 3]$.

Tableau de variations : par lecture graphique.

x	−4	−1	3
f	10 ↘	−8	↗ 24

▶ Si **a est négatif**, la parabole **a** pour allure « pas contente ». Soit la fonction g définie par :
$g(x) = -x^2 + 7x - 10$.

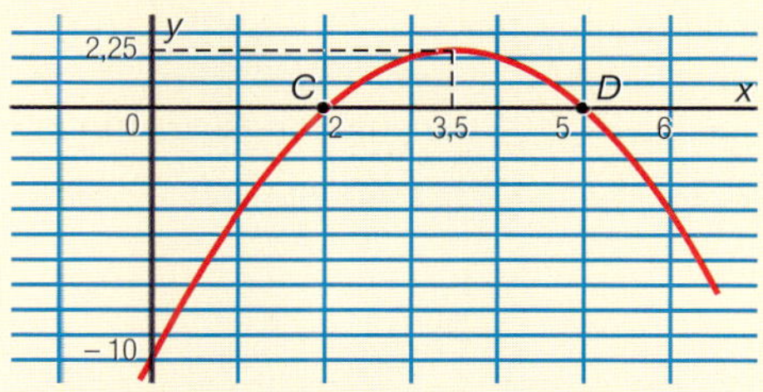

La représentation graphique de la fonction g coupe l'axe des abscisses en deux points :
C (2 ; 0) et **D (5 ; 0)**.
$x_1 = 2$ et $x_2 = 5$ sont les solutions de l'équation :
$-x^2 + 7x - 10 = 0$ sur l'intervalle d'étude $[-1 ; 6]$.

Tableau de variations : par lecture graphique.

x	−1	3,5	6
g	−18 ↗	2,25	↘ −4

Activité 1

Déterminer les solutions de l'équation : $ax^2 + bx + c = d$

Contexte — Le jardin

Lassy possède un terrain rectangulaire de **10 m** sur **15 m**.
Elle souhaite créer une allée, à la périphérie du terrain, de manière à faire un jardin sur une surface de **84 m²** au centre.
Lassy envisage de faire une allée périphérique d'une largeur ***d* de 2 m**.

Données

Avec ***d*** la largeur de l'allée périphérique l'expression de :
- la largeur du jardin est donnée par : $l = 10 - 2d$;
- la longueur du jardin est donnée par : $L = 15 - 2d$.

La surface S d'un rectangle est donnée par la relation : $S = L \times l$.

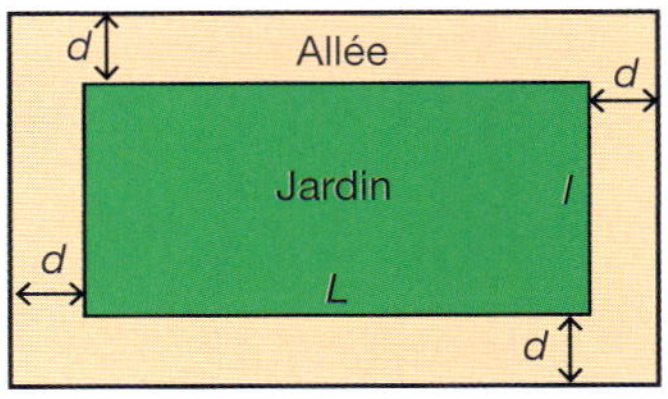

Problématique

Lassy a-t-elle raison de vouloir faire une allée périphérique de 2 m de large ?

S'approprier

1 **Rédiger** les attentes de la problématique pour définir les objectifs de la **mission**.

Ma mission : ....

2 **Cocher** la bonne proposition.
La surface du jardin est donné par ❑ $S = 2[(10 - 2d) + (15 - 2d)]$ ❑ $S = (10 - 2d)(15 - 2d)$.

Analyser - Raisonner

3 **Émettre** une conjecture permettant de **répondre** à la problématique.

Communiquer

Présenter cette conjecture aux autres apprenants et **écouter** attentivement les leurs.

Analyser - Raisonner / Réaliser

4 **Montrer** que la surface du jardin est donnée par l'expression : $S = 4d^2 - 50d + 150$.

5 Soit la fonction f, définie par : $f(x) = 4x^2 - 50x + 150$ modélisant la surface du jardin, sur l'intervalle $[0 ; 5]$. La valeur x, représente la largeur de l'allée périphérique.
La surface du jardin est de **84 m²**.

Réaliser

a. Compléter le tableau de valeurs suivant. **Utiliser** le mode tableur de la calculatrice.

x	0	0,5	1	1,5	2	2,5	3	3,5	4	4,5	5
$f(x)$	150	......	......	......	66	......	......	24	......	......	0

b. Résoudre graphiquement l'égalité : $f(x) = 84$; en utilisant le **mode graphique** de la calculatrice et en paramétrant la fenêtre graphique de la calculatrice.

Xmin = ...	**Ymin** = ...
Xmax = ...	**Ymax** = ...
Scale = 1	**Scale** = 10

Analyser - Raisonner

c. Compléter la phrase suivante en cochant la bonne réponse : le jardin a une surface de **84 m²** lorsque la largeur de l'allé périphérique est de : ❑ **1,5 m** ❑ **11 m**.

Valider / Communiquer / Être autonome

6 **Répondre** à la problématique à l'aide d'une phrase.

Présenter oralement la réponse au professeur.

Déterminer les racines et le signe d'un polynôme de degré 2

Contexte — La fusée à eau

Adèle décide d'aider son fils dans la construction d'une fusée à eau. Elle se demande si leur fusée pourra atteindre une hauteur de **10 m**.

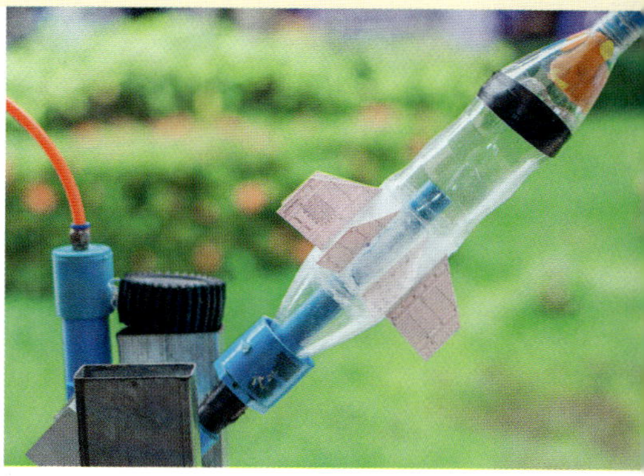

Données

Vous pouvez visualiser une expérience identique en allant sur le lien : http://www.youtube.com/watch?v=fvjYKKvV88U

L'altitude que peut atteindre la fusée est donnée par l'expression $h = -t^2 + 4t + 5$.
L'expression h modélise l'altitude, en mètre (m), que peut atteindre la bouteille en fonction du temps t en seconde (s).
À l'instant $t = 0$ s la fusée n'a pas encore décollée.

Problématique

La fusée à eau d'*Adèle*, pourra-t-elle atteindre une hauteur de 10 mètres ?

S'approprier

1 **Rédiger** les attentes de la problématique pour définir les objectifs de la **mission**.

Ma mission : ....

2 **Cocher** la bonne proposition.
La fusée, au temps $t = 0$ s, est à une altitude de ❏ *0 m* ❏ *5 m* ❏ *10 m*.

Analyser - Raisonner / *Communiquer*

3 **Émettre** une conjecture permettant de **répondre** à la problématique.

Présenter cette conjecture aux autres apprenants et **écouter** attentivement les leurs.

4 Soit la fonction g définie par $g(x) = -x^2 + 4x + 5$ modélisant la trajectoire de la fusée, sur l'intervalle $[0 ; 5]$. La valeur x, représente le temps en seconde.

Analyser - Raisonner / *Réaliser*

a. Cocher la bonne proposition.
La trajectoire de la fusée peut être modélisée par la courbe : ❏ 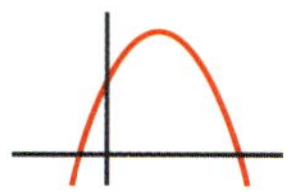 ❏ 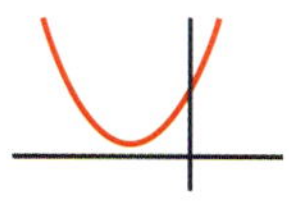

Réaliser

b. Montrer que la valeur $x = 5$ est une solution de l'équation : $-x^2 + 4x + 5 = 0$.

Analyser - Raisonner

c. Visualiser la représentation graphique de la fonction g, sur l'intervalle $[0 ; 5]$; en exploitant les fonctionnalités du logiciel **GeoGebra**.

Analyser - Raisonner / *Réaliser*

d. En déduire pour quelle valeur de x, la fonction g admet un maximum.

e. Déterminer graphiquement : $g(0) =$ ...... ; $g(2) =$ ...... et $g(5) =$ ......

f. Compléter le tableau de variations de la fonction g.

x	0	5
g		

Valider / *Communiquer* / *Être autonome*

5 **Répondre** à la problématique à l'aide d'une phrase.

Présenter oralement la réponse au professeur.

Activité 3

Factoriser un polynôme de degré 2 pour déterminer des racines réelles

Contexte — La salle de restaurant

Annie est restauratrice, elle décide de faire construire une nouvelle salle de restaurant. Il s'agira d'une grande pièce rectangulaire de **30 m** de **long** et de ***x* m** de **large**.
Annie estime qu'avec une largeur de **5 m**, la partie centrale occupera plus de **50 %** de la surface totale.

Données

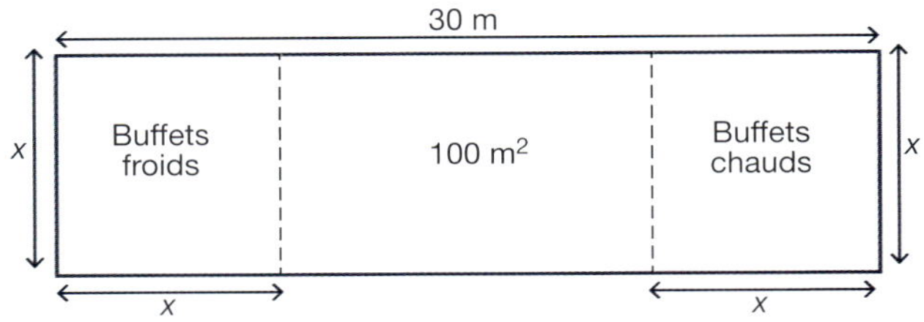

La salle de restaurant est représentée par la figure ci-contre.
À chacune des extrémités, une partie carrée est réservée aux buffets froids pour l'une et aux buffets chauds pour l'autre. La partie centrale, devant accueillir les tables clients, devra occuper une **surface** de **100 m²**.

Problématique — L'estimation d'*Annie* est-elle judicieuse ?

S'approprier

1 **Rédiger** les attentes de la problématique pour définir les objectifs de la **mission**.

Ma mission : ....

2 **Cocher** la bonne proposition.
La surface **S** de la salle de restaurant est donnée par la relation : ❑ $S = 30x$ ❑ $S = 2x^2 + 100$.

Analyser - Raisonner
Communiquer

3 **Émettre** une conjecture permettant de **répondre** à la problématique.

Présenter cette conjecture aux autres apprenants et **écouter** attentivement les leurs.

4 Soit la fonction ***h*** définie par : $h(x) = 2x^2 - 30x + 100$ modélisant la surface de la salle.
L'intervalle d'étude de cette fonction est $[5 ; 10]$, avec ***x*** associée à la largeur de la salle.

Réaliser

a. Montrer que l'expression de la fonction ***h*** peut s'écrire : $h(x) = 2(x - 5)(x - 10)$.

Analyser - Raisonner

b. Cocher la bonne proposition en explicitant les calculs.
Les valeurs $x_1 = 5$ et $x_2 = 10$ vérifient l'équation : $2x^2 - 30x + 100 = 0$. ❑ *Vrai* ❑ *Faux*

Réaliser

c. Expliquer brièvement les résultats précédents.

Réaliser

d. Déterminer, parmi les deux valeurs précédentes, celle qui vérifie l'inéquation : $100 > 15x$; en exploitant les fonctionnalités de la calculatrice.

Valider
Communiquer
Être autonome

5 **Répondre** à la problématique à l'aide d'une phrase.

Présenter oralement cette réponse au professeur.

Activité 4 — Déterminer les racines d'un polynôme de degré 2

Contexte — La boutique

Madame Melmou est gérante d'une boutique de sacs à main de luxe.
À l'occasion de la période des soldes, elle souhaite accorder deux remises successives de ***x* %** sur un article.

Données

Le prix de départ de l'article est de **450 euros**. Après les remises successives, l'article doit être vendu au moins **310 euros**.

Problématique — Quel doit être le pourcentage de la remise ?

S'approprier 1 2 3 4

1 **Rédiger** les attentes de la problématique pour définir les objectifs de la **mission**.

Ma mission : ....

2 **Cocher** la bonne proposition.

Le montant d'une remise de 31,1 % sur un article coûtant 450 € est de ❑ ***139,95 €*** ❑ ***43,52 €***

Le prix d'un article coûtant 450 € après une remise de 31,1 % est de ❑ ***310,05 €*** ❑ ***406,48 €***

Analyser - Raisonner 1 2 3 4 — *Communiquer* 1 2 3 4

3 **Émettre** une conjecture permettant de répondre à la problématique.

Présenter cette conjecture aux autres apprenants et **écouter** attentivement les leurs.

4 Soit la fonction ***k*** définie par : $k(x) = 0{,}045x^2 - 9x + 140$ modélisant les remises successives souhaitées. L'intervalle d'étude de la fonction est **[0 ; 100]**, avec ***x*** associé au pourcentage de la remise.

Réaliser 1 2 3 4

a. Résoudre l'équation : $0{,}045\,x^2 - 9x + 140 = 0$; en utilisant le **mode solver** de la calculatrice. **Arrondir** les résultats à l'unité.

b. Déterminer l'expression de la fonction ***k*** sous d'un produit de facteurs.

Analyser - Raisonner 1 2 3 4 — *Réaliser* 1 2 3 4

c. Vérifier graphiquement les résultats précédents ; en utilisant le **mode graphique** de la calculatrice et en paramétrant la fenêtre graphique de la calculatrice.

Xmin = ...	**Ymin** = ...
Xmax = ...	**Ymax** = ...
Scale = 20	**Scale** = 20

Analyser - Raisonner 1 2 3 4

d. En déduire, parmi les deux valeurs précédentes, celle qui doit être retenue.

e. Vérifier, par un calcul, que cette valeur convient. **Arrondir** le résultat à l'unité.

Valider 1 2 3 4 — *Communiquer* 1 2 3 4 — *Être autonome* 1 2 3 4

5 **Répondre** à la problématique à l'aide d'une phrase.

Présenter oralement cette réponse au professeur.

SYNTHÈSE Fonctions polynômes de degré 2

1. Une fonction polynôme du second degré est une fonction définie par : $f(x) = ax^2 + bx + c$ avec **a**, **b** et **c** des réels donnés et $a \neq 0$.
La représentation graphique des fonctions du second degré est une **parabole** qui possède un axe de **symétrie**, parallèle à l'axe des ordonnées :

- Si **a est strictement positif**, la parabole est tournée vers le haut : elle est « **contente** ».
- Si **a est strictement négatif**, la parabole est tournée vers le bas : elle n'est « **pas contente** ».

2. Les solutions de l'équation : $ax^2 + bx + c = 0$ sont aussi appelées « **racines** » de l'équation.

3. Lorsque la fonction polynôme de degré 2 définie par : $ax^2 + bx + c$ avec $a \neq 0$:

- admet deux racines réelles, le polynôme est du signe de a à l'extérieur de l'intervalle des racines et de $-a$ à l'intérieur de cet intervalle.
- admet une racine réelle, le polynôme est toujours du signe de **a**.
- n'admet aucune racine réelle, le polynôme est toujours du signe de **a**.

4. Une fonction polynôme de degré 2 peut être :

- factorisée, lorsque les solutions distinctes ou confondues x_1 et x_2 de l'équation : $ax^2 + bx + c = 0$ existent, sous la forme : $f(x) = a(x - x_1)(x - x_2)$
- caractérisée par un tableau de variations ou un tableau de signes.

Données

Soit les fonctions g ; h ; k ; m ; n ; p définies par leurs expressions algébriques :

$g(x) = 2x^2 + 4x - 6$ $\quad$ $h(x) = 3x^2 - 9x + 6{,}75$ $\quad$ $k(x) = 0{,}5x^2 + x + 2$

$m(x) = -x^2 + 7x - 10$ $\quad$ $n(x) = -2x^2 + 4x - 2$ $\quad$ $p(x) = -1{,}5x^2 + x - 1$

A Pour résoudre graphiquement une équation du type : $f(x) = 0$

1. **Ouvrir** le logiciel **GeoGebra**.
2. **Utiliser** la fiche **outil O1**.
3. **Déterminer** le nombre et la valeur des solutions si elles existent.

Si la courbe représentative coupe l'axe des abscisses en deux points distincts l'équation admet **deux solutions réelles distinctes**.	Si la courbe représentative coupe l'axe des abscisses en un seul point l'équation admet **une solution réelle double**.	Si la courbe représentative ne coupe pas l'axe des abscisses l'équation **n'admet pas de solutions réelles**.

1. Soit les courbes représentatives des fonctions g ; h ; k sur **GeoGebra** pour résoudre les équations :

$g(x) = 0$

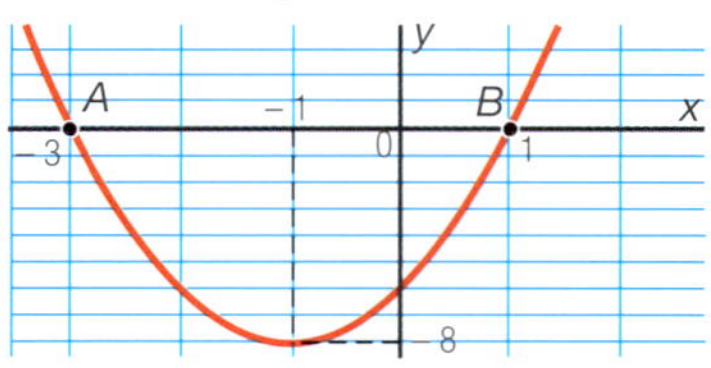

$h(x) = 0$

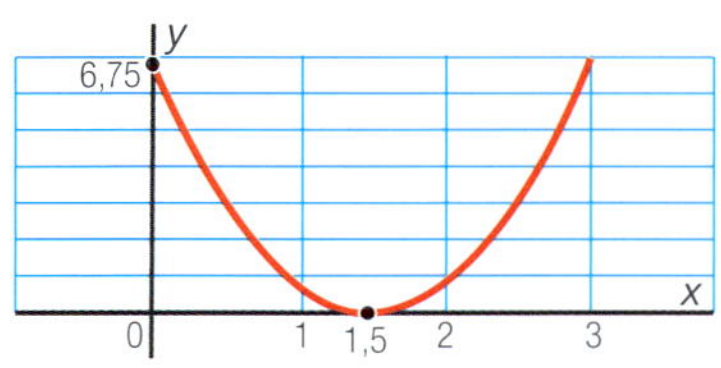

$k(x) = 0$

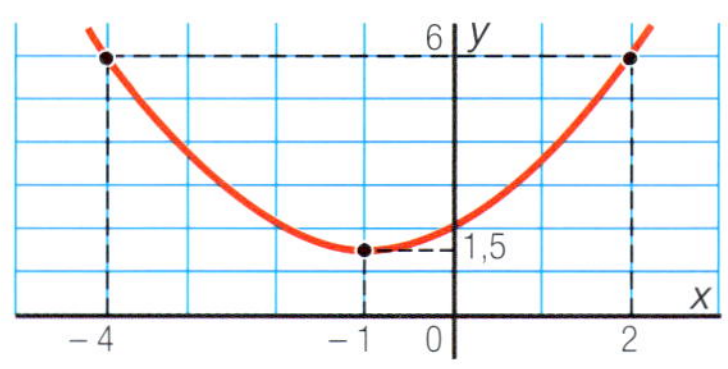

***Donner** le nombre de solutions si elles existent et leurs valeurs.*

2. Soit les courbes représentatives des fonctions m ; n ; p sur **GeoGebra** pour résoudre les équations :

$m(x) = 0$

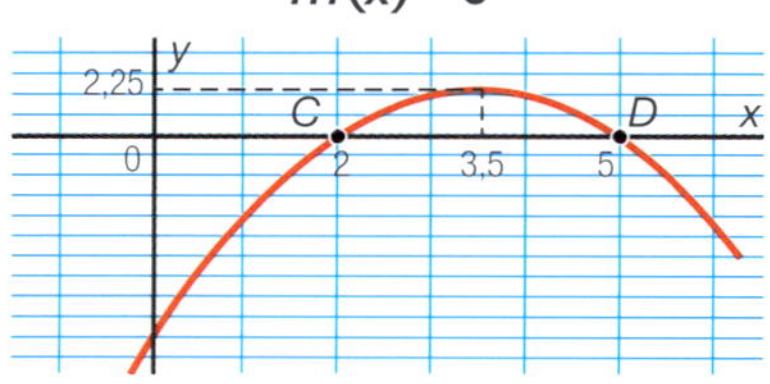

$n(x) = 0$

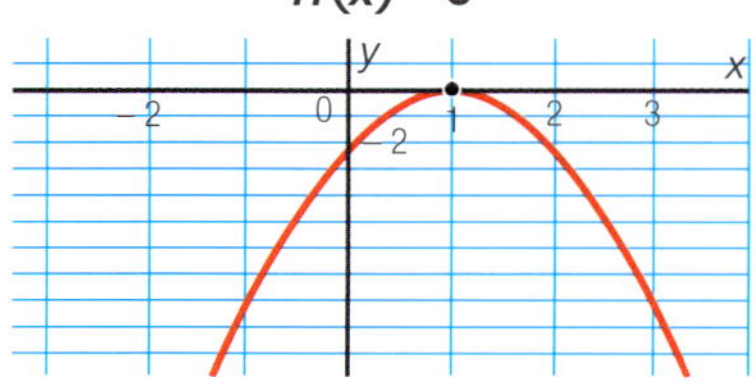

$p(x) = 0$

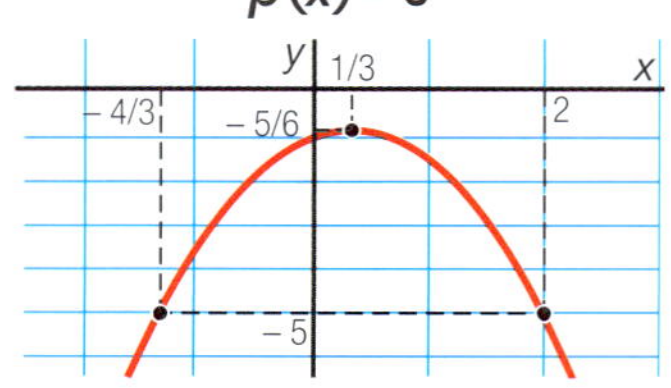

***Donner** le nombre de solutions si elles existent et leurs valeurs.*

B Pour factoriser et étudier le signe de la fonction du type $f(x) = ax^2 + bx + c$ avec $a \neq 0$

1. **Exécuter** le protocole de la **partie A**.
2. **Factoriser** $f(x)$, quand c'est possible, en fonction de l'existence et de la valeur des solutions de l'équation : $f(x) = 0$: voir partie 4.
3. **Déterminer** le signe de $f(x)$, en fonction de l'existence et de la valeur des solutions de l'équation : $f(x) = 0$.

***Factoriser**, quand c'est possible les expressions algébriques des 6 fonctions numériques données.*

Expression algébrique	$g(x) = 2x^2 + 4x - 6$	$h(x) = 3x^2 - 9x + 6{,}75$	$k(x) = 0{,}5x^2 + x + 2$
Factorisation			

Expression algébrique	$m(x) = -x^2 + 7x - 10$	$n(x) = -2x^2 + 4x - 2$	$p(x) = -1{,}5x^2 + x - 1$
Factorisation			

***Donner** le signe des 6 expressions algébriques et donc des fonctions associées.*

x	-4 2
Signe de $g(x)$	

x	0 3
Signe de $h(x)$	

x	-4 2
Signe de $k(x)$	

x	0 6
Signe de $m(x)$	

x	-2 3
Signe de $n(x)$	

x	$-4/3$ 2
Signe de $p(x)$	

C Pour donner les variations de la fonction du type $f(x) = ax^2 + bx + c$ avec $a \neq 0$

1. **Exécuter** le protocole de la **partie A**.
2. **Déterminer** l'extremum de la fonction et **regarder** l'allure de la courbe représentative.

***Compléter** le tableau de variations des 6 fonctions numériques données.*

x	-4 2
g	

x	0 3
h	

x	-4 2
k	

x	0 6
m	

x	-2 3
n	

x	$-4/3$ 2
p	

Exercices

TOP CHRONO

☐ 5 minutes ☐ 10 minutes

Vérification des connaissances

Cocher la bonne proposition de réponse dans les consignes ci-dessous.

1 Une équation du second degré est de la forme : $ax^2 + bx + c = 0$. ❑ *Vrai* ❑ *Faux*.

2 La représentation graphique d'une fonction polynôme du second degré est :
❑ ***une droite*** ❑ ***une parabole*** ❑ ***une hyperbole***

3 Une équation du second degré admet en général ❑ ***0 solution*** ❑ ***1 solution*** ❑ ***2 solutions***.

4 Une fonction polynôme du second degré ayant deux racines réelles coupe l'axe des abscisses en : ❑ ***aucun point*** ❑ ***un point*** ❑ ***deux points***.

5 Il est possible de factoriser une fonction polynôme du second degré. ❑ ***Vrai*** ❑ ***Faux***.

6 Si $a > 0$, sa représentation graphique est une parabole tournée :

❑ vers le **haut** 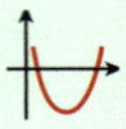 ❑ vers le ***bas*** 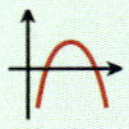

7 Si $a < 0$, sa représentation graphique est une parabole tournée :

❑ vers le **haut** 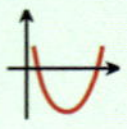 ❑ vers le ***bas*** 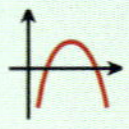

8 La représentation graphique d'une fonction polynôme du second degré possède un axe de symétrie
❑ ***parallèle à l'axe des abscisses*** ❑ ***parallèle à l'axe des ordonnées***.

Entraînements

Exercice 1 — La piste de danse

Yves est le gérant d'une brasserie. Il prévoit de réorganiser la surface de son établissement de manière à installer une piste de danse.
La fonction f définie par : $f(x) = 2x^2 - 40x + 150$ modélise la surface de la piste de danse sur l'intervalle $[0 ; 5]$.
Yves souhaite une piste de danse de **50 m²**.

Analyser - Raisonner 1 2 3 4

Réaliser 1 2 3 4

1 **Compléter** le tableau de valeurs suivant. **Utiliser** le **mode tableur** de la calculatrice.

x	0	0,5	1	1,5	2	2,5	3	3,5	4	4,5	5
$f(x)$	150	130,5	....	....	78	....	48	34,5	....	10,5	....

2 **Visualiser** la représentation graphique de f en utilisant le mode graphique de la calculatrice et en paramétrant la fenêtre graphique de la calculatrice.

Xmin = ...	Ymin = ...
Xmax = ...	Ymax = ...
Scale = 1	Scale = 10

3 **Résoudre** l'équation $f(x) = 0$ en utilisant le **mode solver** de la calculatrice.

Être autonome 1 2 3 4

4 **Répondre** à la problématique en rédigeant la réponse.

Exercice 2 Le salon de beauté

Sarah est responsable d'un salon de beauté.
Elle a investi dans la publicité de son salon.
La fonction définie par : $g(x) = -3x^2 + 25x + 10$ modélise le résultat réalisé avec x associé à la somme investie en centaine d'euros.
Lorsque que le **résultat** est **positif**, un **bénéfice** est réalisé.

1 2 3 4 Analyser - Raisonner
1 2 3 4 Réaliser

1 **Cocher** la bonne proposition.
Lorsque l'investissement dans la publicité est nul, un bénéfice est réalisé. ❑ *Vrai* ❑ *Faux*.

2 **Visualiser** la représentation graphique de la fonction g, sur l'intervalle $[-2 ; 10]$ en exploitant les fonctionnalités du logiciel **GeoGebra**.

3 **Compléter** le tableau de signes de la fonction g.

x	-2	10
Signe de g		

1 2 3 4 Être autonome

4 **Cocher** la bonne proposition
Un bénéfice est réalisé, lorsque 900 euros sont investis dans la publicité. ❑ *Vrai* ❑ *Faux*.

Approfondissements

Exercice 3 Le parc d'attraction

Guy dirige un parc d'attraction. Il réalise une étude sur sa fréquentation journalière.
Un ajustement du nombre de visiteurs sur une durée de 10 jours, est modélisé par la fonction h définie par : $h(x) = -x^2 + 20x + 75$ avec x représentant le nombre de visiteurs.

Problématique : ***Guy peut-il prévoir qu'il y aura au moins 150 visiteurs le treizième jour ?***

1 2 3 4 S'approprier

1 **Rédiger** les attentes de la problématique pour définir les objectifs de la mission.
Ma mission : ....

1 2 3 4 Analyser - Raisonner
1 2 3 4 Réaliser

2 **Cocher** les bonnes propositions.
Le premier jour, il y a eu ❑ *75* ❑ *94* visiteurs.
Le cinquième jour, il y a eu **150 visiteurs**. ❑ *Vrai* ❑ *Faux*

3 **Visualiser** la représentation graphique de la fonction h, sur l'intervalle $[-5 ; 25]$, en exploitant les fonctionnalités du logiciel **GeoGebra**.

4 **Résoudre** graphiquement l'équation : $-x^2 + 20x + 75 = 150$, en exploitant les fonctionnalités du logiciel **GeoGebra** puis **relever** les valeurs de x, qui vérifient l'équation.

1 2 3 4 Être autonome

5 **Répondre** à la problématique en rédigeant la réponse.

Grille d'évaluation

Compétences	S'approprier	Analyser - Raisonner	Réaliser	Valider	Communiquer	Être autonome	Total
Niveau d'acquisition	1 2 3 4	1 2 3 4	1 2 3 4	1 2 3 4	1 2 3 4	1 2 3 4	.../10
Barème	.../2	.../2	.../2	.../1	.../2	.../1	

AA 5 Nombre dérivé et tangente à une courbe en un point

Construction de la tangente, en un point, à une courbe

Je découvre

Gustave Eiffel est un ingénieur français connu pour ses célèbres réalisations parmi lesquelles figurent la **Tour Eiffel** à Paris et la **statue de la liberté** à New York. Mais il a également conçu et réalisé des structures métalliques pour des ponts ferroviaires dont le **viaduc de Gabarit** dans le département du Cantal en Auvergne, le **pont Maria Pia** à Porto au Portugal ou le **pont de Tlemcen** en Algérie.

Viaduc de Gabarit, Auvergne, France

Viaduc Maria Pia. Porto, Portugal

Pont de Tlemcen, Algérie

1 Quelle est l'allure de la courbe associée aux arches de la partie inférieure de chacun de ces viaducs ?

2 Donner l'allure de la courbe associée à la ligne ferroviaire qui constitue la partie supérieure.

3 Les deux parties de ces viaducs sont-elles en contact direct ? Comment les perçoit-on sur les photos ?

Recherche personnelle

Effectuez une recherche sur un des deux thèmes proposés :

- ☐ Gustave Eiffel et ses ouvrages en France
- ☐ Le cercle avec ses éléments particuliers (rayon, diamètre, tangente, partitions du cercle, etc.)

À retrouver en ligne

Rendez-vous sur votre Site compagnon !

- Démarche d'investigation
- Outils calculatrice
- À l'oral
- Méthode
- Évaluation
- GeoGebra, Excel

Je teste mes automatismes

Situation 1
Soit la droite (D) qui passe par les points **A (3 ; 2)** et **B (4 ; 8)**.

1. **Donner** l'expression générale de l'équation réduite d'une droite.
2. Que représentent **a** et **b** dans cette équation ?
3. **Calculer** la valeur de **a**.
4. **Calculer** la valeur de **b**.
5. **Donner** l'équation de la droite (D).

Situation 2
Soit (Δ) la droite de coefficient directeur **a = 2** et qui passe par le pcint **A (−1 ; −1)**.

Donner l'équation de la droite (Δ).

Situation 3
Soit (D) la droite d'équation $y = -x + 5$. Soient les points **A (5 ; 0)** et **B (1 ; 3)**.

1. Le point **A** appartient-il à la droite (D) ?
2. Le point **B** appartient-il à la droite (D) ?

COUP DE POUCE

Déterminer l'équation réduite d'une droite à partir de deux points.
Soit une droite d'équation réduite : $y = ax + b$.
Soit deux points A $(x_A ; y_A)$ et B $(x_B ; y_B)$ appartenant à cette droite alors a et b s'obtiennent par les relations :

$$a = \frac{y_B - y_A}{x_B - x_A} \quad \text{et} \quad b = y_A - ax_A \quad \text{ou} \quad b = y_B - ax_B.$$

Déterminer de l'équation réduite d'une droite à partir d'un de ces points et de son coefficient directeur.
Soit une droite d'équation réduite : $y = ax + b$.
Soit un point **A** $(x_A ; y_A)$ connu appartenant à cette droite et la valeur connue de a, alors b, ordonnée à l'origine s'obtient par la relation : $b = y_A - ax_A$.

Déterminer l'appartenance d'un point à une droite.
Soit une droite d'équation réduite : $y = ax + b$ et soit le point **A** $(x_A ; y_A)$.
Pour savoir si le point **A** appartient à la droite : on remplace x par sa valeur x_A dans l'équation de la droite.
Si le calcul de y est égal à sa valeur y_A alors le point **A** appartient à la droite sinon, il n'appartient pas à la droite.

Activité 1

Construire en un point la tangente à la courbe représentative d'une fonction à l'aide des TIC

Contexte L'effet dominos

Pour déclencher une chute de dominos, une bille doit se déplacer sur un circuit comprenant une trajectoire parabolique suivie, à partir du point **A** d'abscisse **1,5**, d'une trajectoire rectiligne. La bille, une fois lancée, doit atteindre le domino déclencheur qui se trouve au point **B (3 ; 13,5)**.

Données

Sur l'intervalle **[-5 ; 2]**, la trajectoire est modélisée par la fonction ***f*** définie par : $f(x) = 2x^2$.
La trajectoire rectiligne est définie sur l'intervalle **[2 ; 3]**.

Problématique

Quelle est l'expression algébrique de la fonction qui modélise la trajectoire rectiligne, qui soit dans un prolongement de la parabole et qui permette d'atteindre le point B ?

S'approprier 1 2 3 4

1 **Rédiger** les attentes de la problématique pour définir les objectifs de la **mission**.

Ma mission : ....

Analyser - Raisonner 1 2 3 4

2 **Émettre** une conjecture permettant de **répondre** à la problématique.

Communiquer 1 2 3 4

Présenter cette conjecture aux autres apprenants et **écouter** attentivement les leurs.

Analyser - Raisonner 1 2 3 4

3 **Donner** le nom de la fonction associée à la trajectoire parabolique.

4 **Donner** le nom de la fonction associée à la trajectoire rectiligne.

5 **Expliquer** « concrètement » pourquoi les deux trajectoires doivent être dans la « continuité » du point **A**.

Réaliser 1 2 3 4

6 **Tracer** sur **GeoGebra** la courbe représentative **(C)** de la fonction ***f*** sur l'intervalle **[– 5 ; 2]**.

7 **Placer** le point **A**.

8 **Compléter** la phrase suivante :
La trajectoire rectiligne est une .... particulière appelée « Tangente » à la courbe (C_f).
La tangente à la courbe **(C)** au point **A** peut être obtenue en utilisant la fonctionnalité de **GeoGebra** Tangentes.

9 **Tracer** la tangente à la courbe **(C)** au point **A**.

10 Cette droite passe-t-elle par le point **B** ?

Valider 1 2 3 4
Communiquer 1 2 3 4
Être autonome 1 2 3 4

11 **Répondre** à la problématique en rédigeant la réponse.

Déterminer le nombre dérivé
Écrire l'équation réduite d'une tangente

Contexte — La vitesse d'un surfeur

À l'aide de logiciels de traitement de vidéos, il est possible de calculer la position d'un surfeur en fonction du temps passé à l'intérieur de la figure ultime faite avec la planche de surf : le « tube ». À tout moment, le surfeur doit impérativement maîtriser sa vitesse pour la caler sur celle de la vague.

Données

La position ***P***, en mètre, en fonction du temps ***t***, en seconde, du célèbre surfeur **Kelly SLATER**, à l'intérieur d'un tube est donnée par la relation : $P(t) = 0{,}4t^2 + 6t$ pour des valeurs de ***t*** appartenant à l'intervalle [0 ; 10].
Pour connaître la vitesse instantanée de **Kelly SLATER** à l'instant ***t*** il faut déterminer la valeur du nombre dérivé en ***t*** à partir de $f(t)$.

Problématiques

1. Quelle est la vitesse instantanée du surfeur à la sortie du tube ?
2. Comment avoir la vitesse instantanée à tout moment de la figure faite avec la vague ?

Partie 1 concernant la problématique 1

S'approprier 1 2 3 4

1 **Rédiger** les attentes de la problématique pour définir les objectifs de la **mission 1**.

Ma mission 1 : ....

Analyser - Raisonner 1 2 3 4

2 **Émettre** une conjecture permettant de **répondre** à la problématique.

Communiquer 1 2 3 4

Présenter cette conjecture aux autres apprenants et **écouter** attentivement les leurs.

Réaliser 1 2 3 4

3 **Tracer** avec **GeoGebra** la représentation graphique **(C)** de la fonction *f* sur l'intervalle **[0 ; 10]** définie par : $f(x) = 0{,}4x^2 + 6x$.

4 **Compléter** le tableau de valeurs :

Point	A	B	C	D	E
Abscisse *x*	0	2	4	7	10
Ordonnée $f(x)$					

5 **Placer** les cinq points **A**, **B**, **C**, **D** et **E** sur la courbe représentative **(C)**.

6 **Tracer** les tangentes à $(C)_f$ aux points **A**, **B**, **C**, **D** et **E** à l'aide de la fonctionnalité Tangentes.

Réaliser 1 2 3 4

7 **Donner** le nom usuel de la représentation graphique d'une tangente.

8 **Reporter** le coefficient directeur de chaque tangente dans le tableau ci-dessous :

Point	**A**	**B**	**C**	**D**	**E**
Abscisse *x*	0			7	
Coefficient directeur					
Nombre dérivé	$f'(\ldots) = \ldots$	$f'(\ldots) = \ldots$	$f'(\ldots) = \ldots$	$f'(\ldots) = \ldots$	$f'(\ldots) = \ldots$

Réaliser

Les coefficients directeurs des tangentes à la courbe (C) aux points **A**, **B**, **C**, **D** et **E** sont appelés **nombres dérivés** et sont notés respectivement :

$$f'(x_A) ; f'(x_B) ; f'(x_C) ; f'(x_D) ; f'(x_E).$$

9 **Compléter** la dernière ligne du tableau précédent à la **question 8**.

10 Que représente la valeur de chaque nombre dérivé ?

Valider

Communiquer

11 **Répondre** à la **problématique 1** en rédigeant la réponse.

Présenter oralement la réponse rédigée au professeur.

Partie 2 concernant la problématique 2

S'approprier

1 **Rédiger** les attentes de la problématique 2 pour définir les objectifs de la **mission 2**.

Ma mission 2 : ....

Analyser - Raisonner

Réaliser

2 **Ouvrir un fichier Excel et reproduire** la feuille de calcul ci-contre.

	A	B	C
1	**Point**	**Abscisse du point**	**Nombre dérivée**
2	A	0	6
3	B	2	7,6
4	C	4	9,2
5	D	7	11,6
6	E	10	14

3 **Construire** le nuage de points avec les deux dernières colonnes.

4 **Comment** se présentent les points de ce nuage ?

5 **Dire** si un ajustement affine est envisageable. **Justifier** la réponse.

6 **Donner** l'équation réduite de la droite d'ajustement.

7 **Calculer**, à l'aide de l'équation de la droite d'ajustement, les valeurs de y pour $x = 0$; $x = 2$; $x = 5$; $x = 7$; $x = 10$.

x	0	2	5	7	10
y					

8 Que représentent les valeurs de y trouvées ?

Valider

Communiquer

Être autonome

9 **Répondre** à la **problématique 2** en rédigeant la réponse.

Présenter oralement la réponse rédigée au professeur.

Exploiter le nombre dérivé Construire en un point la tangente à une courbe représentative

Contexte — Une voltige

La vitesse de déplacement en **km/h** d'une **formule 1** varie en fonction du temps **entre 5 et 15 secondes** après le départ.

Cette vitesse est modélisée par la fonction ***f*** sur l'intervalle **[5 ;10]** définie par son expresion algébrique : $f(x) = 0,8x^2 + 50$.

Sur l'intervalle **[10 ; 15]** elle est définie par une fonction affine ***g*** dont on ignore l'expression algébrique.

Données

La représentaion graphique de la fonction ***g*** est la tangente à la courbe représentative C_f, de la fonction ***f*** au point **A** d'abscisse **10**.
On donne $f'(10) = 16$.

Problématique — Quelle est la vitessse de la formule 1 à la 15e seconde ?

S'approprier

1 **Rédiger** les attentes de la problématique pour définir les objectifs de la **mission**.

Ma mission : ....

Analyser - Raisonner

2 **Émettre** une conjecture permettant de **répondre** à la problématique.

Communiquer

Présenter cette conjecture aux autres apprenants et **écouter** attentivement les leurs.

Analyser - Raisonner

3 **Donner** la relation définissant l'expression algébrique de la fonction ***g***.

4 **Donner** la valeur du nombre dérivé de la fonction ***f*** au point d'abscisse $x = 10$.

5 Que représente cette valeur par rapport à la fonction ***g*** ?

6 **Calculer** la vitesse de la formule 1 après 10 secondes.

7 **Retrouver** l'expression algébrique de la fonction ***g***.

8 **Tracer** la courbe représentative de ***g*** dans le repère ci-contre.

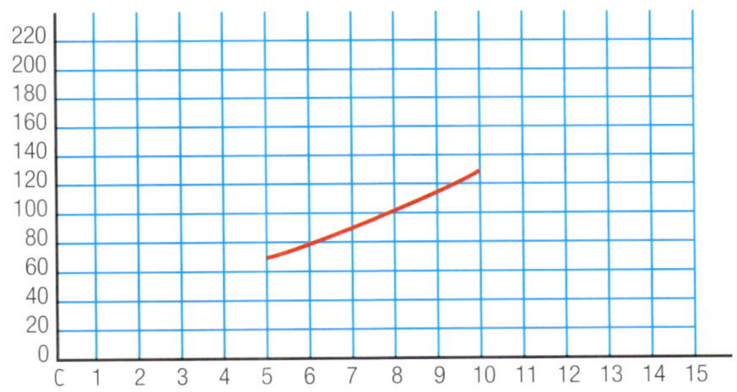

Valider

9 **Répondre** à la **problématique** en rédigeant la réponse.

Communiquer

Être autonome

Présenter oralement la réponse rédigée au professeur.

SYNTHÈSE Nombre dérivé et tangente à une courbe en un point

1. Approximation affine

La tangente à une courbe est une droite. Le mot vient du latin « tangere » qui signifie « toucher ».
La tangente à la courbe au point **A** est la droite qui approche au mieux la courbe représentative d'une fonction ***f*** au voisinage du point **A**.
Un petit segment matérialise la tangente à la courbe représentative de la fonction ***f*** et il représente la « **meilleure approximation affine** » de la fonction au voisinage de ce point.

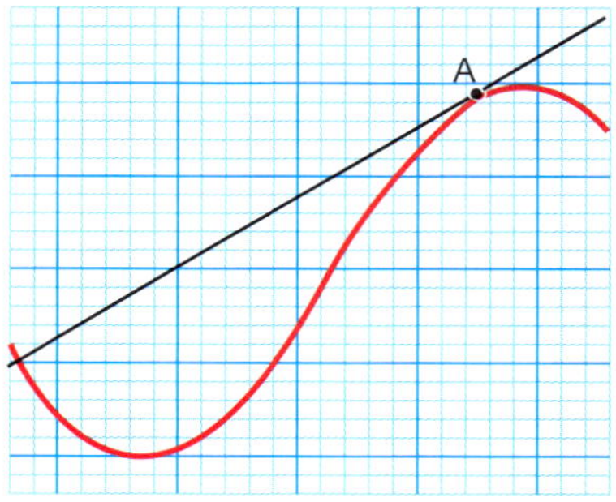

2. Nombre dérivé

Soit ***f*** une fonction numérique dont la représentation graphique admet, au point **A** de coordonnées $(x_A ; f(x_A))$ une tangente notée (T).

Le **nombre dérivé** est le **coefficient directeur de cette tangente** (T). Il est noté « $f'(x_A)$ » que l'on lit « ***f*** prime de x_A », ce qui signifie : nombre dérivé de ***f*** en x_A.

3. Équation réduite d'une tangente

Soit ***f*** une fonction dont la représentation graphique admet, au point **A** de coordonnées $(x_A ; f(x_A))$ une tangente notée (T).
La tangente passe par **A** et son coefficient directeur est le nombre dérivé $f'(x_A)$.

A Pour déterminer un nombre dérivé : coefficient directeur d'une tangente

1. **Se déplacer** à partir du point d'une valeur de 1 vers la droite et parallèlement à l'axe des abscisses.
2. **Déterminer** la valeur du déplacement suivant l'axe des ordonnées.

Soit C_f la courbe représentative de la fonction ***f*** et (T) la tangente de C_f au point **A** d'abscisse 2.

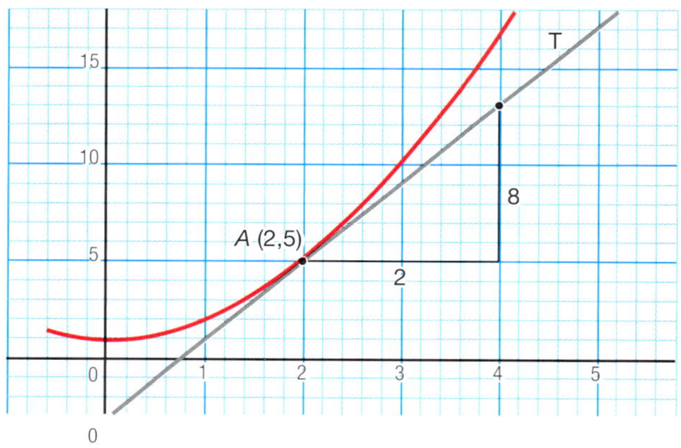

Déterminer *le coefficient directeur de la tangente (T) au point* **A** *de* C_f *et noter ce coefficient* $f'(2)$.

B Pour déterminer l'équation de la tangente en un point A

1. **Déterminer** $f'(x_A)$
2. **Utiliser** la relation donnant l'équation réduite de la tangente :

$$y = f'(x_A) \times (x - x_A) + f(x_A)$$

Coefficient directeur — *Coordonnées du point* **A**

Déterminer *l'équation de la tangente (T) au point* **A (2 ; 5)**.

TOP CHRONO

☐ 5 minutes ☐ 10 minutes

Vérification des connaissances

1 **Cocher** la bonne réponse.

– La tangente à une courbe en un point est : ☐ ***une parabole*** ☐ ***une droite*** ☐ ***un cercle***.

– L'équation réduite d'une tangente est de la forme : ☐ $y = ax + b$ ☐ $y = ax^2 + bx + c$ ☐ $y = a/x$.

– Le nombre dérivé est l'ordonnée à l'origine de la tangente ☐ ***Vrai*** ☐ ***Faux***.

2 **Nommer** la tangente à la courbe **C** au point **A** dans chacune des figures en cochant la bonne réponse.

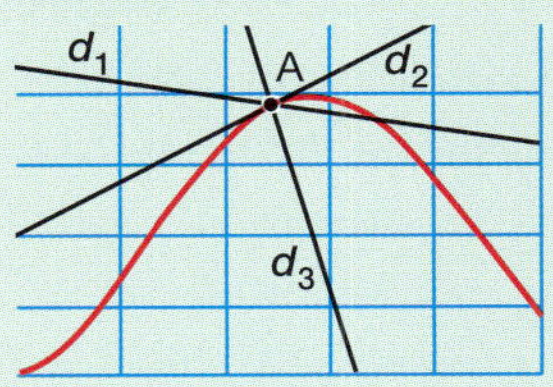

☐ d_1 ☐ d_2 ☐ d_3

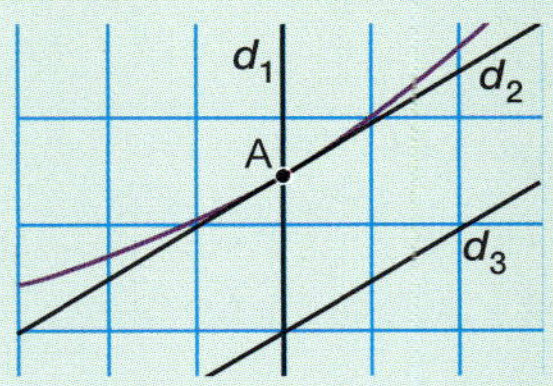

☐ d_1 ☐ d_2 ☐ d_3

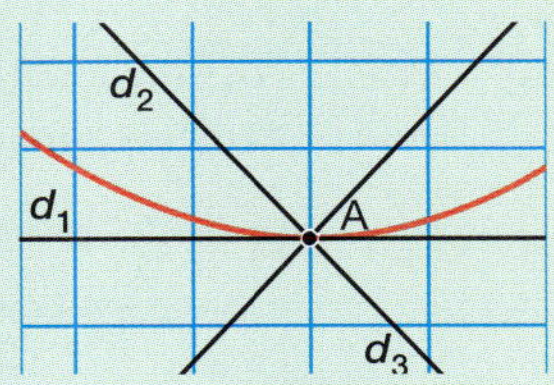

☐ d_1 ☐ d_2 ☐ d_3

3 **Choisir** la bonne réponse en la justifiant :

a. Si $f'(7) = 5$, la tangente en **A (7 ; 15)** peut avoir pour équation :

- $y = -7x + 2$
- $y = 5x - 20$
- $y = 7x + 4$

b. La courbe représentative d'une fonction f admet en **A (–2 ; 11)** une tangente d'équation $y = -3x + 5$ alors :

- $f'(2) = 7$
- $f'(2) = -3$
- $f'(2) = 5$

Entraînements

Exercice 1

Déterminer l'équation de la tangente à la courbe de f au point **A** sachant que :

a. A (2 ; 3) et $f'(2) = 1{,}5$

b. A (–2 ; 1) et $f'(-2) = 1/4$

c. A (–3 ; –1) et $f'(-3) = -1/2$

Exercice 2

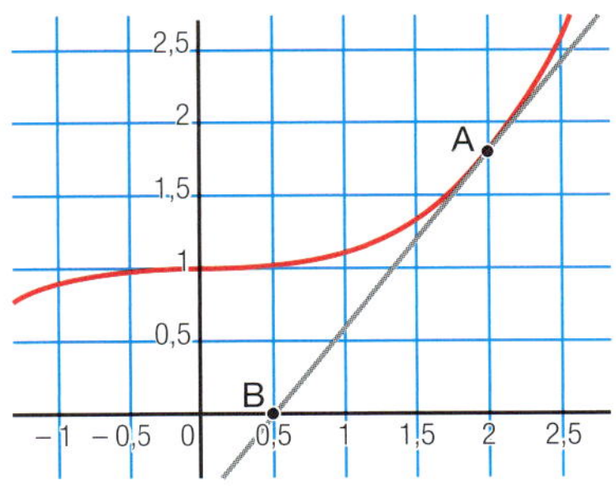

1 **Déterminer** graphiquement la valeur du nombre dérivé $f'(x_A)$.

2 **Déterminer** l'équation de la tangente (T) à la courbe représentative de la fonction f au point **A**.

Exercice 3

Soit f une fonction définie sur l'intervalle **[–2 ; 5]** par : $f(x) = -x^2 + 4x + 10$.

1 **Tracer** la courbe représentative de la fontion f.

2 **Placer** le point **A** d'abscisse $x_A = -1$ puis tracer la tangente à la courbe représentaive de f au point **A**.

3 **Placer** le point **B** d'abscisse $x_B = -2$ puis tracer la tangente à la courbe représentaive de f au point **B**.

4 **Placer** le point **C** d'abscisse $x_C = 5$ puis tracer la tangente à la courbe représentaive de f au point **C**.

Exercices

Exercice 4 Soit **f** une fonction définie sur l'intervalle **[−2 ; 5]** par : $f(x) = -x^2 + 4x + 10$.

1 **a. Tracer** la courbe représentative de la fontion **f**.

b. Placer le point **A** de la courbe de **f** d'abscisse $x_A = -1$ et **noter** ses coordonnées.

c. Tracer la tangente à la courbe de **f** en **A** et **noter** son équation.

d. En déduire $f'(x_A)$.

Le point **A** appartient à la courbe représentative de **f** et à sa tangente.

e. Cocher la bonne réponse :

❏ $6x_A + 11 = -5$ ❏ $6x_A + 11 = 15$ ❏ $6x_A + 11 = 5$

2 **a. Placer** le point **B** d'abscisse $x_B = -2$ et **noter** ses coordonnées.

b. Tracer la tangente à la courbe de **f** en **B** et **noter** son équation.

c. En déduire $f'(x_B)$.

Le point **B** appartient à la fois à la courbe représentative de **f** et à sa tangente.

d. Cocher la bonne réponse :

❏ $8x_B + 14 = -22$ ❏ $8x_B + 14 = -12$ ❏ $8x_B + 14 = -2$

3 **a. Placer** le point **C** d'abscisse $x_C = 5$ et **noter** son équation.

b. En déduire $f'(x_C)$.

c. Le point **C** appartient à la fois à la courbe représentative de **f** et à sa tangente. **Retrouver** l'ordonneé du point **C** en utilisant l'équation de sa tangente.

Approfondissements

Exercice 5 Le pavillon « **Nur Alem** » de l'exposition internationale d'Astana « **EXPO 2017 ASTANA FUTURE ENERGY** » qui se déroula dans la capitale du Kazakhstan, se présente sous la forme d'une sphère de **80 mètres** de diamètre et de **100 mètres** de haut. C'est le plus grand bâtiment sphérique du monde. Il constitue le cœur de l'exposition.

Quelle est l'aire de ce batiment sphérique ?

1 **Cocher** la formule qui permet de calculer le volume d'une sphère (boule).

❏ $V = 2\pi R$ ❏ $V = \pi R^2$ ❏ $V = \pi R^3$ ❏ $V = \frac{4}{3}\pi R^3$

où *R* réprésente le rayon de la sphère.

2 **Donner** la valeur du diamètre de la sphère.

3 **Déduire** le rayon de la sphère.

4 Soit **f**, une fonction définie sur l'intervalle **[0 ; 100]** par $f(x) = \pi x^3$.

Tracer sur **GeoGebra** la courbe représentative de la fonction **f**.

5 **Placer** 3 points **A**, **B** et **C** sur la courbe : **A** avec $x_A = 0$; **B** avec $x_B = 50$ et **C** avec $x_C = 80$.

6 **Tracer** la tangente de la courbe représentative de **f** aux points **A**, **B** et **C**.

7 **Noter** l'équation de chaque tangente.

8 **Déduire** les nombres dérivés $f'(x_A)$; $f'(x_B)$ et $f'(x_C)$.

9 Le nombre dérivé représente l'aire de la sphère, la surface du bâtiment.

Calculer l'aire de ce bâtiment sphérique.

Autoévaluation

La société **XYZ** simule l'évolution de son chiffre d'affaires sur 15 années à venir à partir des 4 premières années pour savoir à quel moment elle devrait opérer des changements afin de maintenir sa croissance.

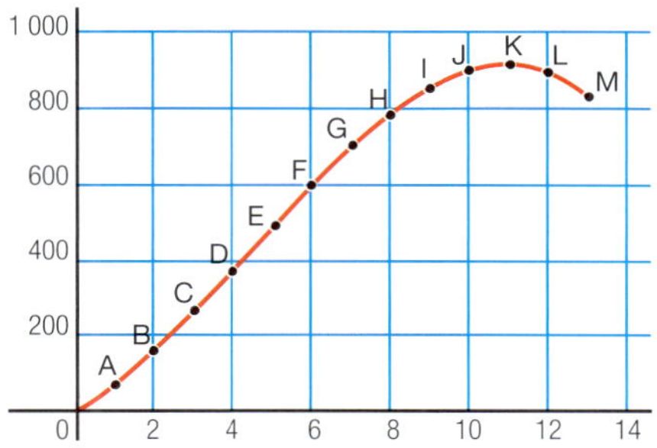

Données

Les résultats de la simulation sont donnés par le **graphique** ci-contre ainsi que le **tableau de valeurs** ci-dessous.

Point	A	B	C	D	E	F	G	H	I	J	K	L
Année	1	2	3	4	5	6	7	8	9	10	11	12
CA Milliers d'€	71	161	264	374	488	598	699	787	856	900	914	893

Le taux de croissance entre deux années consécutives est donné par le nombre dérivé.

Problématique : ***À partir de quelle année la société XYZ doit-elle effectuer des changements ?***

S'approprier 1 2 3 4

1 **Rédiger** les attentes de la problématique pour définir les objectifs de la mission.

Ma mission : ....

S'approprier 1 2 3 4
Analyser - Raisonner 1 2 3 4
Communiquer 1 2 3 4

2 **Donner** les variations du chiffre d'affaires de la société **XYZ** ?

3 Que faut-il faire pour obtenir le nombre dérivé pour chaque année ?

Réaliser 1 2 3 4

4 Les tangentes aux points D, E et F ont pour équations respectives :

$y = 113x - 77$ $\qquad$ $y = 112x - 75$ $\qquad$ $y = 107x - 43$

Compléter le tableau ci-dessous :

Point	A	B	C	D	E	F	G	H	I	J	K	L
Abscisse				4	5	6			9	10		12
Nombre dérivé	81	97	108				98	79	57	30	-2	-40
Croissance												

5 **Ouvrir Excel** puis **créer** le tableau en respectant les consignes ci-dessous :

En **colonne A : les années**, en **colonne B : le CA** et en **colonne C : le taux de croissance**.

6 **Tracer** le nuage de points de la croissance en fonction des années et du chiffre d'affaires.

Analyser - Raisonner 1 2 3 4

7 **Comment** évolue le chiffre d'affaires en comparaison au taux de croissance ?

Valider 1 2 3 4
Communiquer 1 2 3 4

8 **Répondre** à la problématique en rédigeant la réponse.

Grille d'évaluation																								
Compétences	*S'approprier*				*Analyser - Raisonner*				*Réaliser*				*Valider*				*Communiquer*				*Être autonome*				**Total**
Niveau d'acquisition	1	2	3	4	1	2	3	4	1	2	3	4	1	2	3	4	1	2	3	4	1	2	3	4	**.../10**
Barème	.../2				.../2				.../2				.../1				.../2				.../1				

AA

6 Fonctions dérivées de fonctions du 1er et 2e degré

Formules et règles de dérivation • Extremum • Tableau de variations

Je découvre

Quand parle-t-on de dérivées ?

Tous les phénomènes continus de la vie courante admettent des dérivées.

1. Les **dérivées** permettent de calculer la variation d'une grandeur, comme :
   - a. le débit d'un robinet à partir du volume d'eau écoulé ;
   - b. la vitesse d'une voiture à partir de la distance parcourue.

2. La dérivation intervient également dans les problèmes **d'optimisation**, comme :
   - a. **déterminer** la vitesse d'une voiture pour laquelle la consommation est sa plus basse ;
   - b. **calculer** le nombre d'objets à vendre pour un bénéfice maximal.

Les situations suivantes décrivent le mouvement d'une voiture.
L'accélération est la dérivée de la vitesse qui est la dérivée de la distance :
- une **accélération positive** indique une vitesse **croissante** ;
- une **accélération nulle** indique une vitesse **constante** ;
- une **accélération négative** indique une vitesse **décroissante**.

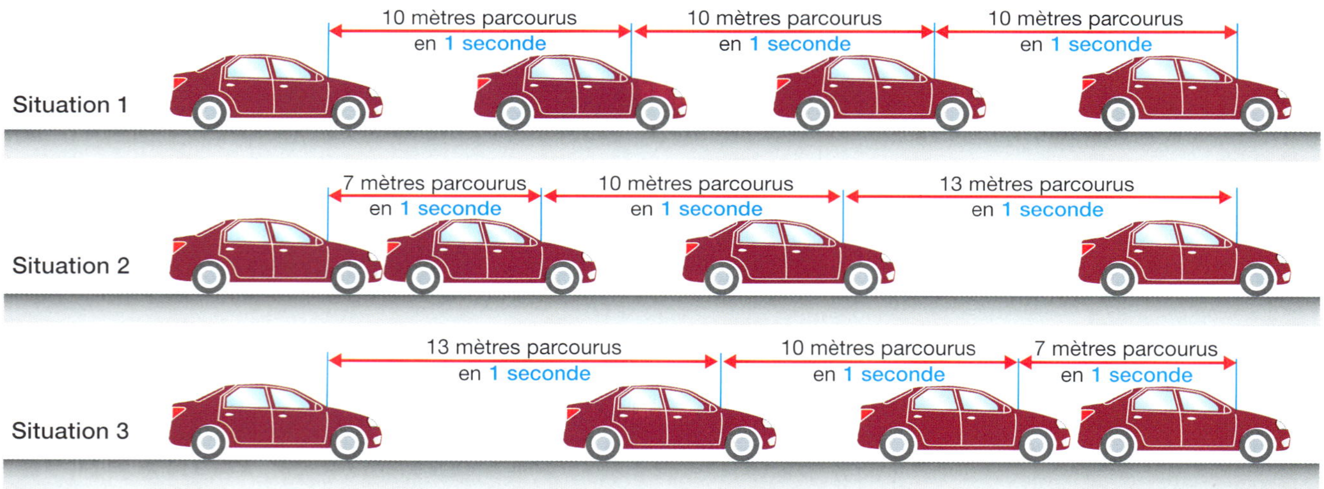

1 **Pour quelle situation la dérivée de la vitesse est nulle ?**

2 **Peut-on affirmer, pour la situation 3, que la dérivée de la vitesse est positive ? Justifier la réponse.**

Recherche personnelle

Effectuez une recherche sur un des deux thèmes proposés :

☐ Donner l'exemple d'une grandeur physique, pour laquelle les dérivées s'appliquent.

☐ Contextualiser une problématique dans laquelle une optimisation est nécessaire.

À retrouver en ligne

Rendez-vous sur votre Site compagnon !

- Démarche d'investigation
- Outils calculatrice
- À l'oral
- Méthode
- Évaluation

AUTOMATISMES

Je teste mes automatismes

Soit la courbe ***C*** représentative de la fonction ***f*** définie sur l'intervalle **[−1 ; 3]**.

A. Schéma 1

1 **Déterminer** graphiquement $f'(0) = \dots$

2 **Cocher** la (les) bonne(s) proposition(s)

a. Le nombre dérivé au point d'abscisse $x_0 = 0$ est ❑ ***négatif*** ❑ ***positif***.

b. La fonction ***f*** sur l'intervalle **[−1 ; 1]** est ❑ ***croissante*** ❑ ***décroissante***.

3 **Déterminer** graphiquement $f'(1) = \dots$

4 **Choisir** la bonne proposition.

Au point d'abscisse $x = 1$, la courbe ***C*** admet un ❑ ***maximum*** ❑ ***minimum***.

5 **Déterminer** l'équation de la tangente.

B. Schéma 2

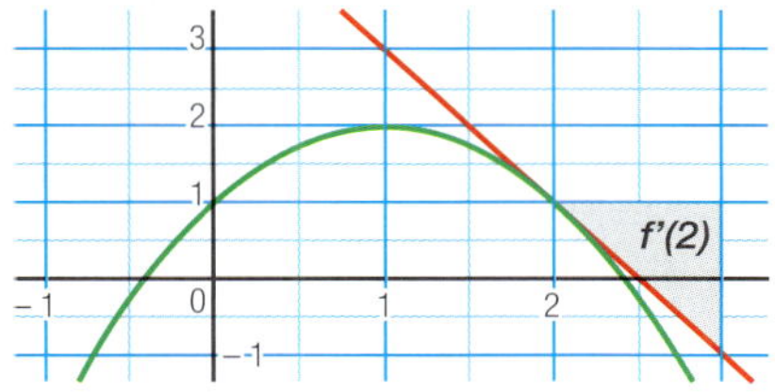

1 **Déterminer** graphiquement $f'(2) = \dots$

2 **Cocher** la (les) bonne(s) proposition(s)

a. Le nombre dérivé au point d'abscisse $x_0 = 2$ est ❑ ***négatif*** ❑ ***positif***.

b. La fonction ***f*** sur l'intervalle **[1 ; 3]** est ❑ ***croissante*** ❑ ***décroissante***.

3 **Choisir** la bonne proposition.

Au point d'abscisse $x = 1$, la tangente de la courbe ***C*** est horizontale ❑ ***Vrai*** ❑ ***Faux***.

4 **Déterminer** l'équation de la tangente.

C. Construction d'une droite d'équation réduite de la forme $y = ax + b$.

Pour construire la droite **D** : $y = 3x - 2$:

1 **Se placer** en **−2** sur l'axe des ordonnées.

2 **Se déplacer** d'une unité graphique horizontalement vers la droite.

3 **Se déplacer** verticalement de la valeur du coefficient directeur qui est ici 3.

D. Schéma 3

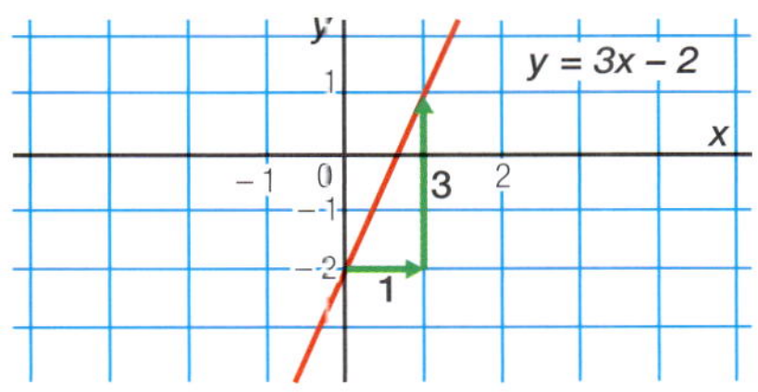

Soit **Δ** la droite d'équation : $y = -3x + 1$.

1 **Cocher** la bonne réponse.

La droite **Δ** est ❑ ***croissante*** ❑ ***décroissante***.

2 **Compléter** les égalités : $a = \dots$ et $b = \dots$

3 **Construire** la droite **Δ** dans le repère du **schéma 3**.

COUP DE POUCE

- **Le coefficient directeur** de la tangente à la courbe d'une fonction ***f*** au point d'abscisse x_0 est le nombre dérivé de ***f*** en x_0, il est noté $f'(x_0)$.
- **L'équation de la tangente** au point d'abscisse x_0 est : $y = f'(x_0)(x - x_0) + f(x_0)$
- **La représentation graphique** d'une tangente est une droite d'équation : $y = ax + b$ avec « **a** » le coefficient directeur de la droite et « **b** » l'ordonnée à l'origine.
  - Si $a > 0$, la droite est associé à une fonction **croissante**.
  - Si $a = 0$, la droite est associé à une fonction **constante**.
  - Si $a < 0$, la droite est associé à une fonction **décroissante**.
- **Calcul** du coefficient directeur « **a** » et de l'ordonnée à l'origine « **b** ».

  Soit les points $A(x_A ; y_A)$ et $B(x_B ; y_B)$ deux points d'une droite alors :

  Pour trouver $a = \dfrac{y_B - y_A}{x_B - x_A}$.   Pour trouver **b** : $b = y_A - ax_A$ ou $b = y_B - ax_B$.

Activité

1 Déterminer la dérivée d'une fonction polynôme de degré 2

Contexte — Le sudoku

Théo doit compléter une grille de sudoku, en utilisant des règles de dérivation d'une fonction polynôme de degré 2.
Dans la grille de sudoku proposée, des chiffres sont déjà inscrits dans des cases grisées.
10 chiffres sont manquants, ils sont définis par des énigmes.

Données

Les réponses aux énigmes sont des chiffres entiers compris entre **1** et **9**.
La dérivée d'une fonction f est notée f' sur son intervalle de définition.
On admet, par exemple, que la dérivée de la fonction f définie par $f(x) = 2x^2 - 5x + 1$ est : $f'(x) = 4x - 5 + 0$.

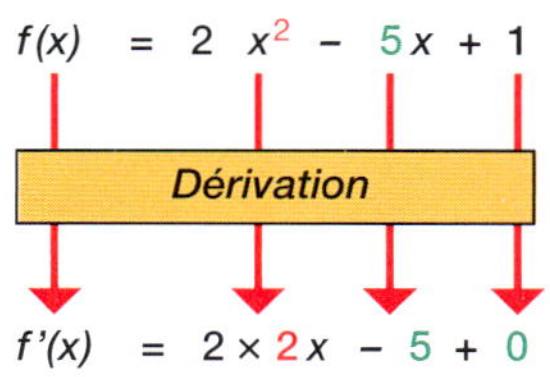

Formulaire : Dérivation : $(x^n)' = nx^{n-1}$ avec $n \geqslant 0$.
Puissances : $x^0 = 1$ et $x^1 = x$.

Problématique — *Théo* pourra-t-il réaliser le sudoku ?

S'approprier

1 **Rédiger** les attentes de la problématique pour définir les objectifs de la **mission**.

Ma mission : ....

2 **Cocher** la (les) bonne(s) proposition(s).

- La dérivée d'un nombre est nulle. ❑ *Vrai* ❑ *Faux*.
- La dérivée de $-5x$ est : ❑ *5* ❑ *−5* ❑ *Autre :* ....
- La dérivée de x^2 est : ❑ *2x* ❑ *4x* ❑ *Autre :* ....
- La dérivée de la fonction $g(x) = 2x^2 - 3x + 11$ est ❑ *4x − 3* ❑ *4x + 3* ❑ *Autre :* ....

Analyser - Raisonner / Communiquer

3 **Émettre** une conjecture permettant de répondre à la problématique.

Présenter cette conjecture aux autres apprenants et **écouter** attentivement les leurs.

Analyser - Raisonner / Réaliser

4 **Résoudre** les énigmes associées aux cases de la grille, puis **compléter** le *sudoku*.

B1 : Abscisse du point de N (7 ; 3)
C6 : Dérivée de $f(x) = 3x$: ....
D2 : $f(x) = 5x$ .... pour $f'(x) = 10x$
I6 : Dérivée de $f(x) = x + 7$: $f'(x) =$ ....
B5 : $f(x) =$ .... x^2 pour $f'(x) = 12x$
F8 : $f(x) = 4x^2 +$ .... x pour $f'(x) = 8x + 9$
D9 : Valeur de $f(3) =$ .... si $f(x) = x^2 - 2x + 2$
H3 : Si $f(x) = x^2 - 2x + 2$ alors $f'(4) =$ ....
A8 : Nombre dérivé de $f(x) = 2x^2 + 1$ au point d'abscisse $x = 2$: ....
C4 : Valeur qui annule la dérivée $f'(x) = 4x - 20$: ....

	A	B	C	D	E	F	G	H	I
1					3	6	9		2
2			6					1	8
3	9			4		7			5
4	7						4	3	
5					5	8		7	
6		9			6		5		
7	3			8		1			7
8		4					1		
9	6		2		7			9	

Valider / Communiquer / Être autonome

5 **Répondre** à la problématique.

Présenter oralement la réponse au professeur.

Activité 2

Étudier les variations d'une fonction polynôme de degré 2

Contexte — L'hôtel

Alain est le gérant d'un hôtel.
Le dernier bilan annuel a montré un taux d'occupation de **90 %**.
Alain est alors convaincu d'avoir réalisé un bénéfice maximal.

Données

- Le bénéfice est donné par la relation : $B = -t^2 + 140t - 2\,400$ avec B, le bénéfice en euro et t, le taux d'occupation en pourcentage.
- Si $B > 0$: un gain est réalisé et si $B < 0$: une perte est accusée.

Problématique

Alain va-t-il réaliser un bénéfice maximal avec un taux d'occupation de 90 % ?

S'approprier

1 **Rédiger** les attentes de la problématique pour définir les objectifs de la **mission**.

Ma mission : ....

2 **Cocher** la bonne proposition.

- Lorsqu'**Alain** ne loue aucune chambre, il accuse une perte. ❑ *Vrai* ❑ *Faux*.
- Pour un taux d'occupation de **90 %**, un bénéfice de ❑ *210 €* ❑ *2 100 €* est réalisé.

Analyser - Raisonner

3 **Émettre** une conjecture permettant de répondre à la problématique.

Communiquer

Présenter cette conjecture aux autres apprenants et **écouter** attentivement les leurs.

Analyser - Raisonner / Réaliser

4 Le bénéfice annuel réalisé est modélisé par la fonction f, telle que : $f(x) = -x^2 + 140x - 2\,400$.
Le domaine d'étude de cette fonction est restreint à l'intervalle $[0\,;100]$.

a. Compléter le tableau de valeurs. **Utiliser** le **mode tableur** de la calculatrice.

x	0	10	20	30	40	50	60	70	80	90	100
$f(x)$	−2 400	....	....	900	....	2 100	....	....	2 400	....	....

b. Déterminer l'expression de la dérivée de la fonction $f(x) = -x^2 + 140x - 2\,400$.

c. Résoudre, sur l'intervalle $[0\,;100]$, l'équation $-2x + 140 = 0$.

d. Compléter le tableau de variations.

x	0 100
Signe de $f'(x)$	
f	

Xmin = ...	Ymin = ...
Xmax = ...	Ymax = ...
Scale = 10	Scale = 100

e. Visualiser la représentation graphique de la fonction f ; en utilisant les fonctionnalités de la calculatrice.

Valider

5 **Répondre** à la problématique.

Communiquer

Présenter oralement la réponse au professeur.

Activité

3 Déterminer un extremum d'une fonction à partir de son sens de variation

Contexte — L'enclos

Rose souhaite construire un petit enclos rectangulaire pour son lapin. Elle dispose de **10 m** de grillage.
Rose construit l'enclos contre le mur de son jardin, le grillage ne sera délimité que par trois côtés.

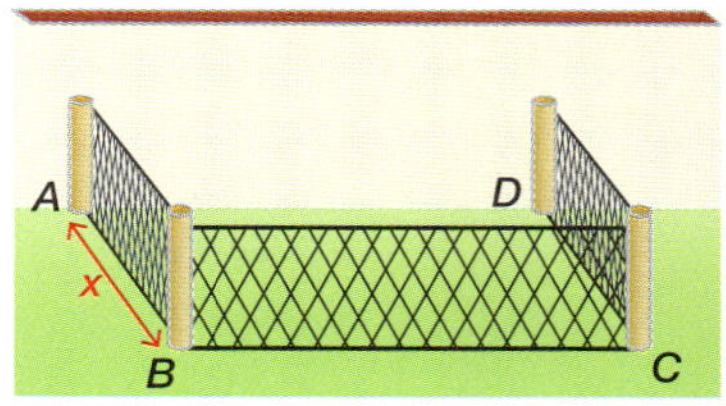

Données

Rose maintient le grillage à l'aide de 4 poteaux, notés respectivement ***A***, ***B***, ***C*** et ***D*** sur la **figure**.
L'enclos est rectangulaire, les poteaux ***A*** et ***D*** sont placés contre le mur.
La surface de l'enclos est donnée par la relation : **$S = 10AB - 2AB^2$**.

Problématique

Placer le poteau *B* à 2 m du poteau *A* permet-il d'obtenir une surface maximale ?

S'approprier

1 **Rédiger** les attentes de la problématique pour définir les objectifs de la **mission**.

Ma mission : ....

2 **Cocher** la (les) bonne(s) proposition(s).
- Les distances ***AB*** et ***DC*** sont égales. ❑ ***Vrai*** ❑ ***Faux***.
- La surface de l'enclos, lorsque ***AB* = 2 m**, est de ❑ ***8 m²*** ❑ ***10 m²*** ❑ ***Autre :***.... ***m²***.

Analyser - Raisonner

Communiquer

3 **Émettre** une conjecture permettant de répondre à la problématique.

Présenter cette conjecture aux autres apprenants et **écouter** attentivement les leurs.

Analyser - Raisonner

Réaliser

4 **Montrer** que la surface de l'enclos est nulle lorsque ***AB* = 5 m**.

5 La surface de l'enclos est modélisée par la fonction ***f***, définie par **$f(x) = 10x - 2x^2$** sur l'intervalle **[0 ; 5]**, avec ***x*** associé à la distance ***AB*** en **m**.

a. **Déterminer** l'expression de la dérivée de la fonction ***f*** : **$f'(x) =$** ....

b. **Résoudre** l'équation **$-4x + 10 = 0$**. **Arrondir** le résultat à 0,1.

c. **Compléter** le tableau de variations.

x	0	5
Signe de $f'(x)$		
f		

d. **Visualiser** la représentation graphique de la fonction ***f*** ; en utilisant les fonctionnalités du logiciel **GeoGebra**.

e. **Cocher** la bonne proposition.
La courbe représentative de la fonction ***f*** admet un ❑ ***maximum*** ❑ ***minimum***.

Valider

Communiquer

Être autonome

5 **Répondre** à la problématique.

Présenter oralement la réponse au professeur.

Étudier les variations de la fonction inverse

Contexte — La soirée

Yves sort d'une soirée où il a fêté l'anniversaire d'un ami.
Yves souhaite prendre sa voiture pour rentrer chez lui.

Données

La soirée a duré **1 heure** et l'alcoolémie d'**Yves** à la fin de la soirée est donné par l'expression :
$A = 85{,}5/M$ avec A représentant l'alcoolémie atteinte en **g/L** et M la masse de **Yves** en **kg**.
Le taux d'alcool limite autorisé, en France, est de **0,5 g/L** d'alcool dans le sang.
La quantité d'alcool absorbée pendant la soirée est de **60 g**.

Problématique — *Yves* pourra-t-il prendre le volant de sa voiture sans danger ?

S'approprier

1 **Rédiger** les attentes de la problématique pour définir les objectifs de la **mission**.

Ma mission : ....

2 **Cocher** la bonne proposition.

L'alcoolémie atteinte par un homme de **68,4 kg** qui aurait absorbé **60 g** d'alcool est de
❏ *1,25 g/L* ❏ *1,50 g/L* ❏ *Autre :* ....

Analyser - Raisonner / Communiquer

3 **Émettre** une conjecture permettant de répondre à la problématique.

Présenter cette conjecture aux autres apprenants et **écouter** attentivement les leurs.

Analyser - Raisonner / Réaliser

4 La fonction $f(x) = 85{,}5/x$ modélise l'alcoolémie de **Yves** à la fin de la soirée.
La fonction f est étudiée sur l'intervalle $[20 ; 180]$.
La dérivée de la fonction f est donnée par l'expression ; $f'(x) = -85{,}5/x^2$.

a. Cocher la bonne proposition.
- Le signe de la dérivée de la fonction f est toujours ❏ ***positif*** ❏ ***négatif***.
- Les valeurs de $f(x)$ sont ❏ ***croissantes*** ❏ ***décroissantes*** sur l'intervalle $[20 ; 180]$.

b. Compléter le tableau de variations.

x	20 — 180
Signe de $f'(x)$	
f	

Xmin = ...	Ymin = ...
Xmax = ...	Ymax = ...
Scale = 20	Scale = 1

c. Visualiser la représentation graphique de la fonction f, en utilisant les fonctionnalités de la calculatrice et en paramétrant la fenêtre graphique de la calculatrice.

d. Calculer l'expression de $f(90)$.

Valider / Communiquer / Être autonome

5 **Répondre** à la problématique en sachant que **Yves** a une masse de **90 kg**.

Présenter oralement la réponse au professeur.

SYNTHÈSE Fonctions dérivées de fonctions polynômes et de la fonction inverse

La dérivée d'une fonction ***f*** est notée ***f'*** sur son intervalle de définition.

1. Fonctions dérivables et dérivées

Fonction définie sur	Fonction *f*	Fonction dérivable sur	Fonction dérivée *f'*
Ensemble des réels	$ax + b$	Ensemble des réels	a
	b		0
	x^2		$2x$
Ensemble des réels non nuls	$1/x$	Ensemble des réels non nuls	$-1/x^2$

2. Opération sur les dérivées

	Fonction	Dérivée
Addition	$h + g$	$h' + g'$
Différence	$h - g$	$h' - g'$
Produit	kf	kf'

3. Nombre dérivé

Le nombre dérivé $f'(x_0)$ représente la pente de la tangente à la courbe, au point d'abscisse x_0.
C'est le coefficient directeur de la tangente à la courbe, au point d'abscisse x_0.

4. Variations d'une fonction dérivable

La dérivée ***f'*** d'une fonction ***f*** permet d'**étudier ses variations** sur son intervalle d'étude avec :

a. Les extremums d'une fonction.
Une fonction ***f***, dérivable sur son intervalle de définition $[a ; b]$, admet un extremum lorsque $f'(x_0) = 0$

b. Le sens de variation d'une fonction.
- Lorsque la dérivée ***f'*** est positive, la fonction ***f*** est croissante
- Lorsque la dérivée ***f'*** est négative, la fonction ***f*** est décroissante.

5. Le tableau de variations

- **minimum** *au point d'abscisse* x_0

x	a		x_0		b
Signe de $f'(x)$		$-$	0	$+$	
f	$f(a)$	↘	$f(x_0)$	↗	$f(b)$

- **maximum** *au point d'abscisse* x_0

x	a		x_0		b
Signe de $f'(x)$		$+$	0	$-$	
f	$f(a)$	↗	$f(x_0)$	↘	$f(b)$

A Pour déterminer la dérivée d'une fonction polynomiale

Utiliser la relation : $(x^n)' = nx^{n-1}$.

***Compléter** ci-dessous les fonctions dérivées demandées.*

a. Soit les fonctions ***f***, ***g*** et ***h*** définies par :
$f(x) = 3x + 2$; $g(x) = 2x^2 - 5x + 8$; $h(x) = 3/x$.
Déterminer l'expression de leur dérivée
$f'(x) = ...$ $g'(x) = ...$ $h'(x) = ...$

b. Donner la dérivée de la fonction ***k***, tel que :
$k(x) = i(x) + j(x)$ avec $i(x) = 2x^2$ et $j(x) = -3x + 1$.
$i'(x) = ...$ et $j'(x) = ...$ donc $k'(x) = ...$

B Pour étudier les variations d'une fonction *f*

1. **Déterminer** $f'(x)$
2. **Vérifier** s'il y un ou des extremum
3. **En déduire** le sens de variation
4. ***Conclure*** avec le tableau de variations

***Étudier** les variations de la fonction **f** dérivable sur l'intervalle $[-1 ; 7]$ tel que $f(x) = x^2 - 6x + 8$.*
***Cocher** la bonne propositionci-dessous.*

La fonction ***f*** admet un ❑ ***maximum*** ❑ ***minimum***.

a. Donner l'expression de sa dérivée ***f'***.

b. Résoudre l'inéquation : $2x - 6 > 0$

c. Compléter le tableau de variations.

x	-1	7
Signe de $f'(x)$		
f		

Fonction inverse : dérivée ; variations et représentation graphique

La fonction inverse f associe à tout nombre x, non nul, le réel $1/x$.
Pour tout réel $x \neq 0$ on a $f(x) = 1/x$.
Exemple : soit la fonction inverse f, définie sur l'intervalle
$[-4 ; 0[\cup]0 ; 4[$. par : $f(x) = 1/x$.

1. Signe de la fonction inverse

a. $f(x) < 0$ sur l'intervalle $[-4 ; 0[$.
b. $f(x) > 0$ sur l'intervalle $]0 ; 4[$.
c. La fonction f n'est pas définie pour $x = 0$

x	-4	0	4
Signe de $f(x)$	$-$	‖	$+$

2. Sens de variation

La dérivée de la fonction f est $f'(x) = -1/x^2$
La fonction inverse est strictement décroissante pour tout réel x non nul.

3. Tableau de variation

x	-4	0	4
Signe de $f'(x)$	$-$	‖	$-$
f	$f(-4)$ ↘ $-\infty$	‖	$+\infty$ ↘ $f(4)$

L'axe des ordonnées est une **asymptote verticale** et l'axe des abscisses est une **asymptote horizontale**.

4. Représentation graphique

La courbe représentative de la fonction inverse est une **hyperbole**. Elle est symétrique par rapport à l'origine du repère : **O** est le milieu des segments $[AA']$, $[BB']$ et $[CC']$.

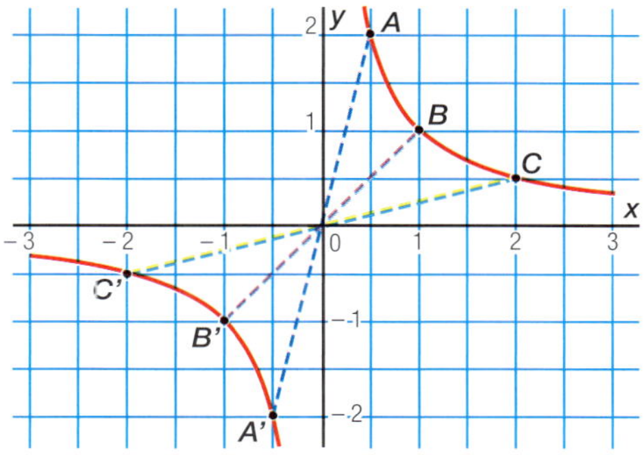

A Pour étudier et représenter une fonction numérique g faisant appel à la fonction inverse

1. **Compléter** un tableau de valeurs
2. **Déterminer** $f'(x)$ et en étudier son signe
3. **Compléter** un tableau de variations
4. **Tracer** la courbe représentative

Soit la fonction g définie sur l'intervalle $[-5 ; 0[\cup]0 ; 5]$ par : $g(x) = 1 + 1/x$.

a. Compléter le tableau de valeurs.

x	-5	-3	-1	0	1	3	5
$g(x)$							

b. Écrire l'expression de sa dérivée g'.
En déduire le signe de $g'(x)$.

c. Compléter le tableau de variations.

x	-5	....	5
Signe de $g'(x)$			
g			

d. Cocher la bonne proposition.
La fonction g admet un extremum ❑ *Vrai* ❑ *Faux*

e. Étudier et **représenter** la fonction g.

f. Montrer graphiquement que le point M de coordonnées $M(0 ; 1)$ est le centre de symétrie de la courbe représentative de g.

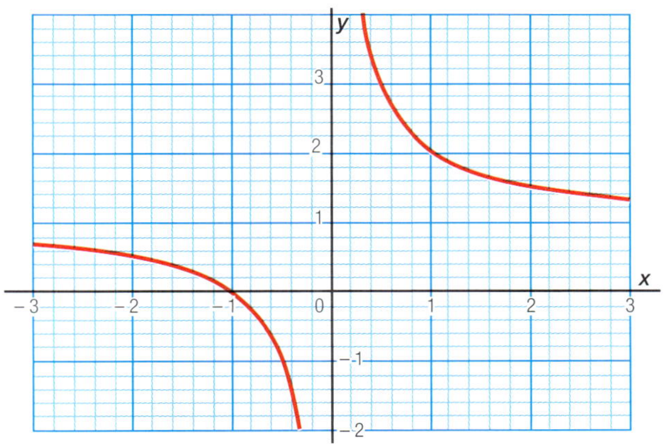

Exercices

TOP CHRONO

☐ 5 minutes ☐ 10 minutes

Vérification des connaissances

Analyser - Raisonner

Cocher la (les) bonne(s) **réponse(s)** pour les phrases suivantes :

1 L'expression de la dérivée de la fonction telle que : $f(x) = -2x^2 + 3x - 18$ est :
❑ $f'(x) = 3x - 18$ ❑ $f'(x) = -4x + 3$ ❑ *Autre* : $f'(x) = ...$

2 La dérivée d'une fonction permet d'établir ses variations ❑ *Vrai* ❑ *Faux*.

3 Lorsque la dérivée f' est positive, la fonction f est ❑ ***croissante*** ❑ ***décroissante***.
Lorsque la dérivée f' est négative, la fonction f est ❑ ***croissante*** ❑ ***décroissante***.

4 Lorsque la dérivée en un point d'abscisse x_0 est nulle, $f'(x_0) = 0$, la courbe représentative de la fonction f admet ❑ ***une tangente horizontale*** ❑ ***un extremum***.

5 Le tableau de variations d'une fonction donne l'allure de la courbe représentative de la fonction f. ❑ *Vrai* ❑ *Faux*.

6 La fonction f définie par : $f(x) = 1/x$ est toujours ❑ ***croissante*** ❑ ***décroissante***.

Être autonome

7 L'expression de la dérivée de la fonction inverse est ❑ $f'(x) = 1/x^2$ ❑ $f'(x) = -1/x^2$

Entraînements

Exercice 1

Application des règles de dérivation

Analyser - Raisonner

Réaliser

1 **Compléter** la phrase suivante.
La dérivée de la fonction $f(x) = -x^2 + 4x + 1$ est nulle pour $x = ...$ avec $f'(x) = ...$

2 **Déterminer** la dérivée des fonctions suivantes.

a. $f(x) = -10x^2 + 5x - 12$ $f'(x) = ...$

b. $g(x) = -1{,}5x^2 + 5x - 1$ $g'(x) = ...$

c. $h(x) = 2x - 3/2$ $h'(x) = ...$

Être autonome

3 **Déterminer** la valeur de x pour laquelle la fonction admet un extremum.

a. $i(x) = -x^2 + x + 12$ **b.** $j(x) = (1/2)x^2 + 5x - 1$ **c.** $k(x) = 4x - 10$

Exercice 2

Les lunettes de soleil

Monsieur **Gérard Mercure** est opticien, il vend des lunettes de soleil.
Il décide de vendre une gamme de lunettes de soleil à **92 euros** l'unité.
Il souhaite ainsi obtenir une recette mensuelle maximale. Le montant de la recette mensuelle est modélisé par la fonction f définie par : $f(x) = -0{,}4x^2 + 73{,}6x$ sur l'intervalle $[40 ; 140]$, avec x prix de vente unitaire de la paire de lunettes de soleil.

Analyser - Raisonner

Réaliser

1 **Déterminer** l'expression de la dérivée de la fonction f.

2 **Résoudre**, sur l'intervalle $[40 ; 140]$, l'équation : $-0{,}8x + 73{,}6 = 0$.

3 **Compléter** le tableau de variations.

Être autonome

4 **Répondre** à la problématique.

x	40	140
Signe de $g'(x)$		
g		

Approfondissements

Exercice 3

La mairie

Monsieur **Adam** souhaite illuminer la façade d'une mairie.
Pour cela, il place au sol un projecteur mobile dirigé vers une fenêtre située à une hauteur de **3,5 m**. Une barrière de **2 m** est située à **4 m** de la façade éclairée. Le projecteur est positionné selon la **figure** ci-contre. La fonction f, définie par $f(x) = 2 + 8/x$ modélise la hauteur éclairée de la façade.

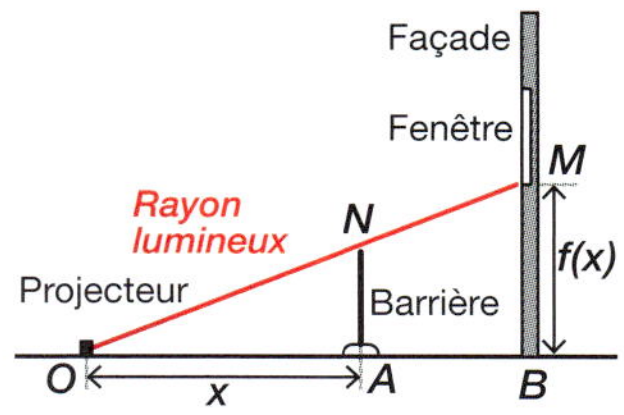

Analyser - Raisonner 1 2 3 4
Réaliser 1 2 3 4

1 **Cocher** la bonne proposition.
Lorsque le projecteur est placé à **1 m** de la barrière, la partie éclairée est située à une hauteur de ❏ *2 m* ❏ *8 m* ❏ *10 m*.

2 **Déterminer** les variations de f sur l'intervalle $[0 ; 10]$.
a. **Écrire** l'expression de la dérivée de f : $f'(x) = \dots$
b. **En déduire** le signe de la dérivée.
c. **Compléter** le tableau de variations.
d. **Déterminer** graphiquement $f(2,5)$; en utilisant les fonctionnalités du logiciel **GeoGebra**.

x	0	10
Signe de $f'(x)$		
f		

Être autonome 1 2 3 4

3 **Répondre** à la problématique.

Autoévaluation

Exercice 4

La « formule déjeuner »

Monsieur **Charles Martin** est restaurateur. Il souhaite connaître le prix de la « formule déjeuner » qui lui apporterait un bénéfice maximal. La fonction g, définie par : $g(x) = -x^2 + 55x - 600$ modélise le bénéfice réalisé en dizaine d'euros, avec x le prix de la formule en euro.

Problématique : ***Quel doit être le prix de la « formule déjeuner » permettant un bénéfice maximal ?***

S'approprier 1 2 3 4
Analyser - Raisonner 1 2 3 4

1 **Cocher** la bonne proposition.
Lorsque le prix de la « formule déjeuner » est de **20 €**, le bénéfice est de ❏ *100 €* ❏ *1 000 €*.

Réaliser 1 2 3 4
Analyser - Raisonner 1 2 3 4

2 **Déterminer** l'expression de la dérivée de la fonction g.

3 **Déterminer** la valeur de x pour laquelle la fonction admet un extremum.

4 **Vérifier** graphiquement le résultat précédent en **utilisant** les fonctionnalités du logiciel **GeoGebra** ou de la **calculatrice**.

Valider 1 2 3 4
Communiquer 1 2 3 4

5 **Répondre** à la problématique.

Grille d'évaluation

Compétences	S'approprier				Analyser - Raisonner				Réaliser				Valider				Communiquer				Être autonome				Total
Niveau d'acquisition	1	2	3	4	1	2	3	4	1	2	3	4	1	2	3	4	1	2	3	4	1	2	3	4	.../10
Barème	.../2				.../2				.../2				.../1				.../2				.../1				

Situations de AA1 à AA6

Exercice 1

Le placement

Ambre place un capital de **2 750 euros**, à intérêts simple au taux annuel de **5,5 %**.
Ambre pourra-t-elle disposer de 2 900 € au bout d'une année ?

Analyser - Raisonner 1 2 3 4
Réaliser 1 2 3 4

1. **Calculer** l'intérêt simple obtenu au bout de 72 jours.
2. **Déterminer** l'intérêt simple obtenu au bout d'une année.
3. **En déduire** la valeur acquise.
4. **Répondre** à la problématique posée.

Exercice 2

Le puits

Eddy souhaite forer un puits de **50 m** dans son champ afin d'en permettre l'irrigation.
Le forage du 1er mètre lui coûte **200 euros**.
Le coût du forage augmente de **20 euros** tous les mètres. **Eddy** estime qu'un budget de **35 000 euros** est suffisant pour réaliser le forage du puits. On notera u_1 le coût du forage du 1er mètre. **L'estimation d'Eddy est-elle correcte ?**

Analyser - Raisonner 1 2 3 4
Réaliser 1 2 3 4

1. **Cocher** la bonne proposition :
   Le coût du forage est modélisé par une suite arithmétique. ❑ *Vrai* ❑ *Faux*.
2. **Préciser** la raison de la suite numérique.
3. **Calculer** le terme de **rang 50** la suite (u_n). **Utiliser** la relation : $u_n = u_1 + (n - 1)\,r$.
4. **Montrer** que le coût total du forage est donné par l'expression : $C = 10\,n^2 + 190\,n$.
   Utiliser la relation : $S_n = nx\,(u_1 + u_n) / 2$.
5. **Répondre** à la problématique posée.

Exercice 3

L'argent de poche

Vincent reçoit de l'argent de poche hebdomadaire.
Pour le mois de février, la somme reçue par semaine est donnée par : $f(n) = 5n + 10$.
La fonction f suit la progression d'une suite arithmétique telle que : $u_n = 5n + 10$, avec n le rang de la semaine. On suppose qu'il y a quatre semaines dans le mois de février.
Vincent peut-il espérer recevoir une somme totale de 100 euros en février ?

Analyser - Raisonner 1 2 3 4
Réaliser 1 2 3 4

1. **Calculer** la somme reçue la première semaine, pour $n = 1$.
2. **Montrer** que la suite u_n est croissante. **Utiliser** la relation : $u_{n+1} - u_n > 0$.
3. **Déterminer** la raison de la suite arithmétique (u_n).
4. **Calculer** $f(2)$, $f(3)$ et $f(4)$.
5. **Faire** la somme des quatre premiers termes de la suite arithmétique (u_n).
6. **Répondre** à la problématique posée.

Exercice 4

Le terrain

Elvyre possède un terrain rectangulaire de **15 m** sur **21 m**. Elle souhaite créer deux allées de manière à obtenir quatre jardins à la périphérie. La fonction f, définie par :
$f(x) = 0{,}25x^2 - 9x + 78{,}75$ modélise la surface d'un jardin, sur l'intervalle $[0\,;10]$.
La valeur x, représente la largeur des allées.
Quelle largeur devront avoir les allées pour que chacun des jardins ait une surface de 46,75 m² ?

Analyser - Raisonner 1 2 3 4
Réaliser 1 2 3 4

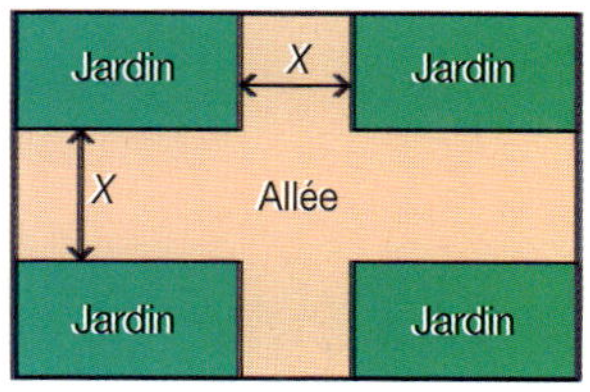

1 **Résoudre** l'équation $0{,}25x^2 - 9x + 32 = 0$.
Utiliser le **mode solver** de la calculatrice.

2 **Résoudre** graphiquement l'équation : $0{,}25x^2 - 9x + 78{,}75 = 46{,}75$.
Utiliser les fonctionnalités du logiciel **GeoGebra**.

3 **Répondre** à la problématique posée.

Exercice 5

Résolution graphique

Soit la fonction f définie sur l'intervalle $[-3\,;\,4]$ par : $f(x) = -x^2 + x + 6$.
Exploiter la représentation graphique de la fonction f donnée sur la figure.

Analyser - Raisonner 1 2 3 4
Réaliser 1 2 3 4

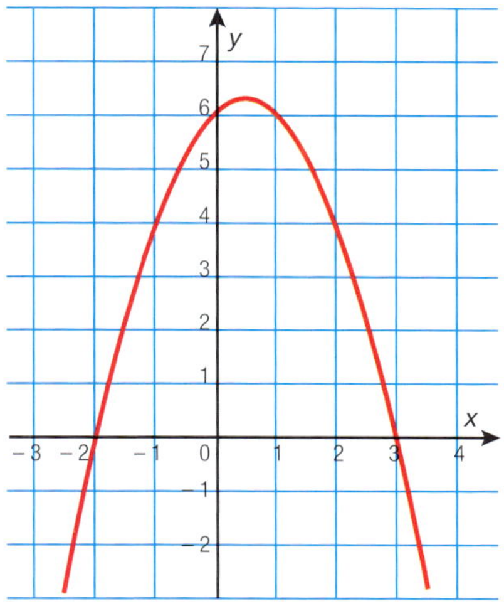

1 **Résoudre** graphiquement l'équation $f(x) = 0$.

2 **Résoudre** graphiquement l'inéquation $f(x) > 0$.

3 **Compléter** le tableau de signe suivant.

x	-3	……	……	4
Signe de $f(x)$				

4 **Résoudre** graphiquement l'équation $f(x) = 4$.

5 a. **Résoudre** graphiquement l'inéquation $f(x) > 4$.
b. **Hachurer**, sur la figure, la partie de l'axe des abscisses illustrant le résultat précédent.

Exercice 6

Dérivée d'une fonction

Soit la fonction f définie sur l'intervalle $[-5\,;\,5]$ par : $f(x) = x^2 - x - 12$.

Analyser - Raisonner 1 2 3 4
Réaliser 1 2 3 4

1 **Déterminer** l'expression de la dérivée de la fonction f puis :
a. **Calculer** le nombre dérivé de f au point d'abscisse $x = 2$.
b. **Cocher** la bonne proposition.
La tangente à la courbe représentative en ce point est ❑ ***croissante*** ❑ ***décroissante***.
c. **Calculer** la valeur de x_0 pour laquelle la fonction admet un extremum.
d. **Cocher** la bonne proposition.
Au point d'abscisse x_0 la fonction f admet un ❑ ***maximum*** ❑ ***minimum***.

2 Pour **résoudre** l'équation $x^2 - x - 12 = 0$:
a. **Utiliser** le **mode solver** de la calculatrice.
b. **Vérifier** graphiquement les résultats précédents.
Exploiter les fonctionnalités du logiciel **GeoGebra**.

G 1 Géométrie dans le plan et dans l'espace

Solides usuels • Assemblage de solides • Sections planes

Je découvre

Observer les formes géométriques de la vie courante

Les formes géométriques sont omniprésentes autour de nous.
Aidez **Kamil** à associer l'objet qui nous entoure à sa figure géométrique correspondante.

Nom de l'objet de la vie courante	Nom de la figure géométrique associée
Le Louvre	
La boîte de mouchoirs	
Le chapeau	
La bougie	
Le ballon de football	
Les dés	

Recherche personnelle

Effectuez une recherche sur un des deux thèmes proposés :

- ☐ Les formes géométriques dans l'architecture
- ☐ Les sculptures d'art moderne

À retrouver en ligne

Rendez-vous sur votre Site compagnon !

- Démarche d'investigation
- Outils calculatrice
- À l'oral
- Méthode
- Évaluation
- GeoGebra

AUTOMATISMES

Je teste mes automatismes

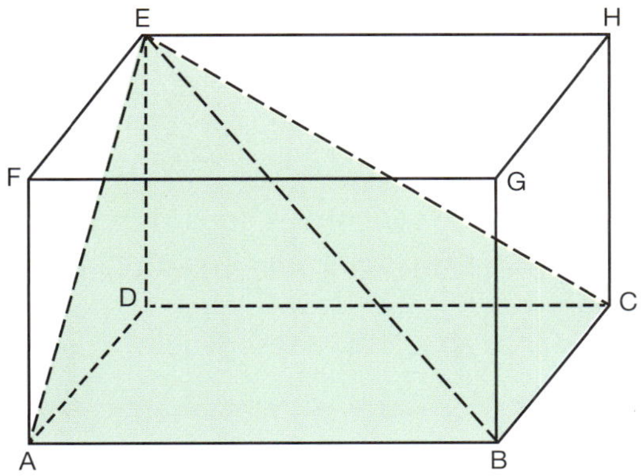

Soit le parallélépipède rectangle **ABCDEFGH** avec pour données : **DC = 6 cm** et **AF = 4 cm**.

1 **Citer** deux faces parallèles entre elles.

2 **Citer** deux segments perpendiculaires entre eux.

3 **Calculer** le volume du parallélépipède rectangle qui est associé au solide **ABCDEFGH**.

4 **Nommer** le solide **ABCDE** et **indiquer** son nombre d'arêtes.

5 **Calculer** le volume du solide **ABCDE**.

COUP DE POUCE

Les théorèmes

• Le théorème de Pythagore

Dans un triangle rectangle, le carré de l'hypoténuse est égal à la somme des carrés des deux autres côtés.

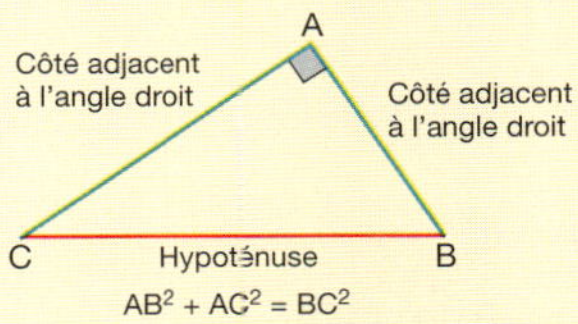

• Le théorème de Thalès

Dans le triangle ABC, si (DE)//(BC) alors la relation :

$\frac{AD}{AB} = \frac{AE}{AC} = \frac{DE}{BC}$ est vérifiée.

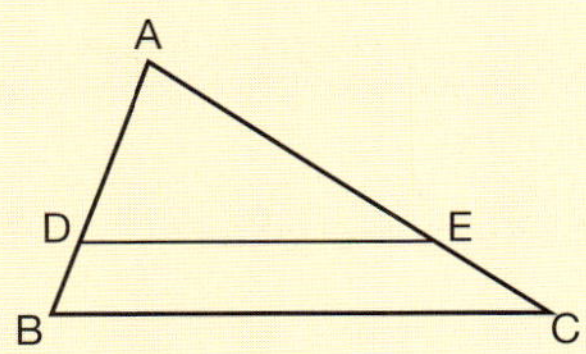

Les figures planes

	Carré	Rectangle	Cercle	Triangle
Périmètre (P)	$P = 4 \times c$	$P = 2(L + l)$	$P = 2\pi R$	$P = c_1 + c_2 + c_3$
Aire (A)	$A = c^2$	$A = L \times l$	$A = \pi R^2$	$A = \frac{B \times h}{2}$

Les solides

	Cube	Parallélépipède rectangle	Sphère	Pyramide	Cône de révolution	Cylindre
Volume (V)	$V = c^3$	$V = L \times l \times h$	$V = \frac{4}{3}\pi R^3$	$V = \frac{\text{Aire base} \times h}{3}$	$V = \frac{\text{Aire base} \times h}{3}$	$V = \text{Aire base} \times h$

Activité

1 Représenter et exploiter des figures planes et des solides avec GeoGebra

Contexte — Quelle destination géographique pour des vacances ?

Élodie a décidé de faire une surprise à **Jean.** Elle a réservé des vacances sans lui indiquer la destination. Elle lui propose de reconstruire le drapeau du pays dans lequel ils vont aller au moyen du logiciel **GeoGebra**.
Jean dispose de la liste des instructions mais n'est pas un spécialiste du logiciel.
Il va avoir besoin d'aide.

Problématique — Dans quel pays Jean et Élodie vont-ils partir en vacances ?

S'approprier 1 2 3 4

1 **Rédiger** les attentes de la problématique pour définir les objectifs de la **mission**.

Ma mission : ....

Analyser - Raisonner 1 2 3 4
Réaliser 1 2 3 4

2 Le protocole d'**Élodie** avec **GeoGebra** est proposé ci-dessous :

a. Cliquer sur « Affichage », **choisir** « Algèbre » Algèbre « Graphique 2D » Graphique 2 .

b. Écrire dans la zone de saisie + Saisie... et **cliquer** sur « l'icône » puis sur le point **A**.

c. Choisir une longueur de « 10 ».

d. Cliquer sur l'icône pour **créer** deux points **C = (0 ; 5)** et **D = (10 ; 5)**.

e. Relier les points **A**, **B**, **C** et **D** avec l'outil segment .

f. Faire clic droit sur le fond et **sélectionner** « Recadrer ».

g. Écrire dans la zone de saisie **E = (5 ; 2,5)**.

h. Utiliser la symétrie centrale avec le point **E** pour **créer** les points **F = (0,5 ; 2,5)** et **F' = (9,5 ; 2,5)**.

i. Utiliser la symétrie centrale avec le point **E** pour **créer** les points **G = (5 ; 4,3)** et **G' = (5 ; 0,7)**.

j. Relier les points **F**, **G**, **F'**, **G'** avec l'outil segment .

k. Cliquer sur l'icône Cercle (centre-rayon) et **créer** le cercle de centre ***E*** et de rayon ***R* = 1,4**.

l. Créer trois points **H = (4,6 ; 0,7)** ; **I = (6,4 ; 2,6)** et **J = (3,8 ; 3,2)**.

m. Cliquer sur l'icône Arc de cercle (centre-2 points) **H** est le centre de l'arc de cercle.

n. Répéter les deux étapes précédentes avec le centre **K = (4,6 ; 0,5)** et les deux points **L = (6,4 ; 2,4)** et **M = (3,7 ; 3)**.

o. Cliquer sur l'icône et **sélectionner** les points **ABDF'G'FCA** puis **CDF'GFC**.

p. Faire clic droit dans le premier polygone et **sélectionner** « Propriétés » ; « Couleur » ; **choisir** un vert foncé puis **régler** « **Opacité à 100** ».

q. Répéter l'étape précédente avec le deuxième polygone.

r. Cliquer sur l'icône , **partir** du point **M** et **cliquer** pour longer le contour de la figure délimiter par le premier arc de cercle jusqu'à revenir au point **M**.

s. Faire clic droit et **sélectionner** « Propriétés » ; « Couleur » ; **choisir** un bleu foncé puis **régler** « **Opacité à 100** ».

t. Répéter les deux étapes précédentes en partant du point ***J***.

u. Cliquer sur l'icône et **sélectionner** les points **FG'F'G** et faire le tour de la figure centrale.

v. Répéter cette étape pour terminer le contour.

w. Faire clic droit et **sélectionner** « Propriétés » ; « Couleur » ; **choisir** un jaune foncé puis **régler** « **Opacité à 100** » pour les deux polygones.

x. Bonus : Cacher les points et les étiquettes afin de mieux révéler le drapeau.

Analyser - Raisonner 1 2 3 4

3 **Nommer** les figures planes et les solides concernés par ce drapeau.

Valider 1 2 3 4

Communiquer 1 2 3 4

4 **Répondre** à la problématique en rédigeant la réponse.

Activité 2 Représenter et exploiter des solides avec GeoGebra

Contexte Figures planes vers solides

Hugo veut construire une maquette en bois 3D d'un décor de son jeu vidéo préféré.
Elle est composée d'un bunker, d'une pyramide et d'une tour avec une base rectangulaire.
Il a besoin d'aide pour représenter un modèle sur ordinateur et pour lancer son projet car il doit savoir combien de centaines de cm^3 de bois il devra commander.

Problématique Combien de cm^3 de bois Hugo doit-il commander ?

S'approprier 1 2 3 4

1 **Rédiger** les attentes de la problématique pour définir les objectifs de la **mission**.

Ma mission : ....

Analyser - Raisonner 1 2 3 4

Réaliser 1 2 3 4

2 Le protocole pour aider Hugo avec **GeoGebra** est proposé ci-dessous :

a. **Cliquer** sur « Affichage », **choisir** « Algèbre » Algèbre « Graphique 3D » Graphique 3D.

b. **Écrire** dans la zone de saisie + Saisie... et **cliquer** sur l'icône puis sur le point **A**.

c. **Choisir** une longueur de « 15 ».

d. **Cliquer** sur l'icône pour **créer** deux points **C = (0 ; 10)** et **D = (15 ; 10)**.

e. **Cliquer** sur l'icône puis sur les points **ABCD**.

f. **Faire** clic droit sur le fond et **sélectionner** « Recadrer ».

g. **Cliquer** sur l'icône puis **placer** deux points **E = (1 ; 8)** et **F = (2 ; 5)** et **choisir** 4 points.

h. **Cliquer** sur l'icône puis **placer** trois points **I = (6,5 ; 4,5)** ; **J = (2 ; 0,5)** et **K = (9 ; 1,5)**.

i. **Cliquer** sur l'icône Cercle (centre-point) puis placer le centre **L = (10,5 ; 6,5)** et **M = (10,5 ; 3,5)**.

j. **Sélectionner** la zone de **représentation 3D**.

k. **Cliquer** sur l'icône Cube puis sur les points **E** et **F**.

l. **Cliquer** sur l'icône Extrusion Pyramide puis sur les points **I** ; **J** et **K**.

m. **Cliquer** sur l'icône Extrusion Prisme puis sur le cercle et **choisir** une hauteur de 6.

n. **Cliquer** sur l'icône Extrusion Prisme puis sur le segment **[AB]** et **choisir** une hauteur de − 2.

o. **Cliquer** sur l'icône Volume puis sur les différents solides du plateau de jeu.

Analyser - Raisonner 1 2 3 4

3 **Nommer** tous les solides qui composent le plateau de jeu.

Valider 1 2 3 4

Communiquer 1 2 3 4

4 **Répondre** à la problématique en rédigeant la réponse.

Activité

3 Réaliser des sections planes d'un solide usuel avec GeoGebra

Contexte La pâtissière architecte

Gabrielle a ouvert une pâtisserie originale. Elle réalise des gâteaux représentant des monuments ou objets célèbres comme la pyramide de **Khéops** et le chapeau chinois. Son ami **José** se demande quelles figures planes vont apparaître lorsqu'il aura coupé ces deux pâtisseries. Il aurait besoin d'aide pour simuler les coupes en utilisant le logiciel **GeoGebra** .

Info

Recadrer permet de recentrer le graphique au mieux.
AxeX : AxeY permet de régler le rapport entre les deux axes.
Le cadenas permet de verrouiller ce rapport.

Il est possible de masquer les points et les étiquettes.
Il est possible de colorer des segments, des surfaces et des volumes.

Problématique Quelles seront les figures planes obtenues après les coupes ?

S'approprier

1 **Rédiger** les attentes de la problématique pour définir les objectifs de la **mission**.

Ma mission : ....

Analyser - Raisonner

2 **Nommer** les solides que nous pouvons associer à la pyramide **Khéops** et au chapeau chinois.

Analyser - Raisonner
Réaliser

3 Le protocole pour réaliser les coupes avec **GeoGebra** est proposé ci-dessous :

a. Cliquer sur « Affichage », **choisir** « Algèbre » Algèbre « Graphique 3D » Graphique 3D.

b. Cliquer sur l'icône, **placer** deux points **A = (− 3 ; 3)** et **B = (− 3 ; 0)** et **choisir** 4 points.

c. Écrire dans la zone de saisie les trois points **E = (− 1,5 ; 1,5 ; 4)** ; **F = (2 ; 1,5)** et **G = (2 ; 1,5 ; 4)**.

d. Sélectionner la zone de **représentation 3D**.

e. Cliquer sur l'icône Pyramide puis sur les points **ABCDAE**.

f. Cliquer sur l'icône Cône puis sur les points **F** ; **G** et **choisir** un rayon égal à 1,5.

g. Sélectionner la zone de représentation graphique.

h. Cliquer sur l'icône a=2 Curseur puis sur la zone et garder la configuration du curseur « *a* ».

i. Écrire dans la zone de saisie : **H = (0 ; 0 ;** ***a*****)**.

j. Cliquer sur l'icône Plan parallèle puis sur le point **H** et le plan gris parallèle aux bases des solides.

k. Faire clic droit sur le plan et **choisir** « Créer une vue 2D de p ».

l. Cliquer sur l'icône dans la **zone 3D** puis sur le plan et le contour de l'intersection avec la pyramide.

m. Répéter l'étape précédente avec le contour de l'intersection du cône.

n. Cliquer droit dans la **partie 2D** puis sur « Recadrer » et choisir « axeX : axeY → 1 : 1 ».

o. Faire varier le curseur « *a* » pour observer les figures planes issues de la section.

Valider
Communiquer

4 **Rédiger** une réponse à la problématique.

SYNTHÈSE Solides usuels et sections planes dans des solides

1. Le cube

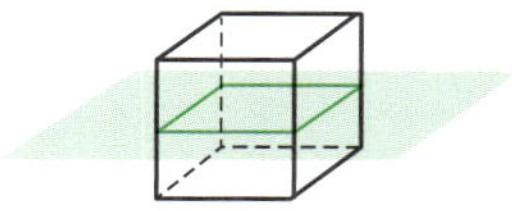

1. La section d'un **cube** par un plan parallèle à une face est un **carré**.

2. Le parallélépipède rectangle

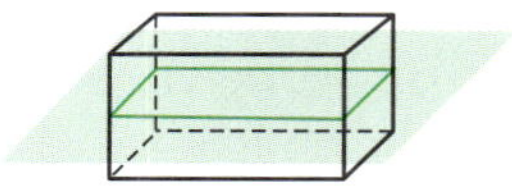

2. La section d'un **pavé droit** par un plan parallèle à une face ou à une arête est toujours un **rectangle**.

3. La pyramide à base carrée

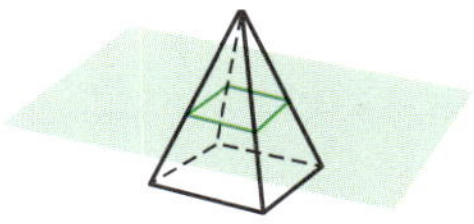

3. La section d'une **pyramide à base carrée** par un plan parallèle à une face est un **carré**.

4. La pyramide à base triangulaire

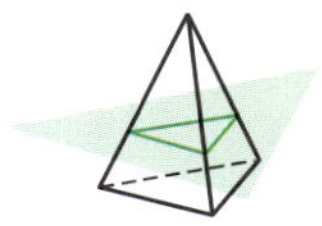

4. La section d'une **pyramide à base triangulaire** par un plan parallèle à une face est un **triangle**.

5. La sphère

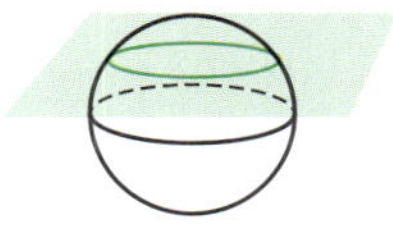

6. Le cylindre

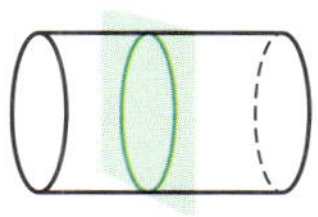

7. Le cône de révolution

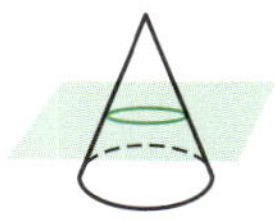

5. La section d'un **cylindre**, d'une **sphère** et d'un **cône de révolution** par un plan parallèle à la base est un **cercle**.

A Pour maîtriser l'exploitation de solides avec GeoGebra logiciel de géométrie dynamique

Utiliser la fiche outil n° 3 dans les exemples suivants.

Exemple 1 :
Représenter un cube **ABCDEFGH** en suivant les consignes :

1. Le point **A** = (**1** ; **3**).
2. Le point **B** = (**1** ; **8,5**).
3. **Donner** les coordonnées des points **C** et **D**.
4. **Calculer** le volume du cube avec le logiciel.

Exemple 2 :
Représenter une pyramide **ABCDE** à triangulaire en suivant les consignes :

1. Le point **A** = (**2** ; **1**).
2. Le point **B** = (**3** ; **4**).
3. Le triangle est isocèle en **B**.
4. La hauteur est de **5**.
5. **Calculer** le volume de la pyramide avec le logiciel.

Exemple 3 :
Représenter une sphère puis sa section par un plan en suivant les consignes :

1. Le centre **A** = (**3** ; **3**).
2. Le rayon est égal à **2**.
3. Le plan est parallèle au centre.
4. **Faire** une vue 2D de l'intersection du plan et de la sphère.
5. **Nommer** la figure plane qui apparaît.

Exemple 4 :
Représenter un parallélépipède rectangle, puis sa section, dans le sens de la longueur, avec la liberté de choisir les dimensions et l'emplacement.

Nommer la figure plane qui apparait.

Exercices

Vérification des connaissances

TOP CHRONO

☐ 5 minutes ☐ 10 minutes

1 **Déterminer** le volume d'un cube de **6 cm** de côté.

2 **Déterminer** le volume d'un cône dont le rayon vaut **3 m** et la hauteur **8 m**.

3 **Nommer** les solides qui ont des sections de plan permettant d'obtenir une figure plane carrée.

4 **Nommer** les solides qui ont des sections de plan permettant d'obtenir une figure plane circulaire.

5 **Micha** veut représenter une brique de lait sur ordinateur.

a. Nommer le solide usuel qui se rapproche d'une brique de lait.

b. Citer le logiciel utilisé pour réaliser la brique de lait de Micha.

Entraînements

Réaliser

1 **Reproduire** les solides au moyen du logiciel **GeoGebra**.

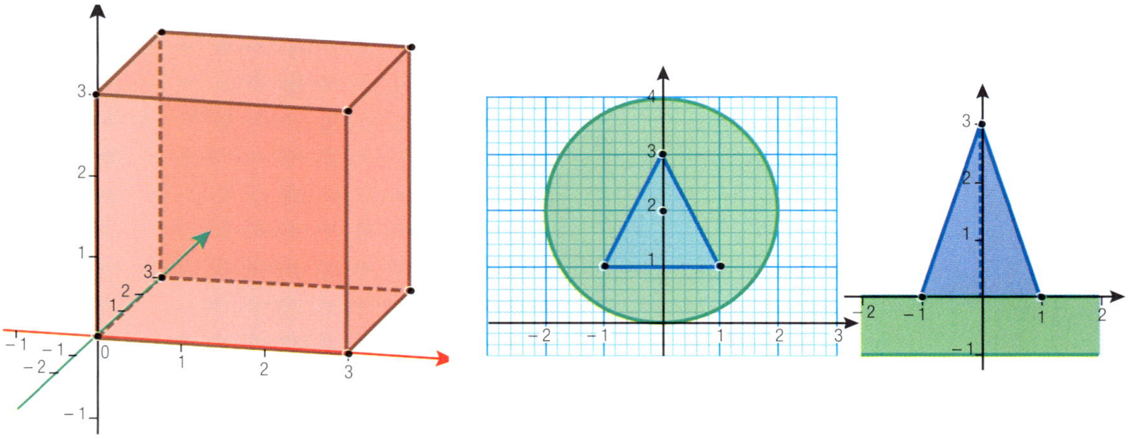

Réaliser

2 **Reproduire** les différentes fenêtres dans le logiciel **GeoGebra.**

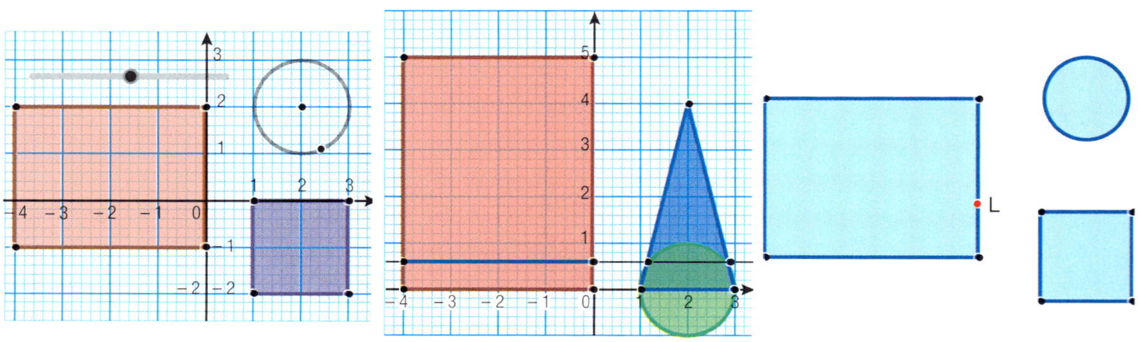

Approfondissements

Eiden veut participer au concours de mathématiques de fin d'année.
Il a fait le sujet des Olympiades 2019 que **Kevin**, son professeur, a mis à disposition.
Il a trouvé « ***l* = 6,5** » et ***h*** $\in$ **[5,6 ; 7,2]** et veut faire vérifier ses résultats.
Réaliser à votre tour l'annale ci-dessous.

OLYMPIADES 2019

➥ **Consignes :** En utilisant un logiciel dynamique de mathématiques :
- **représenter** un parallélépipède rectangle dans le lequel se trouve un cylindre.
- **créer** un plan passant par 3 points et **montrer** une **représentation 2D** des figures planes issues de ces sections.

➥ **Données : PAVE DROIT :** Base rectangulaire **ABCD** de longueur « *l* » curseur variant de 3 à 8, largeur 4 et hauteur 6.

CYLINDRE : Base circulaire du cylindre de centre $\mathbf{E} = (x_A + \frac{a}{2} ; 2)$, de rayon 1,5 et de hauteur « h » curseur variant de 0 à 8. Le point $\mathbf{F} = (x_A + \frac{a}{2} ; 2 ; h)$ permet de construire le cylindre.

PLAN PASSANT PAR 3 POINTS : $\mathbf{G} = (x_A ; 0 ; 8)$; $\mathbf{H} = (x_A + a ; 0 ; 5)$ et $\mathbf{I} = (x_A + a ; 4 ; 5)$.

➥ **Indices :** x_A est la coordonnée ***x*** du point **A**.
Cacher un solide pour la section entre le plan et l'autre solide.
Recadrer la vue 2D et fixer « axeX : axeY » à « 1 : 1 »

➥ **Questions : 1.** Quelle doit être la valeur minimale de « ***l*** » pour que l'aire de la figure plane créée entre le plan et le parallélépipède rectangle soit supérieure ou égale à 29 ?
2. Pour « ***l* = 5** », quel est l'intervalle de « ***h*** » où la figure plane créée entre le plan et le cylindre est visible ?

Problématique : ***Eiden est-il prêt pour les Olympiades 2020 ?***

S'approprier 1 2 3 4

1 **Rédiger** les attentes de la problématique pour définir les objectifs de la **mission**.

Ma mission : ....

Analyser - Raisonner 1 2 3 4
Réaliser 1 2 3 4

2 **Faire** le sujet des Olympiades 2019 à l'aide du logiciel **GeoGebra**.

3 **Nommer** la figure plane créée par la section du plan et du parallélépipède rectangle.

4 **Donner** les réponses obtenues pour la valeur minimale de « *l* » et l'intervalle de « *h* ».

Valider 1 2 3 4
Communiquer 1 2 3 4

5 **Répondre** à la problématique en rédigeant la réponse.

Grille d'évaluation

Compétences	*S'approprier*				*Analyser - Raisonner*				*Réaliser*				*Valider*				*Communiquer*				*Être autonome*				Total
Niveau d'acquisition	1	2	3	4	1	2	3	4	1	2	3	4	1	2	3	4	1	2	3	4	1	2	3	4	.../10
Barème	.../2				.../2				.../2				.../1				.../2				.../1				

Situations de G1

Exercice 1

Le cylindre

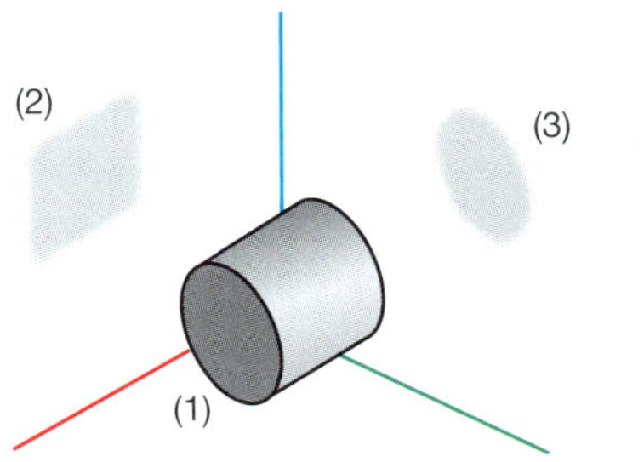

Figure 1

La **figure 1** représente un cylindre **(1)** de rayon **R = 3 cm**.
La hauteur du cylindre est égale à son diamètre. La perception du cylindre dépend de la perspective de l'observateur.

Analyser - Raisonner
Réaliser

1 **Calculer** la hauteur **h** du cylindre.

2 **Nommer** les « objets » **(2)** et **(3)**.

3 **Calculer** l'aire S_2 de « l'objet » **(2)** et l'aire S_3 de « l'objet » **(3)**.

4 **En déduire** l'aire S_1 du cylindre **(1)**. **Arrondir** le résultat à 0,1 cm².

5 **Représenter** le cylindre et **visualiser** les « objets » **(2)** et **(3)**.
Utiliser les fonctionnalités du logiciel **GeoGebra**.

a. **Choisir** « Affichage », dans la barre d'outils, puis **sélectionner** : Graphique 3D .

b. **Sélectionner** l'icône « Point » puis **placer** les points **A (0 ; 0 ; 0)** et **B (0 ; 0 ; 6)**.

c. **Choisir** l'icône « Cylindre » puis **cliquer** sur les points **A** et **B**.

d. **Préciser** la valeur du rayon du cylindre apparu, **figure 2**.

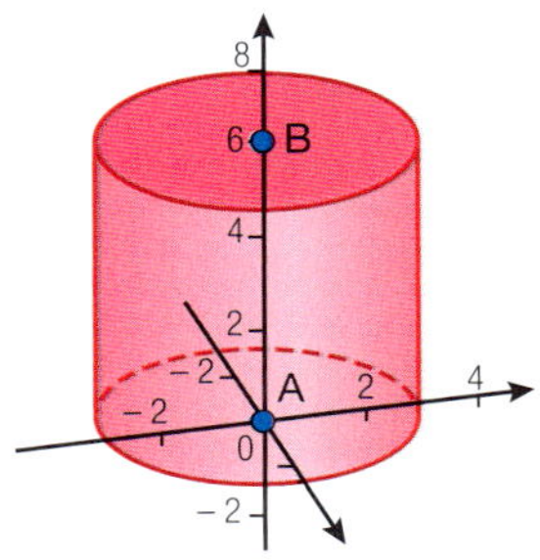

Figure 2

6 **Calculer** le volume V du cylindre. **Arrondir** le résultat à 0,1 cm³

Exercice 2

Le pavé droit

Vincent est architecte, il souhaite modifier l'allure d'un immeuble pour rendre apparente une section. L'immeuble a la forme d'un pavé droit, il est modélisé par une maquette : **figure 3**.
Le plan de la section passe par les points **I**, **J**, **K** et **L** du pavé droit.

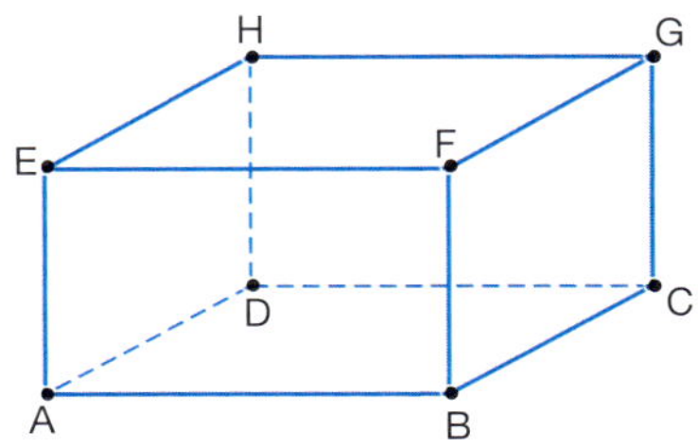

Figure 3

Les points **I**, **J** et **K** sont tels que : $IF = \frac{1}{4} EF$ et $JF = \frac{1}{4} BF$

Les segments **[IK]** et **[FG]** sont parallèles.
Les dimensions du pavé droit sont telles que : **EF = 12 cm**, **AD = 6 cm** et **AE = 8 cm**.
Vincent estime ainsi obtenir une section, du pavé droit, rectangulaire.

Analyser - Raisonner
Réaliser

1 **Cocher** la bonne proposition.
Une section du pavé droit est l'intersection entre le pavé droit et un plan. ❑ ***Vrai*** ❑ ***Faux***

2 **Placer** les points **I**, **J** et **K** sur la **figure 3**.

3 **Calculer** la taille des segments **[IF]** et **[KF]**.

4 **Déterminer** la position du point **L** sur la **figure 3**.

5 **En déduire** la forme géométrique de la section.

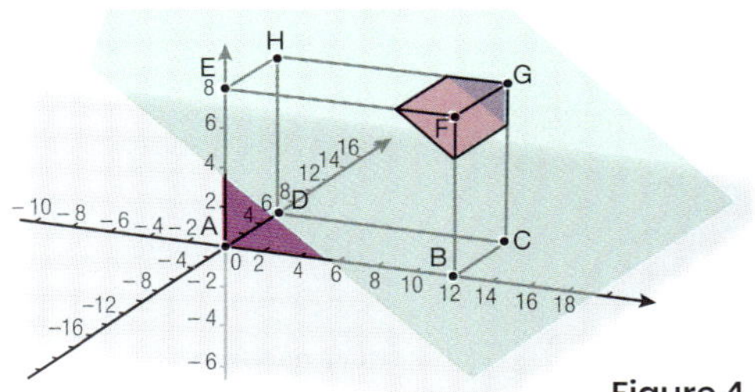

Figure 4

6 **Représenter** la section du pavé droit.
Utiliser les fonctionnalités du logiciel **GeoGebra**.

a. **Sélectionner** l'icône « Point » puis **placer** les points **A (0 ; 0)**, **B (12 ; 0)**, **C (12 ; 6)** et **D (0 ; 6)**.

b. **Choisir** l'icône « Polygone » puis **cliquer** sur les points **A**, **B**, **C**, **D** et **A**.

c. **Choisir** « Affichage », dans la barre d'outils, puis **sélectionner** : Graphique 3D .

d. **Sélectionner** l'icône « Extrusion prisme » puis **cliquer** sur le point **A**.
Préciser la hauteur : 8, le pavé droit apparait.

e. **Sélectionner** l'icône « Point » puis **placer** les points **I (9 ; 0 ; 8)**, **J (12 ; 0 ; 6)** et **K (9 ; 6 ; 8)**.

f. **Sélectionner** l'icône « Plan passant par trois points » puis **cliquer** sur les points **I**, **J** et **K**.
Le plan d'intersection apparait : **figure 4**.

7 **Répondre** à la problématique posée.

Exercice 3

La pyramide à base carrée

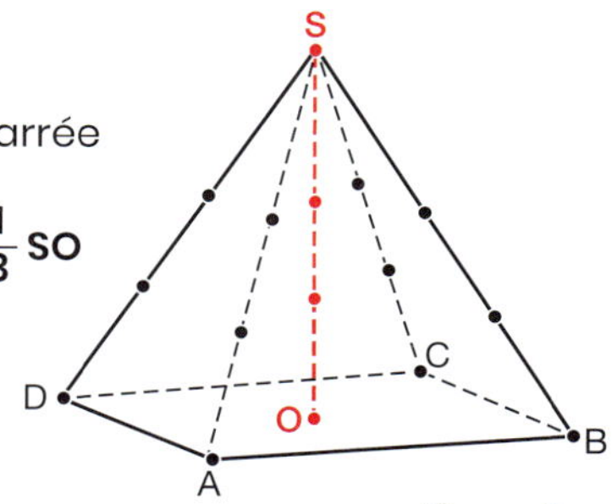

Figure 5

Lina souhaite réaliser la réduction d'une pyramide **SABCD** à base carrée de 9 cm de côté et de hauteur 12 cm : **figure 5**.
Un plan parallèle à la base coupe le segment **[SO]** en **I** tel que $SI = \frac{1}{3} SO$
Soit les points **A'**, **B'**, **C'** et **D'** de la pyramide à base carrée tels que :

$SA' = \frac{1}{3} SA$, $SB' = \frac{1}{3} SB$, $SC' = \frac{1}{3} SC$ et $SD' = \frac{1}{3} SD$.

Pour une réduction d'un tiers, **Lina** estime que la surface du parallélogramme **A'B'C'D'** obtenu est de **0,0081 m²**.

Analyser - Raisonner
Réaliser

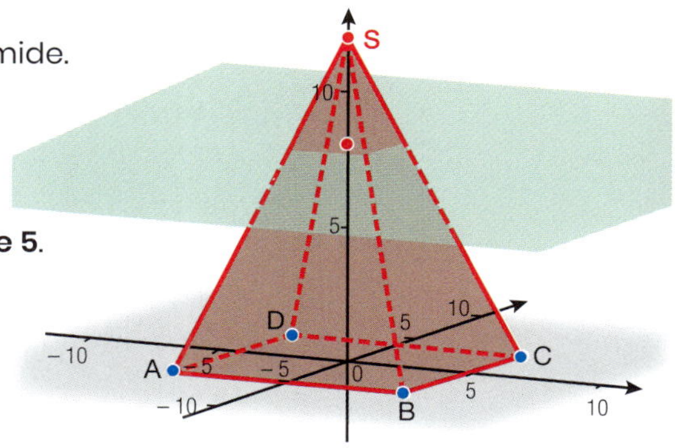

Figure 6

1 **Calculer** la surface S_{ABCD} de la base de la pyramide.

2 **En déduire** le volume V_{ABCD} de la pyramide.

3 **Placer** le point **I** sur la **figure 5**.

4 **Tracer** le parallélogramme **A'B'C'D'** sur la **figure 5**.

5 **Préciser** la nature de ce parallélogramme.

6 **Montrer** que $A'B' = \frac{1}{3} AB$.

7 **En déduire** sa surface $S_{A'B'C'D'}$.

8 **Représenter** la section **A'B'C'D'** de la pyramide.
Utiliser les fonctionnalités du logiciel **GeoGebra**.
- a. **Sélectionner** l'icône « Point » puis **placer** les points **A (– 4,5 ; – 4,5)**, **B (4,5 ; – 4,5)**, **C (4,5 ; 4,5)** et **D (– 4,5 ; 4,5)**.
- b. **Choisir** l'icône « Polygone » puis **cliquer** sur les points **A**, **B**, **C**, **D** et **A**.
- c. **Choisir** « Affichage », dans la barre d'outils, puis **sélectionner** : Graphique 3D.
- d. **Sélectionner** l'icône « Point » puis **placer** le point **S (0 ; 0 ; 12)**
- e. **Sélectionner** l'icône « Pyramide » : puis **cliquer** sur les points **A**, **B**, **C**, **D**, **A** et **S**.
La pyramide à base carrée apparait : **figure 6**
- f. **Construire** le point **I (0 ; 0 ; 8)** dans la zone de saisie : Saisie: I=(0,0,8)
- g. **Sélectionner** l'icône « Plan parallèle » puis **cliquer** sur le **plan (x ; O ; y)** puis sur le point **I**. Le plan d'intersection apparait : **figure 6**.

9 **Vérifier** les résultats obtenus pour les consignes **1** et **5**.

10 **Répondre** à la problématique posée.

Exercice 4

Le solide inconnu

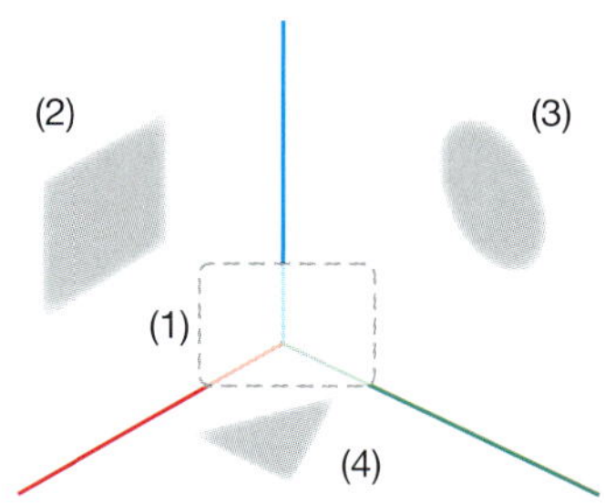

Figure 7

La **figure 7** ci-contre représente un solide inconnu **(1)**.
La base du solide est un disque de rayon **R = 2,5 cm**.
La hauteur du solide est égale au double du diamètre de sa base.
La perception du solide dépend de la perspective de l'observateur.

Analyser - Raisonner
Réaliser

1 **Calculer** la hauteur **h** du solide.

2 **Nommer** les « objets » **(2)**, **(3)** et **(4)**.

3 **Calculer** la surface S_2 de « l'objet » **(2)**, la surface S_3 de « l'objet » **(3)**.
Arrondir le résultat à 0,1 cm²

4 **Calculer** la surface S_4 de « l'objet » **(4)**. **Arrondir** le résultat à 0,1 cm²

5 Le solide inconnu est obtenu par l'intersection d'un cylindre avec deux plans inclinés.
- a. **Suggérer** une figure représentant le solide inconnu.
- b. **Proposer** un protocole permettant de visualiser ce solide.
- c. **Exploiter** les fonctionnalités du logiciel **GeoGebra**.

Qu'est-ce qu'un algorithme, un programme ?

A Essai de définition

Un algorithme se résume à une description :

- Description précise et détaillée qui permet de « faire quelque chose » au sens large.
- Description qui permet d'évacuer la pensée parce qu'elle ne comporte pas de choix, pas d'interprétation.

Ce sont ces deux aspects qui rendent la machine numérique appropriée mais aussi limitée à l'emploi d'algorithmes en tout genre.

B Exemples d'algorithmes

Nous avons souvent recours à des algorithmes dans la vie courante, plus ou moins consciemment d'ailleurs. Voici quelques exemples :

Recette de cuisine

Une recette de cuisine n'est rien d'autre qu'une liste d'ingrédients et d'actions à mener.

Diagnostic médical

Pour des afflictions simples, les médecins suivent souvent des algorithmes, à partir de symptômes et de tests.

Utilisation d'un GPS

Une application d'itinéraire GPS propose un algorithme de conduite à un usager, sous la forme d'indications précises à suivre.

S'approprier – Réaliser

1 **Choisir** l'un des exemples et décrire l'algorithme d'une recette, d'un diagnostic ou d'un trajet sur une feuille.

C Risques et limites de l'approche algorithmique

Par définition, un algorithme est aveugle à la notion de choix. En revanche, décider d'avoir recours à un algorithme, l'orienter d'une certaine manière ou non en est un. La responsabilité du résultat d'un algorithme n'est pas à imputer à l'algorithme en lui-même mais plutôt à son concepteur, son utilisateur, celui aux commandes.

Voici un script dont le principe est utilisé, notamment chez Google, pour analyser le contenu de vos saisies au clavier dans les mails, recherches...

```
texte="bonjour je veux télécharger un fichier illégal"

test="illégal" in texte

if test==1:
  print("ok")
else:
  print("pas de chance")
```

Ce très court script cherche simplement le mot « illégal » dans une chaine de caractères et renvoie :

- « ok » si le mot y est
- « pas de chance » s'il n'y est pas

À partir de ce test, plusieurs actions peuvent être déclenchées (publicités, signalements, réponses automatiques...)

Analyser - Raisonner – Valider – Communiquer

2 **Développer** un avis argumenté sur les dangers potentiels d'une mauvaise utilisation d'un tel algorithme. On pourra, entre autre, penser aux cas où les mots recherchés pourraient être *féminisme*, *religion*, *complot*, *coordonnées bancaires*...

PA 2 Déterminer des indicateurs d'une série statistique

A Situation et données

Les français passent de plus en plus de temps sur leur portable, quelle que soit la tranche d'âge. En moyenne, il s'agirait de **100 minutes par jour**, la moitié passant plus de **2 heures**. Cela représente quasiment **1 mois par an**.

Problématique : ***Comment se positionne votre classe vis-à-vis de ces statistiques ?***

B Programmer pour répondre à la problématique

On propose le script Python ci-contre :

```
1   liste=[]
2   n=0
3
4   while n!="stop":
5     n=input("Entrer une valeur ou stop :")
6     if n!="stop":
7       n=float(n)
8       liste.append(n)
9
10  liste.sort()
11
12  N=len(liste)
13
14  m=sum(liste)/len(liste)
15
16  if len(liste)%2==0:
17    Me=((liste[(len(liste)-1)//2]+liste[len(liste)//2]))/2
18  else:
19    Me=(liste[len(liste)//2])
20
21  print("N= ",N)
22  print("m= ",m)
23  print("Me= ",Me)
```

S'approprier 1 2 3 4

1 **Préciser** la fonction des lignes 4 à 8 du script.

Analyser - Raisonner 1 2 3 4

2 **Préciser** ce que ce script revoit comme indicateurs statistiques. **Indiquer** la ou les lignes du script permettant de les déterminer.

Réaliser 1 2 3 4

Communiquer 1 2 3 4

Être autonome 1 2 3 4

3 **Interroger** les élèves de la classe sur leur utilisation du téléphone portable. **Recopier** le script et l'exécuter pour répondre à la problématique.

Appeler l'enseignant qui s'assure de l'approche pour répondre à la problématique.

C Pour aller plus loin

On souhaite proposer une étude à l'échelle de votre lycée qui permettrait de déterminer également les indicateurs suivants : *premier quartile, troisième quartile, minimum, maximum, étendue.*

Problématique : ***Quel est le bilan pour votre établissement scolaire ?***

Instruction Python	Ce qu'elle renvoie	Instruction Python	Ce qu'elle renvoie
Liste=[]	*Crée une liste vide nommée « Liste »*	min(Liste), max(Liste)	*Renvoie le minimum ou le maximum de « Liste »*
Liste[3]	*Renvoie le 3e élément de « Liste »*	sum(Liste)	*Renvoie la somme des éléments de « Liste »*
Liste.append[18]	*Ajoute 18 à la fin de « Liste »*	Liste.sort	*Trie, dans l'ordre croissant ou alphabétique, les éléments de « Liste »*
len(Liste)	*Renvoie la longueur de la liste*		

Conjecturer sur la relation entre $P(A \cup B)$ et $P(A \cap B)$

A Situation et données

Dans la démocratie athénienne, le tirage au sort, ou stochocratie, était fréquemment utilisé. Le tirage au sort a pour avantages d'être égalitaire et de ne pas encourager la corruption ou l'installation d'une aristocratie.

Une commune avec plusieurs habitants éligibles souhaite attribuer au hasard la présidence des unions culturelles et sportives. On s'intéresse à 2 critères, le genre et l'âge.

Problématique : ***La probabilité qu'une femme de moins de 40 ans soit désignée est-elle liée à la probabilité de désigner une femme ? de désigner un pré-quarantenaire ?***

Le *Kleroterion*, machine pour le tirage au sort des citoyens à Athènes.

B Programmer pour répondre à la problématique

On dispose d'un tableur simulant la composition d'une commune.

S'approprier

1 **Ouvrir** le ficher « STOCHOCRATIE.xlsx ». **Lancer** plusieurs simulation en appuyant sur **F9** et **constituer** votre propre commune en remplissant le tableau ci-dessous :

	Femme	Homme	Non binaires	Total
Moins de 40 ans				
40 ans ou plus				
Total				

- On appelle **F** l'évènement : « La présidence est assignée à une femme »
- On appelle **J** l'évènement : « La présidence est assignée à quelqu'un de moins de 40 ans »

Réaliser

2 **Déterminer** les probabilités suivantes : $P(F) =$ ...... $P(J) =$ ...... $P(F \cup J) =$ ...... $P(F \cap J) =$ ......

Appeler l'enseignant qui vérifie votre méthode et vos résultats.

Analyser - Raisonner

3 **Calculer** l'expression suivante dans le cas de votre commune : $P(F) + P(J) - P(F \cap J) =$ ......

Communiquer — *Être autonome*

4 **Émettre** une remarque sur la valeur du résultat en comparant avec vos camarades. **Répondre** à la problématique.

C Pour aller plus loin

Analyser - Raisonner

5 **Proposer**, à partir du même fichier, des formules dans les cellules **C14** à **C18** pour automatiser le calcul des probabilités désignées.

Appeler l'enseignant qui vérifie votre tableur.

Valider

6 **Vérifier** la validité de la formule suivante en lançant plusieurs simulations (appuyer sur **F9**) :

$$P(F \cup J) = P(F) + P(J) - P(F \cap J)$$

Déterminer un rang à partir duquel une suite arithmétique dépasse une valeur

A Situation et données

RPG Maker est une série de logiciels qui a commencé à être développée dans le début des années 90. Ces logiciels consistent en une interface permettant de créer son propre jeu, principalement des **RPG**. **Sorona** décide d'utiliser l'interface pour créer son propre RPG nommé : « Reptiliens ninjas contre Illuminatis zombies »

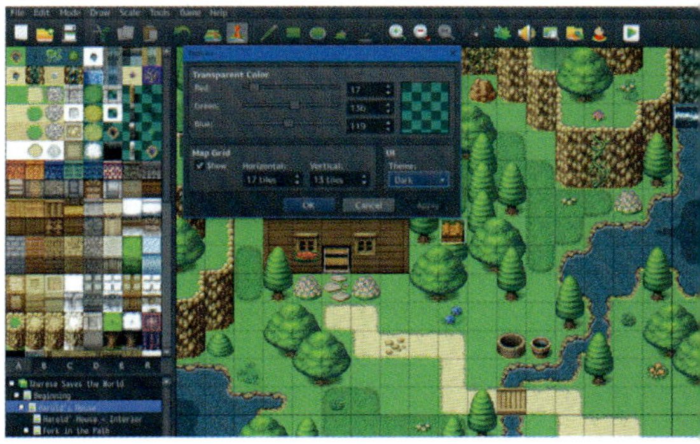

Pour faire évoluer le personnage dans le jeu, elle décide de mettre en place un système de niveaux et de points d'expérience (px). Elle souhaite que pour un atteindre un niveau, le personnage cumule **9 000 px** de plus que le niveau précédent. Il faudrait cumuler **7 000 px** pour passer du **niveau 1** au **niveau 2**.

Problématique : ***À partir de quel niveau faudra-t-il plus de 1 000 000 px pour passer au niveau supérieur ?***

B Programmer pour répondre à la problématique

S'approprier

1 **Associer** la situation à une suite arithmétique (u_n) dont on définira le premier terme u_0 et de raison r.
Le script **Python** ci-contre permet de renvoyer le rang à partir duquel une suite a est supérieure à une valeur.

```python
def u(n):
    u=150+3*n
    return u

n=0

while float(u(n))<460:
    n=n+1

print(n)
```

S'approprier

2 **Préciser** le premier terme et la raison de la suite dans le script présenté.

Analyser - Raisonner — *Réaliser*

3 **Saisir** et **modifier** le script pour qu'il permette de répondre à la problématique.

Appeler l'enseignant qui vérifie ce script.

Réaliser — *Communiquer*

4 **Exécuter** le script et **répondre** à la problématique.

C Pour aller plus loin

Maxime a oublié de clôturer le compte en banque d'une association dont il était trésorier. À son départ, le compte était créditeur de **73 €**.

L'établissement bancaire facture des frais de dossier à hauteur de **8 €** par mois lorsque le solde est positif et à hauteur de **17 €** par mois lorsqu'il est négatif. La banque saisira un huissier de justice lorsque le solde sera débiteur de **100 €**.

Problématique : ***Dans combien de temps la banque saisira-t-elle l'huissier de justice ?***

Appeler l'enseignant qui pourra fournir quelques indices pour modéliser et résoudre la situation.

Déterminer la somme des termes consécutifs d'une suite arithmétique

A Situation et données

Idriss décide de reprendre une activité sportive après plusieurs mois. Il souhaite notamment travailler ses bras et le haut du torse.

Pour ce faire, il suit le programme d'un coach en ligne :
- Faites 1 pompe le 1er jour
- Faites 2 pompes le 2e jour
- Faites 3 pompes le 3e jour
- Et ainsi de suite, pendant 90 jours.

Problématique : ***Combien de pompes Idriss pourra-il être fier d'avoir fait sur ces 90 jours ?***

B Programmer pour répondre à la problématique

Le programme **Python** ci-contre renvoie la somme des **200 premiers termes** d'une suite arithmétique.

```python
def u(n):
    u=5+2*n
    return u

n=0
N=200
somme=0

while n!=N:
    somme=somme+float(u(n))
    n=n+1

print(somme)
```

S'approprier 1 2 3 4

1 **Préciser**, pour le script ci-contre :

Le premier terme de la suite ; u_0 = ...

La raison ; r = ...

Le nombre de termes additionnés ; ......

Analyser - Raisonner 1 2 3 4
Réaliser 1 2 3 4

2 **Saisir** et **modifier** le script pour qu'il permette de répondre à la problématique.

Appeler l'enseignant qui vérifie ce script.

Réaliser 1 2 3 4
Communiquer 1 2 3 4
Être autonome 1 2 3 4

3 **Exécuter** le script et répondre à la problématique.

C Pour aller plus loin

Frank souhaite faire un immense château de cartes pour occuper sa petite sœur. Il s'est engagé sur **13 étages**.

Problématique : ***Combien de cartes seront nécessaires pour construire ce château ?***

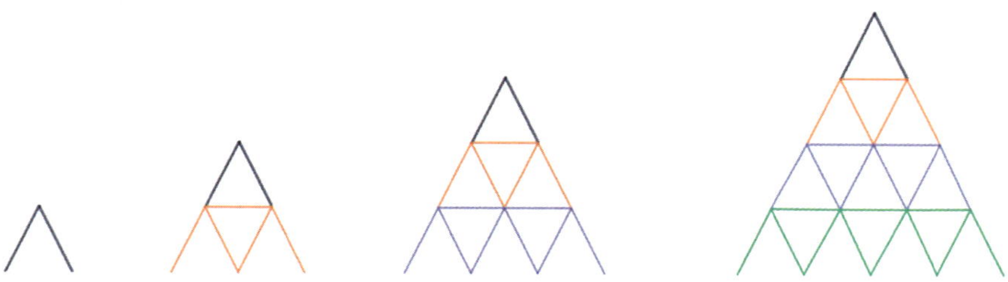

Appeler l'enseignant qui pourra fournir quelques indices pour modéliser et résoudre la situation.

Déterminer une valeur approchée d'une racine d'un polynôme de degré 2

A Situation et données

Pour une scène d'action, un réalisateur souhaite filmer le freinage d'une voiture face caméra. Il a pour ambition de filmer la scène jusqu'à ce que le parechoc du véhicule frôle l'objectif de la caméra. La voiture est initialement à **70 mètres** de la caméra.

La distance ***d*** entre la voiture et la caméra au moment de l'arrêt est donné par la formule suivante :

- ***D*** est la distance au moment du freinage
- ***d***(***v***) est la distance entre la caméra et la voiture lors de l'arrêt complet
- ***v*** est la vitesse de la voiture au moment du freinage.

Problématique : ***À quelle vitesse le véhicule doit-il aller pour répondre aux exigences du réalisateur ?***

B Programmer pour répondre à la problématique

Le script suivant a été annoté (en rouge) et est fonctionnel :

S'approprier

1 **Préciser** la valeur de *D* dans la situation.

2 **Préciser** quelle valeur ***d***(***v***) le réalisateur cherche à atteindre.

Analyser - Raisonner

3 **Compléter** ci-contre les annotations expliquant le fonctionnement du script.

Appeler l'enseignant qui s'assure de votre compréhension de la situation.

Réaliser — *Être autonome*

4 **Recopier** et **exécuter** le script pour répondre à la problématique sous la forme d'un encadrement précis au centième de km/h.

```
def f(x):
    return 70-0.006*x*x-0.28*x

'On définit la fonction f sur laquelle on raisonne'
'On cherche x tel que f(x)=......................'

def dicho(a,b,precision):
    if b-a<=precision:
        return a,b
    else:
        c=a+(b-a)/2
        if f(a)*f(c)<=0:
            return dicho(a,c,precision)
        else:
            return dicho(c,b,precision)

'On crée une boucle permettant de.................'
'.................................................'
'.................................................'

solution=dicho(50,100,0.01)

'La procédure dicho() comporte .... paramètres'
'Le premier correspond à la borne ................'
'Le second correspond à la borne .................'
'Le troisième correspond à .......................'

print(solution)
```

C Pour aller plus loin

Un pélican s'apprête à fondre sur un poisson qui est sous l'eau. La surface de l'eau est à la hauteur de 0 m. La fonction représentant sa hauteur en fonction de la distance est donnée par l'expression suivante.

$$f(x) = 0{,}07x^2 - 2{,}5x + 20.$$

On étudiera la fonction sur l'intervalle $[4 ; 32]$.

Problématique : ***Quelles sont les abscisses d'entrée et de sortie d'eau du pélican ?***

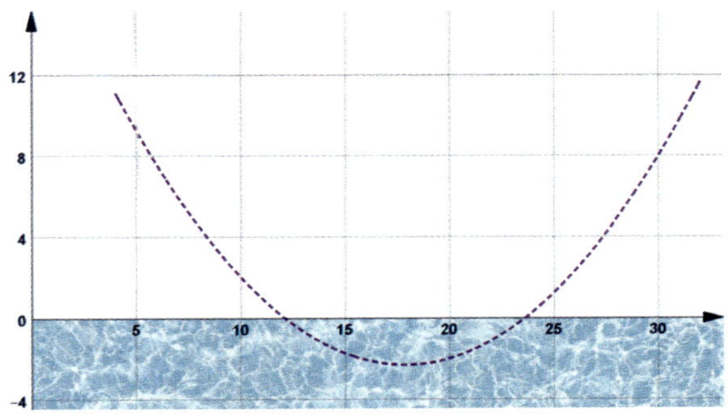

Pavages Terminale
Groupement C

Module PA : Programmation-Algorithmique

SP

3 Statistique à 2 variables quantitatives

Utiliser un nuage de points pour interpoler ou extrapoler

Je découvre

Regarder des films ou des séries en ligne

Netflix est devenu leader dans le streaming de films et de séries, et ce, dans la quasi-totalité des pays du monde. L'entreprise américaine doit notamment son essor et son succès grâce à sa stratégie constante de différentiation : *contenus illimités, budgets incroyables, séries et films en autoproduction, cinéma, consultation hors connexion de contenus, etc...* En parallèle, le nombre d'abonnés (des dizaines de millions) et le chiffre d'affaires ont progressé de façon exponentielle.

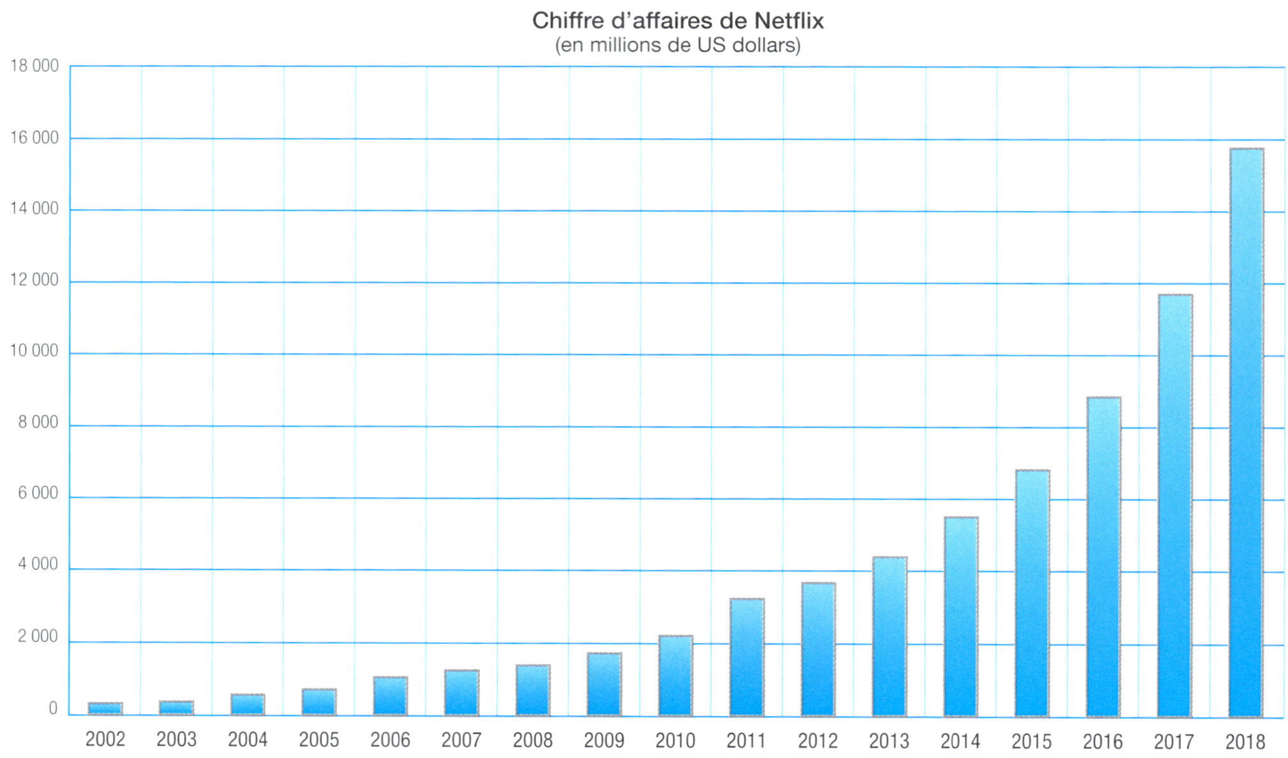

Quel chiffre d'affaires Netflix peut-il espérer pour les années à venir ?

Recherche personnelle

Effectuez une recherche sur un des deux thèmes proposés :

- ☐ Exposé détaillé sur une votre série préférée, ses personnages et son histoire.
- ☐ Exposé sur les raisons pour lesquelles Netflix est interdit dans certains pays.

À retrouver en ligne

Rendez-vous sur votre Site compagnon !

- Démarche d'investigation
- Outils calculatrice
- À l'oral
- Méthode
- Évaluation
- Excel

Je teste mes automatismes

1 **Calculer**, si possible, les expressions suivantes à l'aide d'une calculatrice.
Arrondir les résultats au centième.

$e^3 =$

$\ln(4) =$

$\ln(-2) =$

$2 \times 3^2 - 6 \times 3 + 5 =$

$\log(7) =$

$3^{2,2} =$

$32 \times e^{2 \times 1,5} =$

$\sin(35°) =$

2 **Tracer** les nuages de points des séries suivantes :

Série n° 1
(à tracer en bleu)

x	y
1	1
2	0,65
3	0,45
4	0,31
5	0,2
6	0,1
7	0,03

Série n° 2
(à tracer en vert)

x	y
1	2,72
2	1,65
3	1,4
4	1,28
5	1,22
6	1,18
7	1,15

Série n° 3
(à tracer en rouge)

x	y
1	1,5
2	2
3	2,5
4	3
5	3,5
6	4
7	4,5

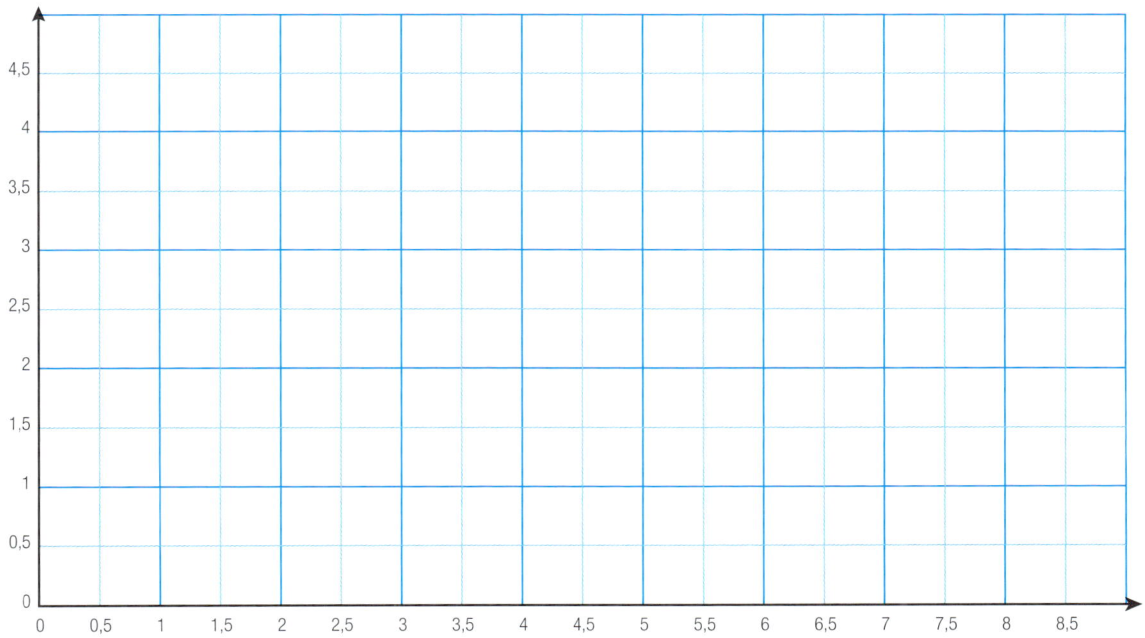

3 **Associer** chacune des séries précédentes à une fonction. **Justifier** par un calcul.

$f(x) = 0,5x + 1$ → Correspond à la série n° ...... Justification : ......

$g(x) = e^{\frac{1}{x}}$ → Correspond à la série n° ...... Justification : ......

$h(x) = 0,5\ln\left(\frac{1}{x}\right) + 1$ → Correspond à la série n° ...... Justification : ......

Activité 1

Choisir un modèle adapté d'ajustement (1)

Contexte — Ebola en Afrique de l'ouest

Fin 2013 – Début 2014, une nouvelle forme du virus « **Ebola** » frappe particulièrement trois pays d'Afrique de l'ouest : le Libéria, la Sierra Léone et la Guinée.

Dans le courant de l'année 2014, l'O.M.S. (Organisation Mondiale de la Santé) qualifie alors l'épidémie **d'urgence de santé publique de portée mondiale.** L'organisation commence à recenser plus précisément les cas et les décès à partir du 23 mars 2014.

Près de 200 jours après, la situation est toujours considérée comme alarmante au vu de la croissance du nombre de décès cumulés. Les autorités s'inquiètent quant au devenir des populations concernées. Elles craignent qu'en un an on dénombre plus de 100 000 morts.

Problématique — Pourquoi la situation était-elle jugée alarmante ?

Partie A – Début de l'épidémie

Ouvrir le fichier « **EBOLA** ». Onglet « **DEBUT_D'EPIDEMIE** » X

S'approprier 1 2 3 4

1 **Préciser** quelles sont les 2 variables étudiées.

Réaliser 1 2 3 4

2 **Exécuter** les étapes suivantes en faisant apparaître :
- le nuage de points des données.
- une courbe de tendance linéaire.
- le coefficient de détermination R^2.

Noter sa valeur : $R^2 = \ldots\ldots$.

Appeler l'enseignant qui s'assure de la bonne exécution des étapes et qui vous aide dans le cas contraire.

Valider 1 2 3 4

Communiquer 1 2 3 4

3 **Conclure** quant à la pertinence d'un ajustement linéaire pour ces données. **Justifier** la réponse.

Analyser - Raisonner 1 2 3 4

4 **Conjecturer**, en observant le nuage de point des données, sur le type d'ajustement à faire.

Appeler l'enseignant qui valide ou non cette conjecture.

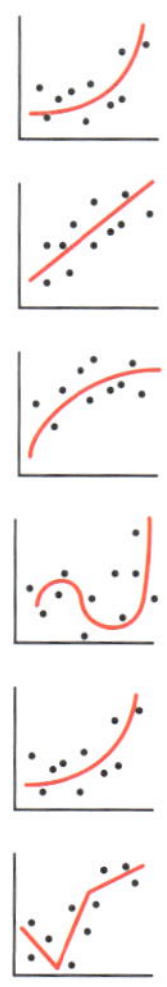

○ Exponentielle

○ Linéaire

○ Logarithmique

○ Polynomiale

○ Puissance

○ Moyenne mobile

Réaliser
Valiser

5 **Faire apparaître** l'ajustement retenu et **noter** son équation en donnant la valeur de R^2.

6 **Extrapoler** graphiquement et par un calcul sur le nombre de morts, un an après le début de l'épidémie.

Communiquer
Valiser

7 **Répondre** à la problématique en argumentant.

Partie B : Fin de l'épidémie

Finalement, suite aux mesures prises par les autorités, l'épidémie a fini par être freinée.
Ouvrir le fichier « **EBOLA** ». Onglet « **FIN_D'EPIDEMIE** »

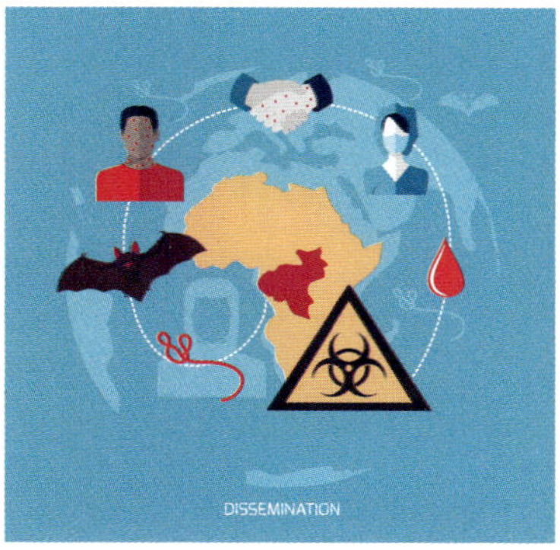

S'approprier
Valider

8 **Observer** le nuage de points et **préciser** si l'ajustement proposé en **partie A** est pertinent. **Justifier** la réponse.

Réaliser

9 **Faire apparaître** un **ajustement polynomial d'ordre 4**. **Noter** son équation et son coefficient de détermination R^2.

Appeler l'enseignant et lui **montrer** cet ajustement.

Communiquer

10 **Noter** trois types d'ajustement que vous connaissez désormais.

Activité 2 Choisir un modèle adapté d'ajustement (2)

Contexte La comète de Hale-Bopp

La comète de **Hale-Bopp** a probablement été la comète la plus observée de tous les temps. En effet, elle a pu être visible à l'œil nu pendant près d'un an et demi.
La trajectoire empruntée par cet objet stellaire est similaire à celle des planètes tournant autour du Soleil : une **ellipse**.

Données

On mesure la taille d'une ellipse notamment avec son demi-grand axe.

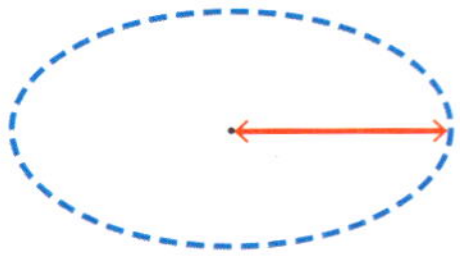

Demi-grand axe

Le temps nécessaire pour effectuer un tour complet est appelé la période.
On donne ci-dessous les valeurs du demi-grand axe (en unité astronomique : UA) et de la période (en année).

Planète	Demi-grand axe (UA)	Période (année)
Mercure	0,38710	0,24084
Vénus	0,72333	0,61519
Terre	1	1
Mars	1,52369	1,88082
Jupiter	5,20280	11,8618
Saturne	9,53884	29,4567
Uranus	19,1819	84,0107
Neptune	30,0578	164,786

Problématique

Combien vaut le demi-grand axe de la comète de Hale-Bopp ?

S'approprier

1 **Préciser** quelles sont les 2 variables étudiées.

Réaliser

2 **Faire apparaître** sur un tableur, le nuage de points de cette série de données en prenant :
- **en abscisses** : le demi-grand axe,
- **en ordonnées** : la période.

Analyser - Raisonner

Valider

3 **Expérimenter** différents types d'ajustement et **cocher** celui qui apparaît comme le plus pertinent. **Justifier** la réponse.

Appeler l'enseignant et lui **montrer** cet ajustement.

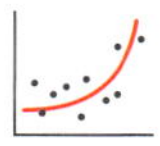
○ Exponentielle

○ Linéaire

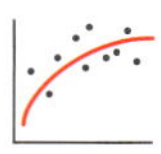
○ Logarithmique

○ Polynomiale

○ Puissance

○ Moyenne mobile

Communiquer

4 **Noter** l'équation de l'ajustement retenu.

5 **Répondre** à la problématique sachant que la comète de Hale-Bopp présente une période de 2 530 années.

Activité

3 Interpoler ou extrapoler des valeurs

Contexte Seconde loi de Snell-Descartes

Au XVIIe siècle, **René Descartes** découvre et formalise, seul, le comportement de la lumière lorsqu'elle change de milieu. En réalité, deux fois auparavant, **Ibn Sahl** puis **Willebrord Snell** théorisent ce phénomène sans que leurs travaux soient autant connus.
En changeant de milieu, un rayon lumineux voit sa trajectoire « déviée ». On parle de phénomène de réfraction, illustré par la figure ci-dessous.

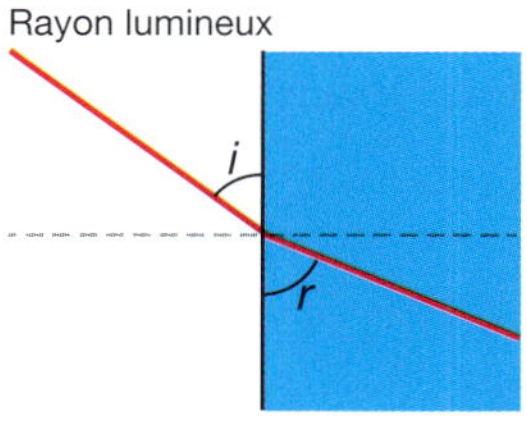

Données

Les résultats de ses mesures figurent ci-dessous :

(en degré)	0	10	20	30	40	50	60	70
(en degré)	0	7,5	14,9	221	28,9	35,2	40,6	45

Problématique Quel lien entretiennent les angles *i* et *r* ?

S'approprier 1 2 3 4

1 **Préciser** les 2 variables étudiées.

Analyser - Raisonner 1 2 3 4

2 **Rédiger** un protocole permettant de vérifier que ***i*** et ***r*** ne sont pas proportionnels entre eux *(on aura accès à un tableur)*.

A **Appeler** l'enseignant qui valide et/ou complète le protocole proposé.

Réaliser 1 2 3 4

Valiser 1 2 3 4

3 **Réaliser** le protocole validé avec l'enseignant et **conclure** en argumentant.

En observant les résultats, **Descartes** a décidé d'opérer un changement de variable. Il soupçonnait une proportion, non pas entre les angles mais entre les sinus de ces angles.

Réaliser 1 2 3 4

4 **Remplir** le tableau après l'avoir recopié à partir des données de **Descartes**.
Arrondir les résultats au millième.

sin(*i*)								
sin(*r*)								

Valiser 1 2 3 4

Communiquer 1 2 3 4

5 **Afficher** le nuage de points de ces données et conclure sur la proportionnalité entre sin(*i*) et sin(*r*). **Justifier** la réponse.

6 **Exprimer** sin(*i*) en fonction de sin(*r*).

SYNTHÈSE Statistique à 2 variables quantitatives

A Ajustements envisageables

Le tracé d'un nuage de points peut révéler une organisation particulière de ces points. Le cas le plus flagrant est lorsque ces points s'organisent autour d'une droite : on parle d'**ajustement affine**.

Pourtant, deux grandeurs (souvent notées x et y) peuvent mathématiquement être reliées autrement. On retiendra d'autres types d'ajustements :

1. Ajustement exponentiel

L'ajustement prend appui sur une courbe dont l'équation est de la forme :

$$y = ae^{bx}$$

a et b sont des coefficients réels, $e \approx 2{,}718$.

2. Ajustement puissance

L'ajustement prend appui sur une courbe dont l'équation est de la forme :

$$y = ax^b$$

a et b sont des coefficients réels, x est généralement un réel strictement positif.

3. Ajustement logarithmique

L'ajustement prend appui sur une courbe dont l'équation est de la forme :

$$y = a\ln(x) + b$$

a et b sont des coefficients réels, x est un réel strictement positif.

4. Ajustement polynomial

L'ajustement prend appui sur une courbe dont l'équation est d'une forme variable en fonction de l'ordre du polynôme :

Ordre 2 : $y = ax^2 + bx + c$

Ordre 3 : $y = ax^3 + bx^2 + cx + d$

Ordre 4 : $y = ax^4 + bx^3 + cx^2 + dx + e$

a, b, c, d et e sont des coefficients réels.

Pour privilégier un ajustement par rapport à un autre, on peut :
- ***observer** le coefficient de détermination R^2 et **retenir** l'ajustement le plus proche de 1*
- ***rattacher** les variables à une formule connue en sciences (physique, chimie, biologie…) en économie…*

B Changement de variables

Quand un nuage de points semble suivre une répartition « logique » mais non linéaire, on peut effectuer un changement de variables.

Tableau A						
	x	1	1,7	2	2,2	2,7
	y	2	0,7	0,5	0,4	0,3

Tableau B						
	x^2					
	$1/y$					

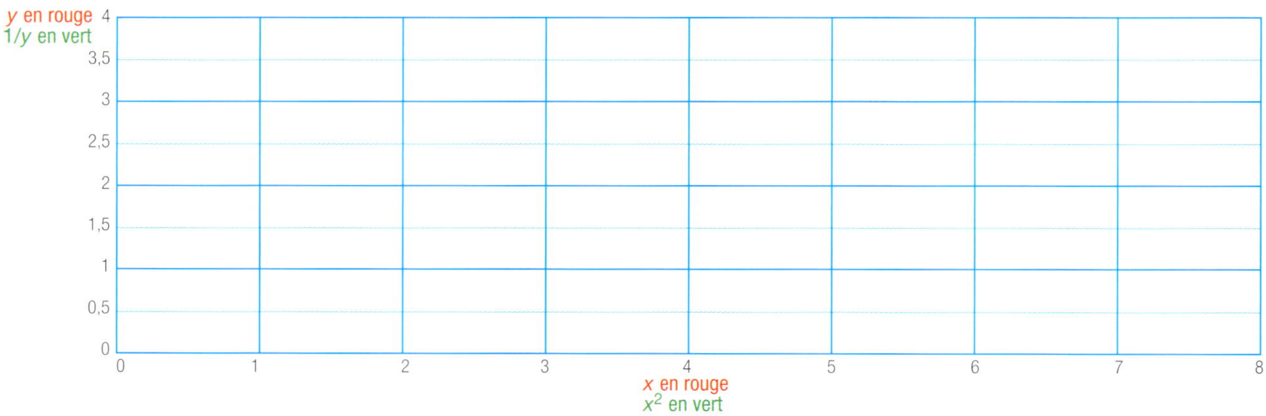

Pour simplifier le lien entre 2 variables
- *Sur le repère, **tracer** en rouge, le nuage de points du premier tableau*
- *Dans le tableau B, **calculer** les valeurs des variables x^2 et $1/y$*
- *Sur le repère, **tracer** en vert, le nuage de points du deuxième tableau*
- ***Conclure** sur la lisibilité de l'ajustement à effectuer.*

TOP CHRONO

☐ 5 minutes ☐ 10 minutes

Vérification des connaissances

1 Un nuage de points est tracé dans un tableur. **Cocher** l'ajustement à privilégier :

❑ *L'ajustement exponentiel* ($R^2 = 0{,}501$)

❑ *L'ajustement polynomial* ($R^2 = 0{,}93$)

❑ *L'ajustement puissance* ($R^2 = 0{,}72$)

2 On donne le tableau de fréquentation d'un escape-game :

Semaine	1	2	3	4	5	6	7	8
Fréquentation	15	19	22	23	25	26	27	27

L'ajustement logarithmique à envisager est proche de l'équation :

❑ $y = 6\ln(x) + 15$ ❑ $y = 15\ln(x) + 27$ ❑ $y = 15\ln(x) + 1{,}5$.

Entraînements

Exercice 1 On donne le nuage de points suivant, obtenu à partir d'un tableur.

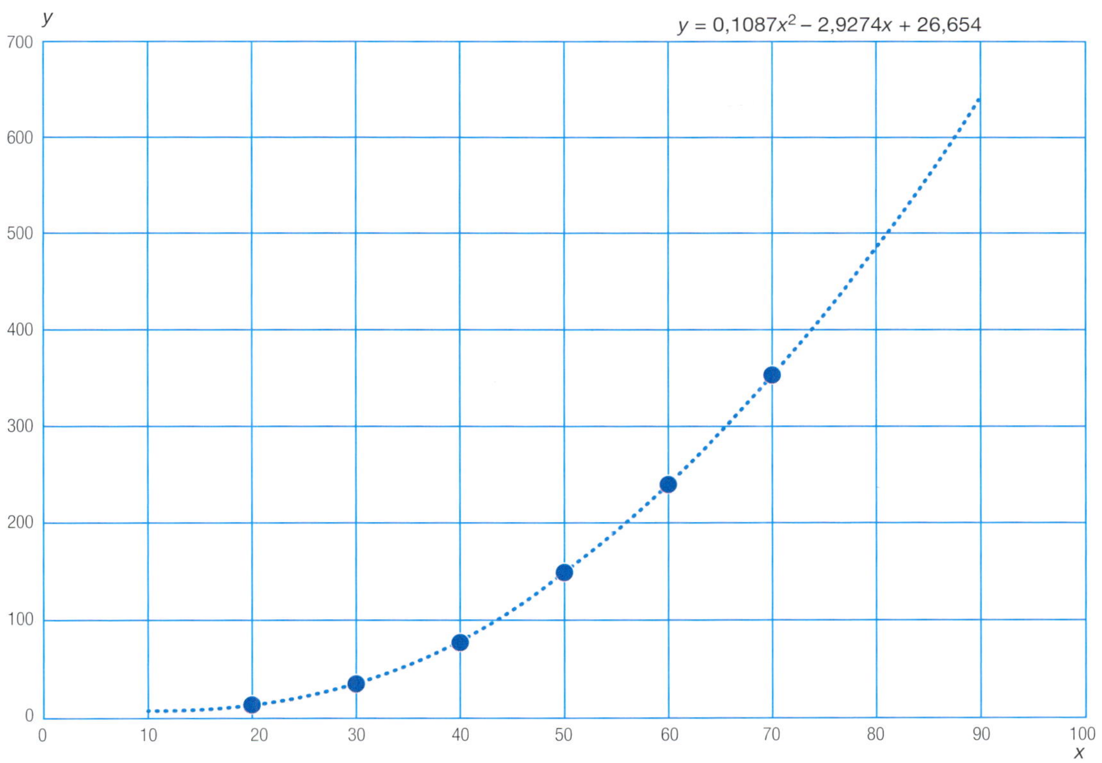

S'approprier

1 **Indiquer** le type d'ajustement réalisé pour ce nuage de points.

Réaliser

2 **Extrapoler** graphiquement sur la valeur de y quand $x = 80$. **Justifier** par un calcul.

3 **Interpoler** graphiquement sur la valeur de x quand $y = 200$. **Vérifier** par un calcul.

Approfondissements

Exercice 2

Entrainement aux 100 mètres

Shane s'est mis en tête de progresser en natation. Pour ce faire, elle s'entraîne régulièrement et chronomètre son temps de nage sur 100 m.

Voici le tableau de ses résultats sur une année :

Durée d'entrainement (en mois)	1	2	3	4	5	6	7	8	9	10	11	12
Temps sur 100 m (en seconde)	133	120	112	108	105	105	102	100	99	100	99	97

Shane ambitionne d'atteindre les 1 minute 20 secondes en s'entraînant une année supplémentaire.

Problématique : ***Shane peut-elle être confiante sur sa capacité à atteindre son objectif ?***

1 2 3 4 *S'approprier*

1 **Convertir**, en seconde, l'objectif de **Shane**.

2 **Préciser** les 2 variables collectées par **Shane** pour tracer sa progression.

1 2 3 4 *Analyser - Raisonner*

3 **Rédiger** un protocole permettant de répondre à la problématique.
On pourra notamment utiliser les mots suivants :
Nuage de points – Ajustement – Coefficient de détermination – Extrapoler.

Appeler l'enseignant qui valide et/ou complète le protocole proposé.

1 2 3 4 *Réaliser*

4 **Exécuter** le protocole validé avec l'enseignant et **compléter** le tableau ci-dessous.

Variable 1	Variable 2
Type d'ajustement retenu :	R^2
Extrapolation à 24 mois :	

1 2 3 4 *Valider*
1 2 3 4 *Communiquer*

5 **Répondre** à la problématique en argumentant.

Autoévaluation

Exercice 3

Netflix est une entreprise pionnière dans le monde de la vidéo-à-la-demande par abonnements.
Par son chiffre d'affaires et par ses utilisateurs elle fait partie des géants du **Web**.
Pourtant, à sa création, en 1997, l'entreprise proposait uniquement un service de livraison postale de DVD, à l'achat, ou à la location, moyennant un abonnement.
En numérisant et en étendant au monde son offre, **Netflix** a connu une croissance exponentielle de son chiffre d'affaires.

Problématique : ***Sur quel chiffre d'affaires l'entreprise peut-elle tabler en 2022 ?***

On donne ci-contre le tableau du chiffre d'affaires de **Netflix** depuis 2018.

Année	Chiffre d'affaires (en millions de US dollars)
2002	150,8
2003	270,4
2004	500,6
2005	682,2
2006	996,7
2007	1 205,3
2008	1 364,7
2009	1 670,3
2010	2 162,6
2011	3 204,6
2012	3 609,3
2013	4 375,6
2014	5 504,7
2015	6 779,5
2016	8 830,7
2017	11 692,7
2018	15 794,3

1 2 3 4 *S'approprier*

1 **Préciser** les deux variables étudiées.

1 2 3 4 *Analyser - Raisonner*

2 **Rédiger** un protocole permettant de répondre à la problématique.

Appeler l'enseignant qui valide et/ou complète le protocole proposé.

1 2 3 4 *Réaliser*

3 **Exécuter** le protocole validé avec l'enseignant et extrapoler graphiquement sur le chiffre d'affaire de **Netflix** en 2022.

1 2 3 4 *Valider*

1 2 3 4 *Communiquer*

4 **Justifier** le résultat par le calcul en faisant apparaître l'équation de votre ajustement.

5 **Rédiger** une réponse à la problématique.

Grille d'évaluation

Compétences	*S'approprier*	*Analyser - Raisonner*	*Réaliser*	*Valider*	*Communiquer*	*Être autonome*	Total
Niveau d'acquisition	1 2 3 4	1 2 3 4	1 2 3 4	1 2 3 4	1 2 3 4	1 2 3 4	.../10
Barème	.../2	.../2	.../2	.../1	.../2	.../1	

SP

4 Calculs de probabilités

Exploiter un arbre de probabilités et des évènements indépendants

Je découvre

Les fausses pièces

Une probabilité conditionnelle est la probabilité qu'un évènement A se réalise sachant qu'un autre évènement B a eu lieu auparavant et pose une condition à la réalisation de l'évènement A.

Un arbre de probabilités ou arbre pondéré permet de modéliser des probabilités conditionnelles.

Charles doit donner un euro à un ami. Il possède dans chacune de ses deux poches cinq pièces de cinquante centimes d'euro mais :

- la **poche 1** contient trois fausses pièces,
- la **poche 2** contient deux fausses pièces.

Il tire la première pièce de la **poche 1** puis la seconde de la **poche 2**.

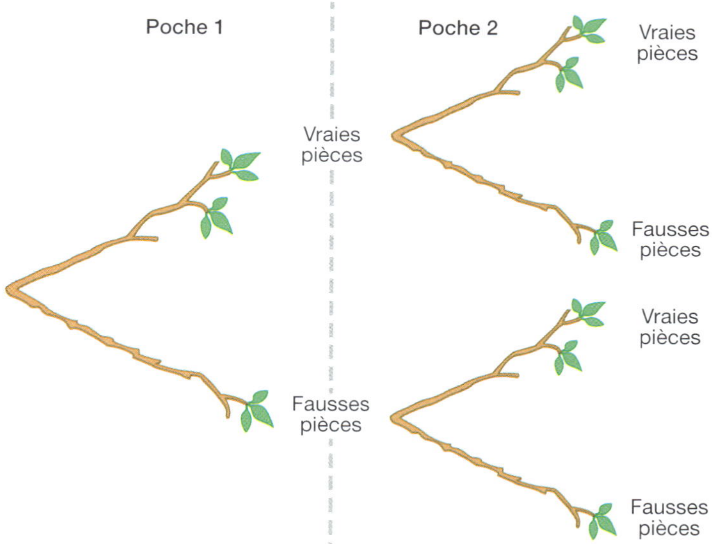

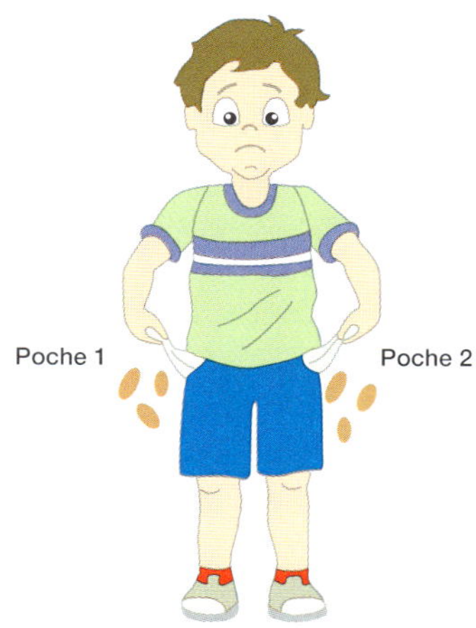

1 Quelle est la probabilité que la seconde pièce soit vraie en sachant que la première l'est aussi ?

2 Quelle est la probabilité que les deux pièces obtenues soient vraies ?

Recherche personnelle

Effectuez une recherche sur un des deux thèmes proposés :

- ☐ Donner des exemples d'expérience aléatoire dont l'issue est obtenue par l'intersection de deux évènements réalisés.
- ☐ Citer des exemples d'expérience aléatoire de la vie courante dont la réalisation de l'issue pourrait être illustrée par une probabilité conditionnellepartitions du cercle, etc.).

À retrouver en ligne

Rendez-vous sur votre Site compagnon !

- Démarche d'investigation
- Outils calculatrice
- À l'oral
- Méthode
- Évaluation

AUTOMATISMES

Je teste mes automatismes

Soit deux évènements **A** et **B** d'un même univers avec $\overline{A}$ et $\overline{B}$ leur évènement contraire respectif.

1. Arbre de probabilités

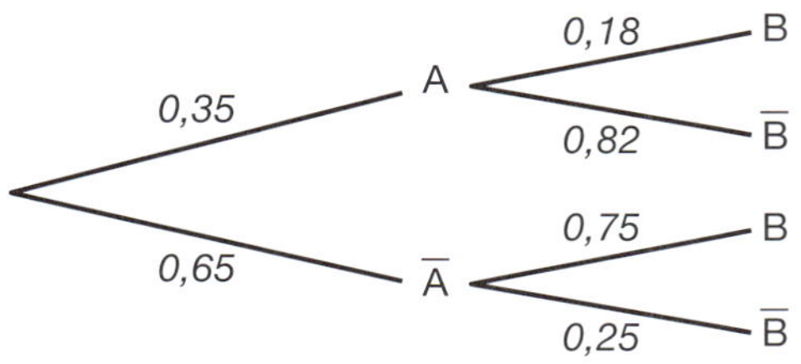

1 **En déduire** les égalités :
$P_A(B) = ...$ et $P_{\overline{A}}(B) = ...$

2 **Calculer** la probabilité de l'évènement :
$A \cap B$ avec $P(A \cap B) = P(A) \times P_A(B)$

3 **Calculer** la probabilité de l'évènement :
$\overline{A} \cap B$ avec $P(\overline{A} \cap B) = P(\overline{A}) \times P_{\overline{A}}(B)$

4 **Calculer** probabilité de l'évènement **B**.
$P(B) = P(A \cap B) + P(\overline{A} \cap B)$

2. Tableau de probabilités

	A	$\overline{A}$	Total
B	6	24	30
$\overline{B}$	4	16	20
Total	10	40	50

1 **Calculer** la probabilité de l'évènement : **A ∩ B**.

2 **Calculer** la probabilité de l'évènement **A**, puis celle de l'évènement **B**.

3 **Calculer** la probabilité que l'évènement **A** se réalise sachant que l'évènement **B** est réalisé, notée : $P_B(A)$.

4 **Calculer** la probabilité que l'évènement **B** se réalise sachant que l'évènement **A** est réalisé, notée : $P_A(B)$.

COUP DE POUCE

« **L'univers des possibles** » est l'ensemble des issues d'une expérience aléatoire. Une **probabilité conditionnelle** est la probabilité d'un évènement sachant qu'un autre évènement est réalisé.
« **L'univers des possibles** » est alors restreint par cette condition. La probabilité de réalisation des deux évènements **A** et **B**, peut être décrite par un arbre pondéré de probabilités. La probabilité que l'évènement **B** se réalise sachant que l'évènement **A** est réalisé est donné par l'égalité :

$$P_A(B) = \frac{P(A \cap B)}{P(A)} \text{ avec } P(A) \neq 0$$

▶ **La probabilité d'un évènement A**, notée **P(A)**, est un nombre tel que **0 P(A) 1**.

$$P(A) = \frac{\text{Nombre de cas favorables}}{\text{Nombre de cas possibles}}$$

▶ $\overline{A}$ est l'évènement contraire de **A** et sa probabilité est définie par : $P(\overline{A}) = 1 - P(A)$.

▶ **L'intersection de deux évènements : A ∩ B** est réalisé si les deux évènements sont réalisés simultanément.
S'ils sont indépendants et non-incompatibles alors :
$P(A \cap B) = P(A) \times P(B)$.
Si les évènements sont incompatibles alors :
$P(A \cap B) = 0$.

▶ **La réunion de deux évènements : A ∪ B** est réalisé si l'un au moins des deux évènements est réalisé et sa probabilité est donnée par :
$P(A \cup B) = P(A) + P(B) - P(A \cap B)$.

▶ **Arbre de probabilités**

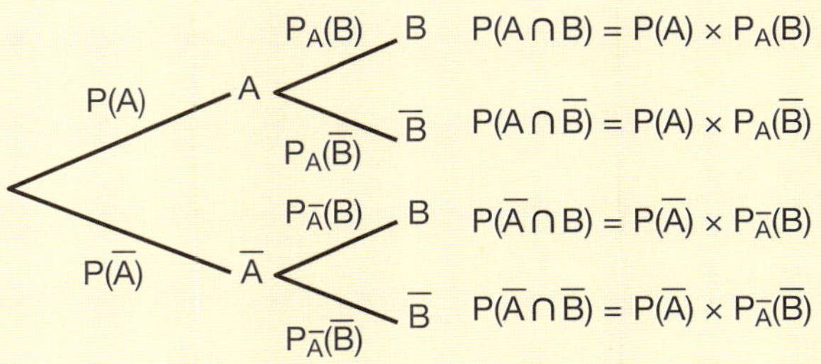

a. Conséquences :
$P(B) = P(A \cap B) + P(\overline{A} \cap B)$ et $P(\overline{B}) = P(A \cap \overline{B}) + P(\overline{A} \cap \overline{B})$

b. $P_A(B)$: probabilité de réalisation de « l'évènement **B** sachant que l'évènement **A** est réalisé» est donnée par :

$$P_A(B) = \frac{P(A \cap B)}{P(A)} \text{ avec } P(A) \neq 0$$

▶ **Tableau de probabilités**

a. $P_B(A)$: « l'univers des possibles » est restreint à l'univers de l'évènement **B**.

b. $P_A(B)$: « l'univers des possibles » est restreint à l'univers de l'évènement **A**.

Activité

1 Exploiter un arbre pondéré de probabilités

Contexte — La cantine

Douglas est directeur d'une école primaire.
Les élèves sont soit externes, soit demi-pensionnaires.
Douglas effectue une étude sur la fréquentation de la cantine de l'école :

- **55 %** des filles y mangent,
- **30 %** des garçons y mangent.

Douglas estime que la majorité des élèves qui mangent à la cantine sont des garçons.

Données

70 % des élèves sont des garçons. L'arbre pondéré des probabilités décrit l'étude réalisée.
Soit les évènements **A**, **B** et **C** définis par :

- Évènement **A** : « l'élève est un garçon »
- Évènement **B** : « l'élève est une fille »
- Évènement **C** : « l'élève mange à la cantine ».

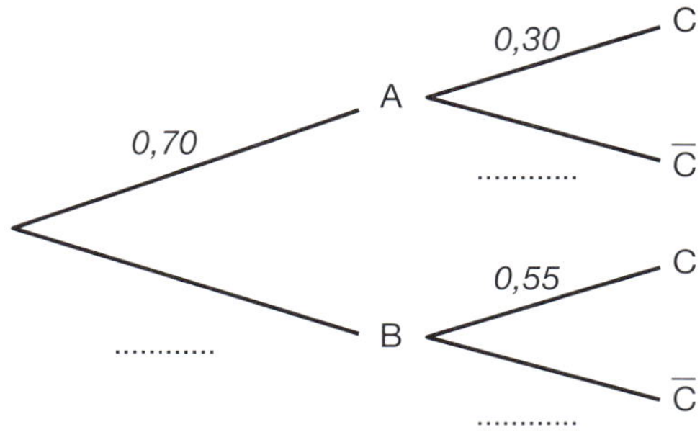

Problématique — L'estimation de Douglas est-elle correcte ?

S'approprier

1 **Rédiger** les attentes de la problématique pour définir les objectifs de la **mission**.

Ma mission : ....

2 **Compléter** l'arbre pondéré des probabilités.

Analyser - Raisonner

3 **Émettre** une conjecture permettant de **répondre** à la problématique.

Communiquer

Présenter cette conjecture aux autres apprenants et **écouter** attentivement les leurs.

Analyser - Raisonner

4 **Compléter** les égalités suivantes : $P(A) = ...$ $P(B) = ...$ $P_A(C) = ...$ $P_B(C) = ...$

Réaliser

5 **Définir** l'évènement **A ∩ C** puis **calculer** sa probabilité à partir de : $P(A \cap C) = P(A) \times P_A(C)$.

6 **Définir** l'évènement **B ∩ C** puis **calculer** sa probabilité à partir de : $P(B \cap C) = P(B) \times P_B(C)$.

7 **En déduire** la probabilité de l'évènement **C**.

Analyser - Raisonner

8 **Définir** brièvement :

a. $P_A(C)$: ....

b. $P_B(C)$: ....

Valider

9 **Répondre** à la problématique en rédigeant la réponse.

Communiquer

Présenter oralement la réponse rédigée au professeur.

Exploiter un tableau à double entrée

Contexte — Le sport au travail

Lee travaille pour une société qui encourage la pratique sportive. Les salariés de l'entreprise sont soit des hommes, soit des femmes qui ont la possibilité de faire une heure de sport dans la journée.
Lee estime que, parmi les salariés qui font du sport, 80 % sont des hommes.

Données

Une partie de la répartition des salariés est donnée par le tableau :

	Fait du sport	Ne fait pas de sport	Total
Hommes	....	....	32
Femmes	....	1	....
Total	35	....	40

Tous les salariés ont la même probabilité d'être choisis, soit les évènements **A** et **B** définis par :
- Évènement **A** : « Le salarié est un homme »,
- Évènement **B** : « Le salarié fait du sport ».

Problématique — L'estimation de Lee est-elle correcte ?

S'approprier 1 2 3 4

1 **Rédiger** les attentes de la problématique pour définir les objectifs de la **mission**.

Ma mission : ....

2 **Cocher** la bonne proposition.
Parmi les salariés, il y a ❑ *28* ❑ *32* ❑ *35* hommes qui font une heure de sport par jour.

Analyser - Raisonner 1 2 3 4

3 **Émettre** une conjecture permettant de **répondre** à la problématique.

Communiquer 1 2 3 4

Présenter cette conjecture aux autres apprenants et **écouter** attentivement les leurs.

Réaliser 1 2 3 4

4 **Calculer** la probabilité de réaliser l'évènement **A**.

5 **Calculer** la probabilité de réaliser l'évènement **B**.

6 **Calculer** la probabilité de réaliser l'évènement **A ∩ B** à partir de : $P(A \cap B) = P(A) \times P(B)$.

Analyser - Raisonner 1 2 3 4

7 **Calculer** la probabilité de réaliser l'évènement « **A** sachant que **B** est réalisé ».

Réaliser 1 2 3 4

8 **Calculer** la probabilité de réaliser l'évènement « **B** sachant que **A** est réalisé ».

Analyser - Raisonner 1 2 3 4

9 **Expliciter** brièvement les probabilités suivantes.
a. $P(A \cap B)$: .... **b.** $P_B(A)$: .... **c.** $P_A(B)$: ....

Valider 1 2 3 4

10 **Répondre** à la problématique en rédigeant la réponse.

Communiquer 1 2 3 4

Présenter oralement la réponse rédigée au professeur.

Activité 3

Exploiter un tableau de probabilités

Contexte — Les produits Bio

Salah est le gérant d'un hypermarché. Il effectue un sondage, auprès de ses clients, sur la vente de produits Bio.
Le résultat du sondage est le suivant :

- **35 %** des femmes interrogées achètent des produits Bio,
- **25 %** des hommes interrogés n'achètent pas des produits Bio,
- **70 %** des clients achètent des produits Bio.

Salah estime que les clients qui achètent majoritairement des produits Bio sont des femmes.

Données

40 % des clients interrogés sont des femmes. Le résultat du sondage sera donné par le tableau des fréquences qui sera à compléter à la **question 2** :

	Achète Bio	N'achète pas Bio	Total
Femmes	....	....	....
Hommes	....	....	....
Total	....	....	100 %

Soit les évènements **A** et **B** définis par :

- Évènement **A** : « Le client interrogé achète des produits Bio »,
- Évènement **B** : « Le client interrogé est une femme ».

Problématique — L'estimation de Salah est-elle acceptable ?

S'approprier

1 **Rédiger** les attentes de la problématique pour définir les objectifs de la **mission**.

Ma mission : ....

2 **Compléter** le tableau de fréquences précédent.

Analyser - Raisonner

3 **Émettre** une conjecture permettant de **répondre** à la problématique.

Communiquer

Présenter cette conjecture aux autres apprenants et **écouter** attentivement les leurs.

Analyser - Raisonner / *Réaliser*

4 **a.** **Compléter** les égalités : $P(A \cap B) = ...$ et $P(B) = ...$
b. **Définir** brièvement la probabilité $P_B(A)$.
c. **Calculer** la probabilité $P_B(A)$.

5 **a.** **Compléter** les égalités : $P(A \cap \overline{B}) = ...$ et $P(\overline{B}) = ...$
b. **Définir** brièvement la probabilité $P_{\overline{B}}(A)$.
c. **Calculer** la probabilité $P_{\overline{B}}(A)$.

6 **Compléter** l'arbre de probabilités en exploitant les résultats précédents.

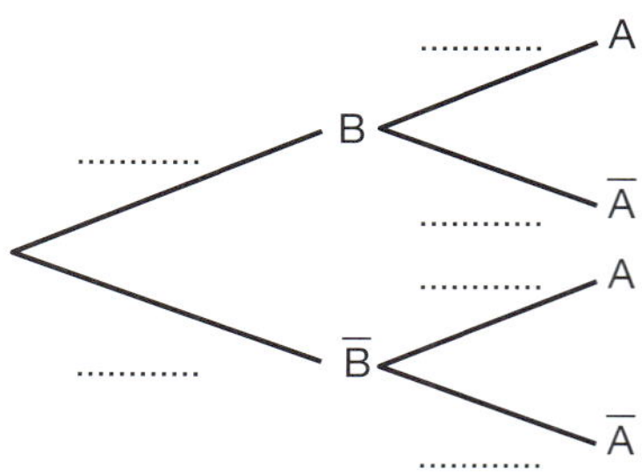

Valider

7 **Répondre** à la problématique en rédigeant la réponse.

Communiquer

Présenter oralement la réponse rédigée au professeur.

Activité 4 — Exploiter deux évènements indépendants

Contexte — Le club de basket

Emma est le coach d'une équipe de basket juniors.
La catégorie « juniors » regroupe les garçons et les filles agés de 17 à 19 ans.
Emma effectue un sondage, parmi ces joueurs, certains sont fumeurs et d'autre non fumeurs. Le résultat du sondage est le suivant :

- **16,2 %** des joueurs interrogés sont des garçons et sont fumeurs,
- **32,2 %** des joueurs interrogés sont des filles et sont non-fumeur/ses,
- **46 %** des joueurs interrogées sont des filles.

Emma estime que parmi les joueurs fumeurs, moins de **30 %** sont des filles.

Données

30 % des joueurs interrogés sont fumeurs.
Le résultat du sondage est modélisé par l'arbre de probabilités ci-contre.
Soit les évènements **A** et **B** définis par :

- Évènement **A** : « Le joueur interrogé est fumeur »,
- Évènement **B** : « Le joueur interrogé est une fille ».

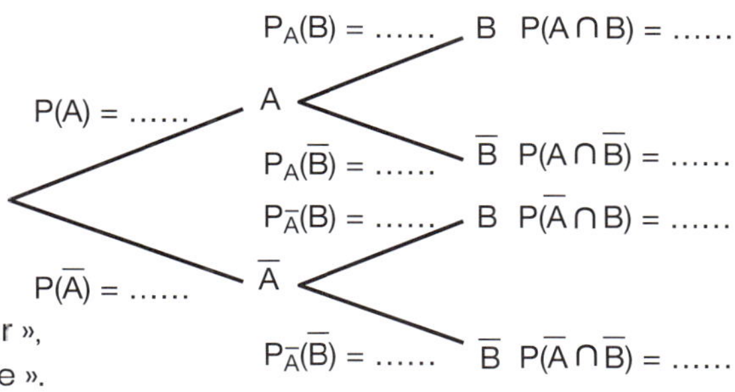

Problématique — L'estimation d'Emma est-elle correcte ?

S'approprier 1 2 3 4

1 **Rédiger** les attentes de la problématique pour définir les objectifs de la **mission**.

Ma mission : ....

2 **Définir** brièvement l'évènement $\overline{A}$ et l'évènement $\overline{B}$.

3 **Compléter** les égalités suivantes : $P(A)$ = ... $P(\overline{A})$ = ... $P(A \cap B)$ = ... $P(\overline{A} \cap B)$ = ...
Reporter ces valeurs dans l'arbre de probabilités ci-dessus.

Analyser - Raisonner 1 2 3 4

Communiquer 1 2 3 4

4 **Émettre** une conjecture permettant de **répondre** à la problématique.

Présenter cette conjecture aux autres apprenants et **écouter** attentivement les leurs.

Analyser - Raisonner 1 2 3 4

Réaliser 1 2 3 4

5 **Compléter** le tableau suivant.

	Fumeur	Non-fumeur	Total
Filles	....	0,322	0,46
Garçons	0,162	....	....
Total	0,3	....	1

a. **Calculer** la probabilité $P_A(B)$.

b. **Calculer** la probabilité $P_{\overline{A}}(B)$.

Valider 1 2 3 4

Communiquer 1 2 3 4

6 **Compléter** l'arbre de probabilités puis **répondre** à la problématique en rédigeant la réponse.

Présenter oralement la réponse rédigée au professeur.

SYNTHÈSE Arbre pondéré de probabilités

Une expérience aléatoire peut être modélisée par un arbre de probabilités.
Une **probabilité conditionnelle** est la probabilité de réalisation d'un évènement sachant qu'une condition doit être respectée : un autre évènement est réalisé auparavant.

Soit deux évènements **A** et **B** d'un même univers avec $\overline{A}$ et $\overline{B}$ leur évènement contraire respectif.

Un arbre de probabilités ou arbre pondéré est un outil graphique qui permet de modéliser des probabilités conditionnelles.

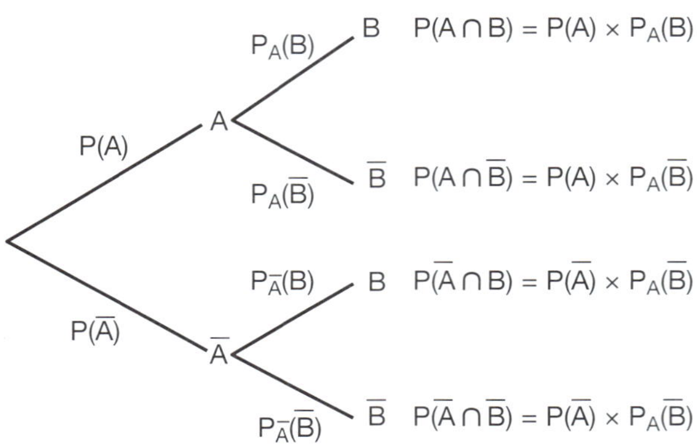

La réalisation d'un arbre de probabilités dépend de l'énoncé de la situation aléatoire.

a. La probabilité que l'évènement **B** se réalise sachant que l'évènement **A** est réalisé est noté $P_A(B)$:

$$P_A(B) = \frac{P(A \cap B)}{P(A)} \text{ avec } P(A) \neq 0.$$

b. La somme des probabilités portées par les branches issues d'un même **nœud** est égale à 1 :

- $P(A) + P(\overline{A}) = 1$
- $P_A(B) + P_A(\overline{B}) = 1$
- $P_{\overline{A}}(B) + P_{\overline{A}}(\overline{B}) = 1.$

c. La probabilité d'un évènement est la somme des probabilités des branches qui aboutissent à cet évènement **:**

- $P(B) = P(A \cap B) + P(\overline{A} \cap B)$
- $P(\overline{B}) = P(A \cap \overline{B}) + P(\overline{A} \cap \overline{B}).$

Pour exploiter un arbre de probabilités

La probabilité de réalisation des deux évènements **A** et **B**, est décrite par l'arbre de probabilités suivant.

Compléter *les différentes branches à l'aide des relations précédentes.*

***Préciser** les calculs.*

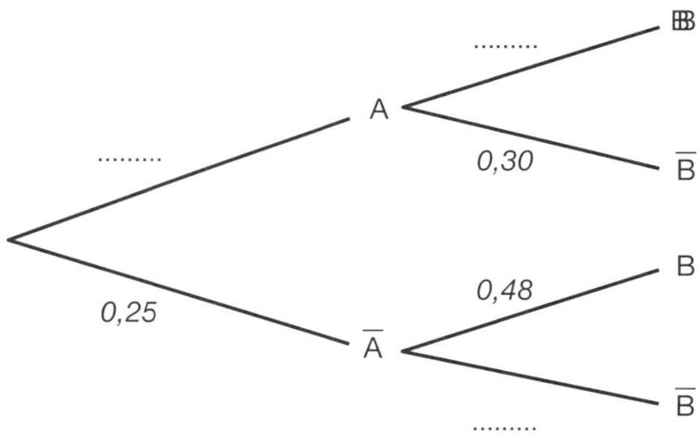

1. **Déterminer** la probabilité que **B** se réalise sachant que **A** est réalisé : $P_A(B)$.
2. **Déterminer** la probabilité que **B** se réalise sachant que $\overline{A}$ est réalisé : $P_{\overline{A}}(B)$.
3. **Calculer** la probabilité de $A \cap B$.
4. **Calculer** la probabilité de $\overline{A} \cap B$.
5. **En déduire** la probabilité de l'évènement **B**.
6. **Déterminer** la probabilité que $\overline{B}$ se réalise sachant que **A** est réalisé : $P_A(\overline{B})$.
7. **Déterminer** la probabilité que $\overline{B}$ se réalise sachant que $\overline{A}$ est réalisé : $P_{\overline{A}}(\overline{B})$.
8. **Calculer** la probabilité de $A \cap \overline{B}$.
9. **Calculer** la probabilité de $\overline{A} \cap \overline{B}$.
10. **En déduire** la probabilité de l'évènement $\overline{B}$.

Tableau des probabilités conditionnelles

Un tableau à double entrée permet de modéliser les issues d'une expérience aléatoire.
Le tableau de probabilités s'applique aux évènements qui se réalisent simultanément.
Il permet le calcul d'une **probabilité conditionnelle**, « **L'univers des possibles** » est alors restreint par la condition.

Soit deux évènements **A** et **B** d'un même univers avec $\overline{A}$ et $\overline{B}$ leur évènement contraire respectif.

Un tableau de probabilités indique la probabilité de réalisation des évènements **A** et **B**.

	A	$\overline{A}$	Total
B	$P(A \cap B)$	$P(\overline{A} \cap B)$	$P(B)$
$\overline{B}$	$P(A \cap \overline{B})$	$P(\overline{A} \cap \overline{B})$	$P(\overline{B})$
Total	$P(A)$	$P(\overline{A})$	$P(\Omega)$

Ω est « **L'univers des possibles** » : $P(\Omega) = 1$

a. La probabilité d'un évènement **A** est donnée par :

$$P(A) = \frac{\text{Nombre de cas favorables}}{\text{Nombre de cas possibles}}$$

b. La probabilité de l'évènement contraire $\overline{A}$ de **A** est : $P(\overline{A}) = 1 - P(A)$.

c. La probabilité de l'intersection de deux évènements **A** et **B** indépendants et non-incompatibles est donnée par : $P(A \cap B) = P(A) \times P(B)$.

d. La probabilité que l'évènement **A** se réalise sachant que l'évènement **B** est réalisé est notée $P_B(A)$ et se calcule à partir de :

$$P_B(A) = \frac{P(A \cap B)}{P(B)} \text{ avec } P(B) \neq 0.$$

Pour la probabilité conditionnelle $P_B(A)$, « l'univers des possibles » est restreint à l'univers de l'évènement **B**.

e. La probabilité que l'évènement **B** se réalise sachant que l'évènement **A** est réalisé est notée $P_A(B)$ et se calcule à partir de :

$$P_A(B) = \frac{P(A \cap B)}{P(A)} \text{ avec } P(A) \neq 0.$$

Pour la probabilité conditionnelle $P_A(B)$, « l'univers des possibles » est restreint à l'univers de l'évènement **A**.

3 Pour exploiter un tableau de probabilités

Suivre les indications données ci-dessus.

Soit le tableau de probabilités indiquant le nombre d'issues des évènements **A** et **B**.

	A	$\overline{A}$	Total
B	4,5	18	22,5
$\overline{B}$	3	12	15
Total	7,5	30	37,5

1. **Montrer** que $P(A \cap B) = 0{,}12$
2. **En déduire** le tableau de probabilité associé.

	A	$\overline{A}$	Total
B	....	....	0,6
$\overline{B}$	....	....	....
Total	....	0,8	1

3. **Compléter** les probabilités :
   $P(A) = ...$ et $P(B) = ...$
4. **Vérifier** l'égalité $P(A \cap B) = P(A) \times P(B)$.
5. **Calculer** la probabilité que l'évènement **A** se réalise sachant que l'évènement **B** est réalisé.
6. **Calculer** la probabilité que l'évènement **B** se réalise sachant que l'évènement **A** est réalisé.

Exercices

Vérification des connaissances

TOP CHRONO
☐ 5 minutes ☐ 10 minutes

Cocher la bonne réponse.

1 La probabilité d'un évènement contraire $\overline{A}$, est donné par : $P(\overline{A}) = 1 - P(A)$ ❑ *Vrai* ❑ *Faux*

2 On considère l'arbre de probabilités ci-contre :

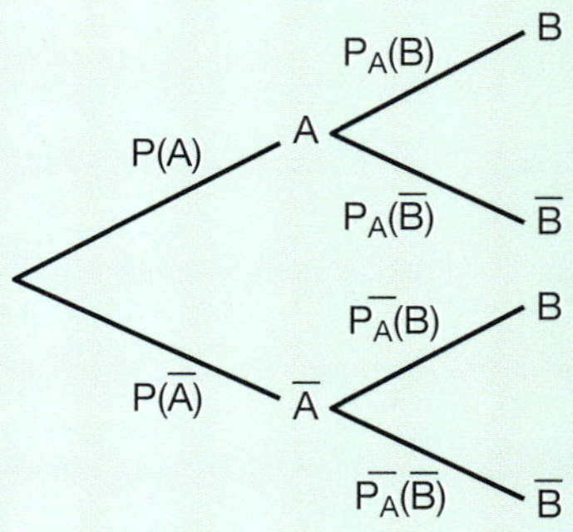

a. La probabilité que l'évènement **A** se réalise, sachant que l'évènement **B** est réalisé s'écrit : ❑ $P_B(A)$ ❑ $P_A(B)$

b. La probabilité que l'évènement **B** se réalise, sachant que l'évènement **A** est réalisé s'écrit : ❑ $P_B(A)$ ❑ $P_A(B)$

c. La probabilité de l'évènement **A ∩ B** est donnée par l'égalité :
❑ $P(A \cap B) = P(A) \times P(B)$ ❑ $P(A \cap B) = P(A) \times P_A(B)$

d. La probabilité de l'évènement $A \cap \overline{B}$ est donnée par l'égalité :
❑ $P(A \cap \overline{B}) = P(A) \times P(\overline{B})$ ❑ $P(A \cap \overline{B}) = P(A) \times P_A(\overline{B})$

e. La probabilité de l'évènement $\overline{A} \cap B$ est donnée par l'égalité :
❑ $P(\overline{A} \cap B) = P(\overline{A}) \times P_A(\overline{B})$ ❑ $P(\overline{A} \cap B) = P(\overline{A}) \times P_{\overline{A}}(B)$

3 La probabilité de l'évènement **B** est donnée par l'égalité :
❑ $P(B) = P(A \cap B) + P(A \cap \overline{B})$ ❑ $P(B) = P(A \cap B) + P(\overline{A} \cap B)$ ❑ *Autre : ....*

Entraînements

Exercice 1

L'urne

On considère deux urnes contenant des bonbons de couleurs différentes.
Le contenu de chaque urne est décrit par l'arbre de probabilités ci-dessous.
Un tirage aléatoire d'un bonbon est effectué dans **l'urne 1** puis dans **l'urne 2**.
Les bonbons ont la même probabilité d'être obtenus, avec :

- **R** l'évènement : « le bonbon obtenu est rouge »,
- **V** l'évènement : « le bonbon obtenu est vert »,
- **B** l'évènement : « le bonbon obtenu est bleu ».

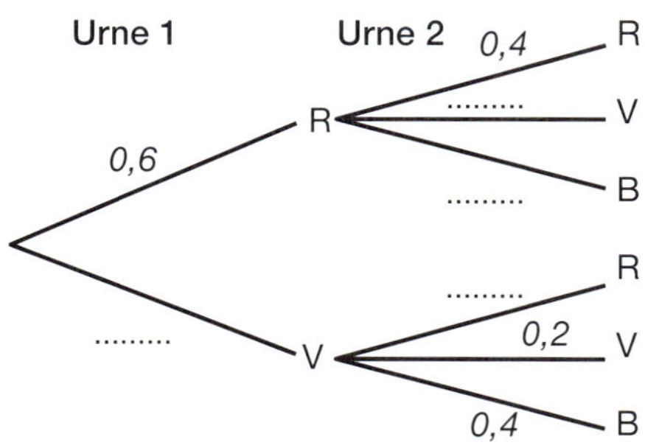

Analyser - Raisonner 1 2 3 4
Réaliser 1 2 3 4

1 **Compléter** l'arbre de probabilités ci-dessus.

2 **Compléter** les probabilités $P_R(R) = ...$ et $P_V(R) = ...$

a. **Calculer** la probabilité de l'évènement : **R ∩ R**.

b. **Calculer** la probabilité de l'évènement : **V ∩ R**.

3 **Calculer** la probabilité d'obtenir au moins un bonbon rouge : **P (au moins R)**.

Approfondissements

Exercice 2

La société de téléphonie

Marc est le gérant d'une société de téléphonie.
18 % des salariés sont des femmes, **25 %** des hommes portent des lunettes et **60 %** des femmes portent des lunettes.
Marc estime que les salariés portant des lunettes sont majoritairement des femmes.
Soit les évènements **A**, **B** et **C** définis par :

- Évènement **A** : « le salarié est une femme »
- Évènement **B** : « le salarié est un homme »
- Évènement **C** : « le salarié porte des lunettes ».

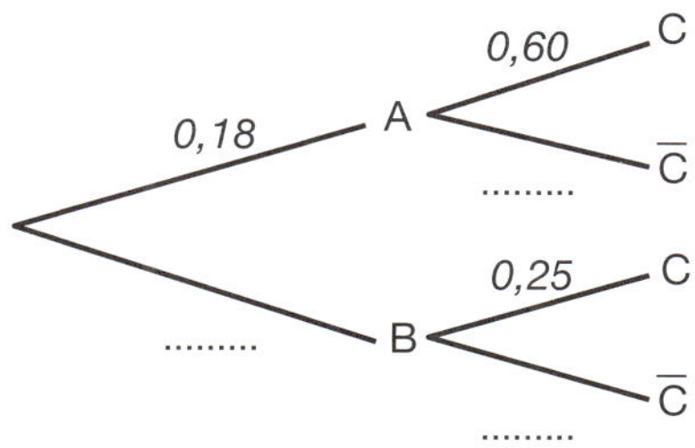

Analyser - Raisonner 1 2 3 4
Réaliser 1 2 3 4

1 **Écrire** les égalités traduisant les affirmations suivantes :
a. **82 %** des salariés sont des hommes.
b. **40 %** des salariés ne portant pas de lunettes sont des femmes.
c. **25 %** des salariés portant des lunettes sont des hommes.

2 **Compléter** les égalités suivantes : $P_A(C) = ...$ et $P_B(C) = ...$

3 **Calculer** la probabilité de l'évènement **A ∩ C** à partir de : $P(A \cap C) = P(A) \times P_A(C)$.

4 **Calculer** la probabilité de l'évènement **B ∩ C** à partir de : $P(B \cap C) = P(B) \times P_B(C)$.

5 **Répondre** à la problématique en rédigeant la réponse.

Autoévaluation

Exercice 3

Eva est médecin, elle a vacciné **65 %** de ses patients.
2 % des patients vaccinés tombent malades, **45 %** des patients non vaccinés tombent malades.
Soit les évènements **A** et **B** définis par :

- Évènement **A** : « le patient est vacciné »
- Évènement **B** : « le patient tombe malade ».

Eva estime qu'environ **17 %** de ses patients tombent malades.

Problématique : ***L'estimation de Eva est-elle correcte ?***

S'approprier 1 2 3 4
Analyser - Raisonner 1 2 3 4
Communiquer 1 2 3 4

1 **Compléter** l'arbre de probabilité ci-contre.
En déduire les égalités suivantes :
$P(A) = ...$ $P(\overline{A}) = ...$ $P_A(B) = ...$ $P_{\overline{A}}(B) = ...$

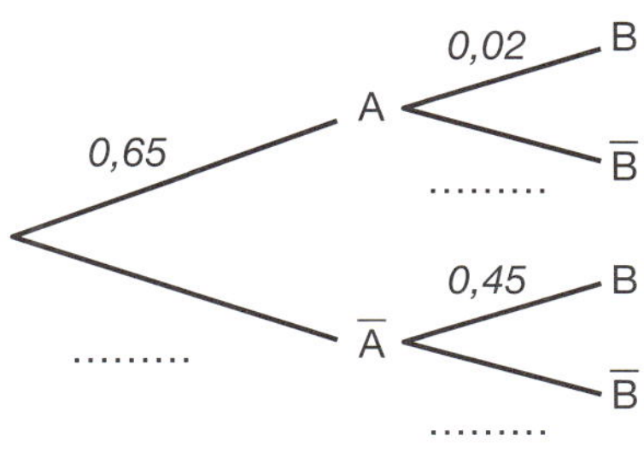

Réaliser 1 2 3 4
Analyser - Raisonner 1 2 3 4

2 **Calculer** la probabilité de l'évènement **A ∩ B**.

3 **Calculer** la probabilité de l'évènement $\overline{A}$ **∩ B**.

4 **Calculer** la probabilité de l'évènement **B**.

Valider 1 2 3 4
Communiquer 1 2 3 4

5 **Répondre** à la problématique en rédigeant la réponse.

Situations de SP3 et SP4

Exercice 1

Le chiffre d'affaires

Sandy lance une gamme de « produit minceur » de luxe.
Le chiffre d'affaires réalisé, en dizaine d'euros, en fonction du nombre de produits vendus est indiqué par la série statistique donnée dans le tableau. Cette série statistique suit une courbe de tendance polynomiale.

Nombre de produits vendus x_i	2	3	4	5	6	7	8
Chiffre d'affaires réalisé y_i	60	92	120	138	159	170	182

Sandy estime qu'en vendant **10** « produits minceur », elle réalisera un chiffre d'affaires de **1 900 euros**.

Analyser - Raisonner
Réaliser

1 **Visualiser** le nuage de points de la série statistique à l'aide d'un fichier **Excel**.

2 **En déduire** que l'équation $y = -2{,}1x^2 + 41{,}3x - 13{,}3$ permet d'effectuer un ajustement.

3 **Répondre** à la problématique posée.

Exercice 2

Le bénéfice

Yvan est négociant en produits agricoles. Le premier mois il réalise un bénéfice de **3 000 euros**. La série statistique décrite dans le tableau indique le bénéfice réalisé tous les mois pendant **17 mois**. **Yvan** estime que le vingtième mois, il réalisera un bénéfice d'au moins **6 000 euros**.

Rang du mois x_i	1	3	5	7	9	11	13	15	17
Bénéfice y_i	30	39,5	43	46,5	49	50	52	53,5	54,5

La représentation graphique, **figure 1**, décrit la série statistique.

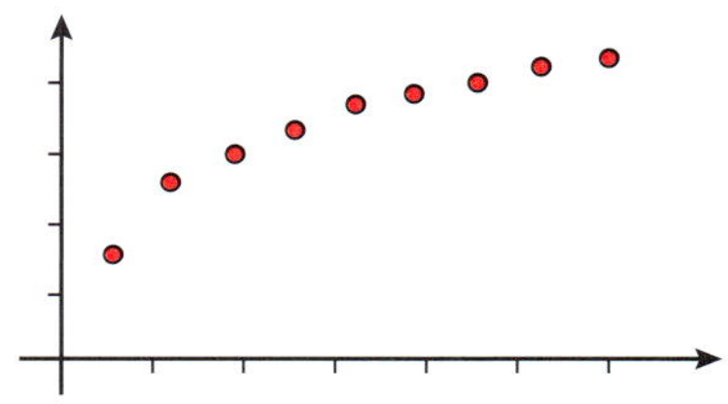

Figure 1

Analyser - Raisonner
Réaliser

1 **Répondre** à la question suivante.
La forme du nuage suggère-t-elle un ajustement affine ?

2 **Compléter** le tableau ci-dessous.
On pose $t = \log x$. **Arrondir** les valeurs de t à 0,01.

t_i	0	0,47	0,69	......	......	1,04	......	1,17	......
y_i	30	39,5	43	46,5	49	50	52	53,5	54,5

3 **Placer** les points de coordonnées $(t\,;y)$ dans un nouveau repère.
a. **Utiliser** les fonctionnalités d'un fichier **Excel**.
b. **Déterminer** l'équation de la droite d'ajustement : $y = at + b$.

4 **En déduire** l'équation de l'ajustement logarithmique : $y = a \log x + b$.

5 **Répondre** à la problématique posée.

Exercice 3

Ajustement exponentiel

On considère la série statistique décrite dans le tableau :

x_i	1	2	3	4	5	6	7	8	9
y_i	4,5	10	22	49	109	243	541	1203	2 679
z_i	1,5	......	3,1	3,9	......	......	6,3	......	7,9

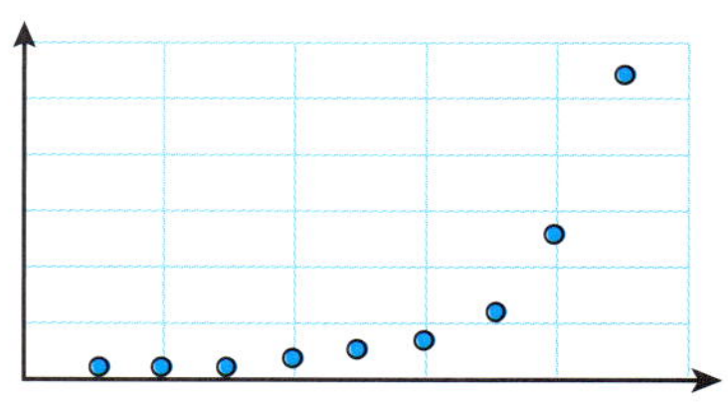

Figure 2

Analyser - Raisonner
Réaliser

1 **Vérifier** que la forme du nuage de point $(x\,;y)$, **figure 2**, ne permet pas un ajustement affine en utilisant le **mode statistique** de la **calculatrice** ou les fonctionnalités d'un fichier **Excel**.

2 **Compléter** le tableau ci-dessus, on pose $z = \ln y$. **Arrondir** les résultats à 0,1.

3 **Vérifier** que la droite d'ajustement affine obtenue a pour équation $z = 0{,}8x + 0{,}7$.

Exercice 4

Les oranges

Noha est vendeur dans une épicerie. Il vend des oranges provenant d'Espagne et d'autres du Maroc. On considère les évènements :

- Évènement **A** : « les oranges proviennent d'Espagne ».
- Évènement **B** : « les oranges proviennent du Maroc ».
- Évènement **C** : « les oranges sont Bio ».

Indiquer le type de probabilité à laquelle correspondent chacune des affirmations suivantes. **Justifier** les réponses.

Analyser - Raisonner 1 2 3 4
Réaliser 1 2 3 4

1 **23 %** des oranges proviennent d'Espagne et sont Bio.

2 **48 %** des oranges proviennent du Maroc et ne sont pas Bio.

3 **35 %** des oranges sont Bio.

4 Parmi les oranges provenant d'Espagne, **57,5 %** sont Bio.

5 Parmi les oranges provenant du Maroc, **20 %** sont Bio.

Exercice 5

Le drone

Ali est le gérant d'un magasin de jouets. Il a en stock des drones d'une même gamme, ils sont soit rouges soit bleus et certains présentent un défaut.
72 % des drones sont rouges.

- **5 %** des drones rouges présentent un défaut,
- **10 %** des drones bleus présentent un défaut.

On définit les évènements **A**, **B** et **C** par :

- Évènement **A** : « Le drone est rouge »,
- Évènement **B** : « Le drone est bleu »,
- Évènement **C** : « Le drone présente un défaut ».

Ali estime que la probabilité de choisir un drone présentant un défaut est inférieure à **6,5 %**.

Analyser - Raisonner 1 2 3 4
Réaliser 1 2 3 4

1 **Compléter** l'arbre de probabilité précédent.

2 **En déduire** les probabilités : $P_A(C)$ et $P_B(C)$.

3 **Calculer** la probabilité de l'évènement **A ∩ C**.

4 **Calculer** la probabilité de l'évènement **B ∩ C**.

5 **Calculer** la probabilité de l'évènement **C**.

6 **Répondre** à la problématique posée.

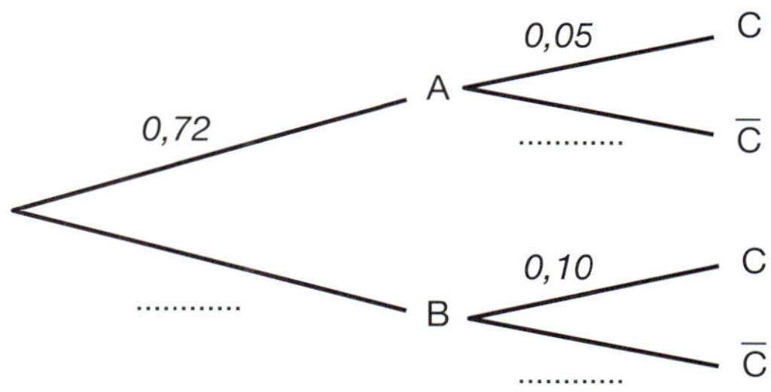

Exercice 6

L'école

Emma est directrice d'une école primaire. Parmi les élèves de l'école, certains sont droitiers et d'autre gauchers. **Emma** effectue un sondage, auprès des élèves : **3 %** des élèves sont des filles gauchères, **66 %** des élèves sont des garçons droitiers, **12 %** des élèves sont gauchers.

Le résultat du sondage est donné dans le tableau.
Soit les évènements **A** et **B** :

- Évènement **A** : « L'élève interrogé est droitier »,
- Évènement **B** : « L'élève interrogé est un garçon ».

Emma estime que la probabilité d'interroger un élève droitier est de **88 %**.

Analyser - Raisonner 1 2 3 4
Réaliser 1 2 3 4

1 **Recopier** et **compléter** le tableau.

2 **Calculer** les probabilités : $P_B(A)$ et $P_{\overline{B}}(A)$.

3 **Répondre** à la problématique.

	Droitiers	Gauchers	Total
Filles	......	0,03	......
Garçons	0,66	......	......
Total	......	......	1

AA

7 Calculs commerciaux et financiers

Étudier un placement • Compléter un tableau d'amortissement

Je découvre

Arnaud et **Angélique** veulent acheter une maison.
Il y a 5 ans, ils ont placé 80 000 € avec des intérêts composés au taux annuel de 4,5 %.
Ils ont besoin de 20 000 € d'intérêts pour lancer le projet.

Info

Les intérêts composés sont des intérêts calculés à la fin d'une période et réinjectés dans le capital de départ.
On parle de capitalisation des intérêts au travers de la relation :

$$C_n = C_0(1 + t)^n$$

avec :
- C_n : valeur acquise après n périodes
- C_0 : valeur du capital de départ
- t : taux périodique du placement sur n périodes.

1 Quel est le montant de la valeur acquise par Arnaud et Angélique?

2 À combien s'élève le montant des intérêts gagnés ?

3 Arnaud et Angélique pourront-ils acheter leur maison cette année ?

Recherche personnelle

Effectuez une recherche sur un des deux thèmes proposés :

- ☐ Les emprunts dans l'immobilier
- ☐ La capitalisation des intérêts

À retrouver en ligne

Rendez-vous sur votre Site compagnon !

- Démarche d'investigation
- Outils calculatrice
- À l'oral
- Méthode
- Évaluation
- Excel

Je teste mes automatismes

Exemple 1

Magali veut s'acheter une nouvelle voiture. Elle place un capital de **15 000 €** au taux annuel de **7,5 %** pendant **480 jours**. La voiture coûte **16 499 €**. Le vendeur lui propose une remise de **15 %**.

1 **Calculer** l'intérêt simple perçu en euro.

2 **Déterminer** la valeur acquise à l'issue du placement.

3 **Magali** peut-elle acheter la voiture ?

Exemple 2

Mickaël a reçu une lettre de sa banque pour lui annoncer que la valeur acquise sur son livret est de **8 550 €** durant les **8 années de placement**. Il remarque que les intérêts simples correspondent à **20 %** de la valeur acquise.

1 **Déterminer** la valeur des intérêts.

2 **Calculer** son capital de départ il y a **8 ans**.

3 **Calculer** le taux annuel dont **Mickaël** a bénéficié.

COUP DE POUCE

Les suites géométriques

Une suite géométrique est une suite de nombres, pour lesquels, pour passer d'un terme au suivant, il faut multiplier par un même nombre appelé raison q.

La relation générale est : $U_{n+1} = U_n \times q$.

Exemple 1 : La suite géométrique 1 ; 3 ; 9 ; 27 a pour raison $q = 3$ et le terme suivant, le cinquième est donné par : $U_5 = U_4 \times q$ scit 27 × 3 donc 81.

Les différents taux

Les taux peuvent être de différents types : annuel, mensuel, par quinzaine ou journalier.

Une année commerciale est équivalente à 360 jours, 24 quinzaines et 12 mois.

$$\text{Si } t = t_{\text{annuel}} \text{ alors } t_{\text{journalier}} = \frac{t}{360} \quad t_{\text{quinzaines}} = \frac{t}{24} \quad t_{\text{mois}} = \frac{t}{12}$$

Exemple 2 : Un taux annuel de 6 % correspond à un taux mensuel de $\frac{6}{12}$ soit 0,5 %.

Le logarithme décimal

Le logarithme décimal de x se note $log(x)$.
Pour tout réel x, il existe un nombre a tel que $10^a = x$.

Relation générale : $log(x) = a$ équivaut à $x = 10^a$

Exemple 5 : $10^4 = 10\,000$ et $log(10\,000) = 4$.

Activité 1

Maîtriser la valeur acquise

Contexte — Le bon choix

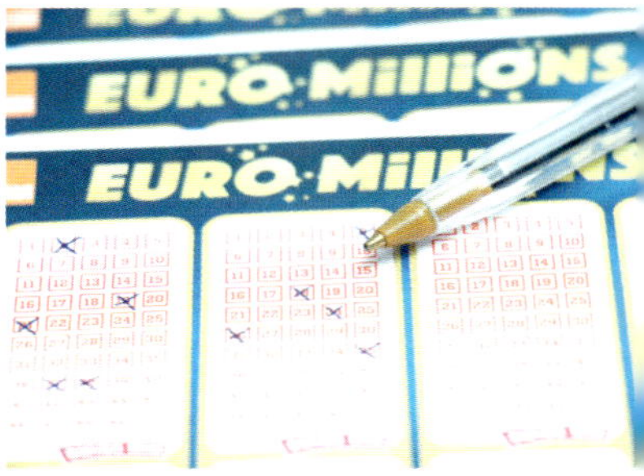

Dylan vient de gagner **300 000 € à l'Euromillions**. Il veut investir cette somme pour capitaliser et devenir « millionnaire ». Il a reçu **Matthieu**, **Afif** et **Ibukun** qui lui ont proposé trois projets.
Deux projets ne lui permettent pas de placer tout son capital.
Sur les conseils de ses amis il a choisi de confier son argent à **Matthieu** qui lui propose d'utiliser la totalité de la somme gagnée.

Données

Les différentes propositions sont les suivantes :

Proposition	Capital de départ en €	Durée de placement	Valeur acquise à la fin du placement en €	Taux pour un placement annuel
Matthieu	300 000	60 mois		5 %
Afif	250 000	2 520 jours		6 %
Ibukun	270 000		393 968,4	6,5 %

Problématiques

1. Dylan a-t-il bien fait d'écouter ses amis ?
2. Combien d'années Dylan va-t-il devoir attendre avant d'être millionnaire ?

PARTIE 1 : Des amis de bons conseils ?

S'approprier

1 **Rédiger** les attentes de la **problématique 1** pour définir les objectifs de la **mission 1**.

Ma mission 1 : ....

Analyser - Raisonner
Réaliser

2 **Écrire** la relation donnant le nombre de périodes n à partir de la relation : $C_n = C_0(1 + t)^n$.

Info

Une année commerciale est équivalente à 360 jours, 24 quinzaines et 12 mois.

3 **Compléter** le tableau en détaillant les calculs.

Matthieu : Valeur acquise en € à la fin du placement	Afif : Valeur acquise en € à la fin du placement	Ibukun : Durée du placement en année

Valider
Communiquer

4 **Répondre** à la **problématique 1** en rédigeant la réponse.

PARTIE 2 : La patience est-elle payante ?

S'approprier

1 **Rédiger** les attentes de la **problématique 2** pour définir les objectifs de la **mission 2**.

Ma mission 2 : ....

Réaliser

2 **Calculer** avec la proposition d'**Ibukun** le nombre d'années nécessaires à **Dylan** pour réaliser son objectif.

Valider

Communiquer

3 **Répondre** à la **problématique 2** en rédigeant la réponse.

Activité 2 Maîtriser un tableau d'amortissement

Contexte — Le crédit à la consommation

Matthias et **Andréa** ont décidé d'acheter une villa.
Ils vont souscrire un crédit de **90 000 €** durant **5 ans**.
Le taux de remboursement est de **6 % par an**.
La banque leur propose deux possibilités :

- un remboursement par annuité constante
- un remboursement par amortissement constant.

Sébastien, leur comptable, a réalisé deux tableaux **Excel** pour leur montrer les simulations.

Problématique — Quel type de remboursement Matthias et Andréa doivent-ils choisir ?

PARTIE 1 : Le remboursement par annuités constantes

S'approprier

1 **Rédiger** les attentes de la **problématique** pour définir les objectifs de la **mission**.

Ma mission 1 : ....

Analyser - Raisonner

2 **Calculer** le montant de l'annuité constante et **arrondir** le résultat à 0,01.

Réaliser

3 **Construire** le tableau **Excel** pour le remboursement par annuité constante en suivant les informations suivantes :

	A-B	C-D	E-F	G-H	I-J	K-L
1-2	Année de remboursement	Montant du crédit (K) Capital début d'exercice	Intérêts I=(K × t)	Amortissement (Remboursement) R= A -I	Annuité A	Evolution du crédit (K) Capital fin d'exercice K-R
3	N=1					
4	N=2					
5	N=3					
6	N=4					
7	N=5					
8						

Analyser - Raisonner
Réaliser

4 **Appliquer** les consignes suivantes pour compléter le tableau :

a. **Saisir** dans ***C3*** la valeur **90 000**.

b. **Saisir** la valeur de l'annuité dans la colonne ***I***.

c. **Saisir** dans ***E3*** la formule = ***C3*** **× 0,06**.

d. **Saisir** dans ***G3*** la formule ***I3* – *E3***.

e. **Saisir** dans ***K3*** la formule ***C3* – *G3***.

f. **Saisir** dans ***C4*** la formule = ***K3***.

g. **Cliquer** et **tirer** sur les cellules pour compléter automatiquement la fin du tableau.

h. **Saisir** dans ***E8*** la formule = ***somme*(*E3* : *E7*)**.

Info 1

L'annuité est le montant payé par l'emprunteur à chaque échéance et est donnée par la relation :

$$A = K \times \frac{t}{1-(1+t)^{-n}} \text{ avec :}$$

- A : annuité constante
- K : montant de l'emprunt
- t : taux de l'emprunt
- n : durée de l'emprunt

Analyser - Raisonner

5 **Donner** les intérêts que **Matthias** et **Andréa** vont payer avec cette méthode de remboursement.

PARTIE 2 : Le remboursement par amortissement constant.

Analyser - Raisonner
Réaliser

6 **Calculer** le montant de l'amortissement constant.

7 **Construire** le tableau **Excel** dans une nouvelle page pour le remboursement par amortissement constant en suivant les informations suivantes :

	A–B	C–D	E–F	G–H	I–J	K–L
1–2	Année de remboursement	Montant du crédit (K) Capital début d'exercice	Intérêts I=(K × t)	Amortissement (Remboursement) R= K/5	Annuité A = R+I	Evolution du crédit (K) Capital fin d'exercice K-R
3	N=1					
4	N=2					
5	N=3					
6	N=4					
7	N=5					
8						

8 **Appliquer** les consignes suivantes pour compléter le tableau :

a. **Saisir** dans ***C3*** la valeur **90 000**.

b. **Saisir** la valeur de l'annuité dans la colonne ***G***.

c. **Saisir** dans ***E3*** la formule = ***C3*** **× 0,06**.

d. **Saisir** dans ***I3*** la formule ***G3* + *E3***.

e. **Saisir** dans ***K3*** la formule ***C3* – *G3***.

f. **Saisir** dans ***C4*** la formule = ***K3***.

g. **Cliquer** et **tirer** sur les cellules pour compléter automatiquement la fin du tableau.

h. **Saisir** dans ***E8*** la formule = ***somme*(*E3* : *E7*)**.

Info 2

L'amortissement est le remboursement du capital emprunté et est donné par la relation :

$$R = \frac{K}{n} \text{ avec :}$$

- K : montant de l'emprunt
- R : amortissement ou remboursement
- n : durée de l'emprunt

Analyser - Raisonner

9 **Donner** les intérêts que **Matthias** et **Andréa** vont payer avec cette méthode de remboursement.

Valider
Communiquer

10 **Répondre** à la problématique en rédigeant la réponse.

Maîtriser les taux de placement

Contexte — Quel taux choisir ?

Linda veut placer ses **8 000 €** d'économie pour une **durée de deux ans**.
Sa banquière, **Thaïs**, lui propose les deux possibilités suivantes :

- un taux annuel de **7 %**
- un taux mensuel de **0,6 %**.

Linda ne sait pas quelle option elle doit choisir pour avoir la plus grande valeur acquise à la fin de son placement.

Problématique — Quel est le choix optimal pour Linda ?

S'approprier 1 2 3 4

1 **Rédiger** les attentes de la **problématique** pour définir les objectifs de la **mission**.

Ma mission 1 : ....

Analyser - Raisonner 1 2 3 4

Réaliser 1 2 3 4

2 **Calculer** la valeur acquise avec le **taux annuel de 7 %**.

3 **Déterminer** la formule du taux mensuel équivalent.

4 **Calculer** le taux mensuel équivalent.

5 **Calculer** la valeur acquise avec le taux mensuel de **0,6 %**.

6 **Calculer** le taux annuel équivalent.

Valider 1 2 3 4

Communiquer 1 2 3 4

7 **Répondre** à la problématique en rédigeant la réponse.

Info

Le taux équivalent I_x à l'intérêt annuel I pour une fraction de l'année est le taux pour lequel la somme des périodes permet d'arriver à une même valeur acquise.

$K(1 + I_x)^{nx} = K(1 + I)^n$ avec :

- K : montant de l'emprunt
- I : intérêt
- x dépend du nombre de périodes
- x =12 pour équivalent mensuel
- n : durée de l'emprunt

SYNTHÈSE Calculs commerciaux et financiers

A Intérêts composés et taux

1. **L'intérêt** est le revenu d'une somme d'argent prêtée ou placée.
2. **Les intérêts composés** sont des intérêts calculés à la fin d'une période et réinjectés dans le capital de départ. On parle de capitalisation des intérêts pour la relation : $C_n = C_0(1+t)^n$ avec :
   - C_n : valeur acquise après n périodes
   - C_0 : valeur du capital de départ
   - t : taux périodique du placement
   - n : nombre de périodes.
3. **La valeur acquise** est la somme disponible à la fin du placement.

B Emprunts

1. **L'annuité** est le montant payé par l'emprunteur à chaque échéance et est définie par la relation :

$$A = K \times \frac{t}{1-(1+t)^{-n}} \text{ où :}$$

   - A : annuité constante
   - K : montant de l'emprunt
   - t : taux de l'emprunt
   - n : durée de l'emprunt.

2. **L'amortissement** est le remboursement du capital emprunté et est défini par la relation : $R = \frac{K}{n}$ avec :
   - K : montant de l'emprunt
   - R : amortissement ou remboursement
   - n : durée de l'emprunt.

C Taux équivalent

1. **Les taux sont :** annuels, mensuels, par quinzaines ou journaliers.
Une année commerciale est équivalente à 360 jours, 24 quinzaines et 12 mois. On a donc :

$$\text{si } t = t_{annuel} \text{ alors } t_{journalier} = \frac{t}{360} \quad t_{quinzaines} = \frac{t}{24} \quad t_{mois} = \frac{t}{12}$$

2. **Le taux équivalent** I_x à l'intérêt annuel I, pour une fraction de l'année, est le taux pour lequel la somme des périodes permet d'arriver à une même valeur acquise.

$$K(1+I_x)^{nx} = K(1+I)^n$$

avec K : capital I : intérêt n : durée de l'emprunt
et x qui dépend du nombre de période. Exemple : $X = 12$ pour équivalent mensuel.

D Pour maîtriser les calculs commerciaux et financiers

Appliquer suivant le cas la bonne relation

Exemple 1 : Ambre place **3 500 €** avec des intérêts composés sur un compte au taux de **3 %** annuel.

1. **Déterminer** la valeur acquise au bout d'un an.
2. **Déterminer** la valeur acquise après **30 mois**.

Exemple 2 : L'entreprise **MAS** veut investir dans une nouvelle machine. Elle a une offre de crédit de **25 000 €** sur **3 ans** à **4 %** soit par annuité constante soit par amortissement constant.

1. **Calculer** le montant de l'annuité constante.
2. **Calculer** le montant de l'amortissement constant.
3. **Établir** le tableau d'amortissement pour ces deux options d'emprunt.
4. **Déterminer** le coût de chacun de ces emprunts.
5. **Donner** le type d'emprunt que la MAS doit choisir.

Exemple 3 : Le banquier de **Thomas** lui propose un taux annuel de **12 %**. Il vaudrait connaitre le taux mensuel équivalent et le taux trimestriel équivalent pour comparer avec d'autres offres.

1. **Calculer** le taux mensuel équivalent.
2. **Calculer** le taux trimestriel équivalent.

TOP CHRONO

☐ 5 minutes ☐ 10 minutes

Vérification des connaissances

1 **Calculer** la valeur acquise avec des intérêts composés pour un placement de **14 500 €** à **8,5 %** annuel au bout de **540 jours** ?

2 **Déterminer** le montant des intérêts composés pour un capital de **1 350 €** à **15 %** annuel pendant **2 ans** ?

3 **Calculer** le taux mensuel équivalent à un taux annuel de **10,5 %.**

4 Un crédit de **65 000 €** au taux de **3,5 %** annuel sur **4 ans** est à remboursements à annuité constante.

a. **Déterminer** le montant de l'annuité constante.

b. **Établir** le tableau d'amortissement par remboursement à annuité constante.

c. **Déterminer** le coût total de ce crédit.

Entraînements

1 2 3 4 Réaliser

1 **Compléter** le tableau ci-dessous en détaillant les calculs :

Capital de départ en €	Durée de placement	Valeur acquise en € à la fin du placement	Taux pour un placement annuel
50 000	60 mois		5 %
	1 080 jours	5 747,8	8,5 %
120 000		168 306,2	7 %

1 2 3 4 Réaliser

2 **Compléter** le tableau ci-dessous en détaillant les calculs :

Année de remboursement	Montant du crédit (K) Capital début d'exercice	Intérêts $I = (K \times t)$	Amortissement (Remboursement) $R = K/3$	Annuité $A = R + I$	Évolution du crédit (K) Capital fin d'exercice $K - R$
N = 1	24 000	1 440			
N = 2					
N = 3					
		Total :			

Exercices

Approfondissements

Amaury veut depuis des années s'acheter un chalet à la montagne d'une valeur de **170 000 €**.
Il y a **7 ans**, son épargne de **55 000 €** a été placé sur un livret à intérêts composés au taux de **4,5 %**.

Il a souscrit un crédit de **95 000 €** sur **6 ans** à **3 %** avec des annuités constantes.

Amaury voudrait avoir moins de **10 000 €** d'intérêt à la fin de son remboursement.

Problématiques :

1. ***Amaury a-t-il les moyens de s'acheter son chalet cette année ?***
2. ***L'emprunt choisi respecte-t-il la volonté d'Amaury ?***

S'approprier

1 **Rédiger** les attentes de la **problématique 1** pour définir les objectifs de la **mission**.

Ma mission 1 : ....

Analyser - Raisonner / Réaliser

2 **Calculer** la valeur acquise à la fin du placement d'**Amaury**.

Valider / Communiquer

3 **Répondre** à la **problématique 1** en rédigeant la réponse.

S'approprier

4 **Rédiger** les attentes de la **problématique 2** pour définir les objectifs de la **mission 2**.

Ma mission 2 : ....

Analyser - Raisonner / Réaliser

5 **Construire** le tableau **Excel** pour le remboursement par annuités constantes en suivant les informations suivantes :

Année de remboursement	Montant du crédit (K) Capital début d'exercice	Intérêts I=(K × t)	Amortissement (Remboursement) R= A - I	Annuité A	Evolution du crédit (K) Capital fin d'exercice K-R
N=1					
N=2					
N=3					
N=4					
N=5					
N=6					

Valider / Communiquer

6 **Répondre** à la **problématique 2** en rédigeant la réponse.

Autoévaluation

Durant 9 ans, l'entreprise de **Bastien** a laissé **125 000 €** sur son compte professionnel. Le taux annuel était de **8 %** avec intérêts composés.

Bastien a réalisé un emprunt de **225 000 €** au taux de **4,5 %** sur **4 années** avec un amortissement constant.

Aujourd'hui, il veut acheter un entrepôt d'une valeur de **470 000 €**.

Problématique : ***L'entreprise de Bastien est-elle en mesure d'acheter le nouvel entrepôt ?***

1 2 3 4 *S'approprier*

1 **Rédiger** les attentes de la **problématique** pour définir les objectifs de la **mission**.

Ma mission : ....

1 2 3 4 *Analyser - Raisonner*

1 2 3 4 *Réaliser*

2 **Calculer** la valeur acquise à la fin du placement de **Bastien.**

3 **Calculer** le taux mensuel équivalent au taux de 8 % annuel.

4 **Construire** le tableau **Excel** pour le remboursement par amortissement constant en suivant les informations suivantes :

	A-B	C-D	E-F	G-H	I-J	K-L
1-2	Année de remboursement	Montant du crédit (K) Capital début d'exercice	Intérêts I=(K × t)	Amortissement (Remboursement) R= K/4	Annuité A = R+I	Evolution du crédit (K) Capital fin d'exercice K-R
3	N=1					
4	N=2					
5	N=3					
6	N=4					
7			Total :			

1 2 3 4 *Valider*

1 2 3 4 *Communiquer*

5 **Répondre** à la problématique en rédigeant la réponse.

Grille d'évaluation							
Compétences	*S'approprier*	*Analyser - Raisonner*	*Réaliser*	*Valider*	*Communiquer*	*Être autonome*	Total
Niveau d'acquisition	1 2 3 4	1 2 3 4	1 2 3 4	1 2 3 4	1 2 3 4	1 2 3 4	.../10
Barème	.../2	.../2	.../2	.../1	.../2	.../1	

AA 8 Suites numériques : suites géométriques

Sens de variation d'une suite géométrique • Somme des *n* premiers termes

Je découvre

Une disparition programmée

Tous les quarts d'heure, un éléphant disparaît du fait de l'activité humaine à cause du braconnage ou de l'invasion de leur territoire.
Au Botswana (Afrique) la population du plus grand animal terrestre est en danger. Le nombre d'individus décroît selon une logique macabre comme on peut l'observer sur le graphique ci-contre.

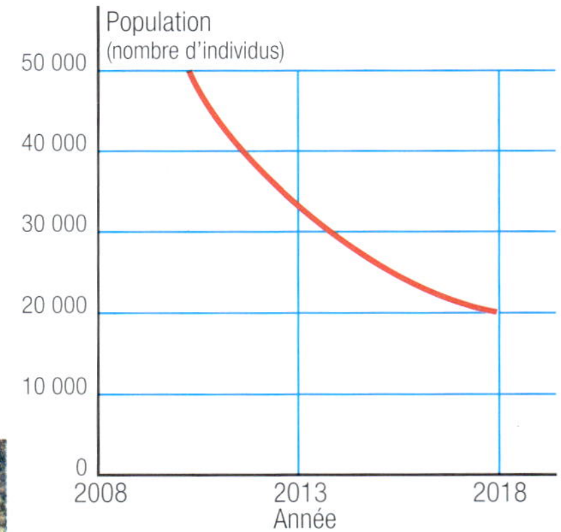

1 **Quand la population d'éléphants au Botswana atteindra-t-elle un point de non-retour ?**

2 **Réaliser et exploiter une représentation graphique du nuage de points $(n\ ;\ u_n)$ dans le cas où (u_n) est une suite géométrique.**

Recherche personnelle

Effectuez une recherche sur un des deux thèmes proposés :

- ☐ Le commerce de l'ivoire en Afrique
- ☐ Exposé sur l'intelligence des éléphants

À retrouver en ligne

Rendez-vous sur votre Site compagnon !

- Démarche d'investigation
- Outils calculatrice
- À l'oral
- Méthode
- Évaluation

Je teste mes automatismes

1 **Calculer** les expressions suivantes. **Arrondir** au centième.

$3^2 = ...$ | $4 \times 3^5 = ...$ | $0,95^9 - 1 = ...$

$1,5^{13} = ...$ | $0,5 \times -2^4 = ...$ | $10\,000 \times 1,03^{10} = ...$

$2 \times 2 = ...$

2 **Exprimer** en écriture décimale les pourcentages suivants.

103 % = ... | 85 % = ...

98 % = ... | 112 % = ...

3 **Associer** à chaque proposition, l'opération qu'elle suggère.

Suite à son entorse, la cheville de Junior a doublé de volume. **1** — **a** × 0,75

Les subventions de l'association ont diminué d'un quart cette année. **2** — **b** × 1,1

Ses primes de résultats permettent à Anissa d'augmenter son salaire de 10 % **3** — **c** × 2

Super ! Gus vient de placer un mot compte triple au Scrabble **4** — **d** × 3

4 **Préciser**, pour chacune des suites suivantes, le sens de variation.

Suite 1

8	16	32	64	128	256

Suite 2

-100	-90	-81	-72,9	-65,6	-59

Suite 3

-1	-1,5	-2,25	-3,38	-5,06	-7,59

Suite 4

1	0,9	0,81	0,729	0,656	0,59

COUP DE POUCE

Puissances d'un nombre
$a^n = a \times a \times ... \times a$ n fois
Utilisation de la calculatrice.

Pourcentages
5 % = 5/100 ou 0,05
12,5 % = 12 ,5/100 ou 0,125

Variations d'une suite
Une suite peut être croissante, décroissante, monotone ou quelconque.

Activité 1

Caractériser une suite géométrique

Contexte — Le mille-feuilles

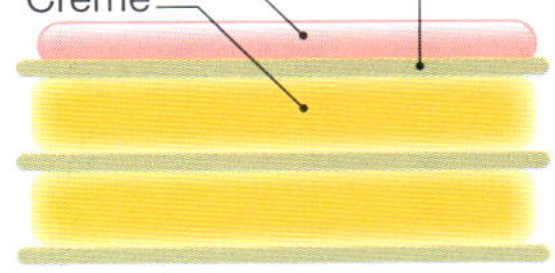

Le **mille-feuilles** consiste en la superposition des préparations : pâte feuilletée, crème pâtissière, glaçage au sucre.

Données

Recette de la pâte feuilletée : 500 g de farine, **250 g** d'eau, **10 g** de sel, **375 g** de beurre pommade.

Étape 0	Préparer une détrempe en mélangeant la farine, le sel et l'eau. Former une étoile à 4 branches. Disposer le beurre au centre et refermer chacune des branches. 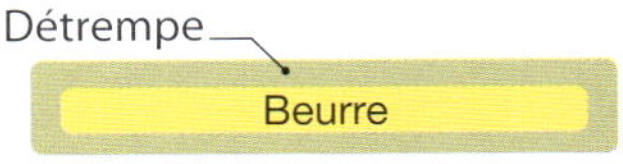
Étape 1	Étaler la pâte et la plier en 3 Tourner la pâte d'un quart de tour
Étape 2	Étaler la pâte et la plier en 3 Tourner la pâte d'un quart de tour
Étape 3	Étaler la pâte et la plier en 3 Tourner la pâte d'un quart de tour
Étape 4	Étaler la pâte et la plier en 3 Tourner la pâte d'un quart de tour
Étape 5	Étaler la pâte et la plier en 3 C'est fini

Problématique — En quoi cette pâtisserie mérite-t-elle le nom de « mille-feuilles » ?

S'approprier

1 **Rédiger** les attentes de la problématique pour définir les objectifs de la **mission**.

Ma mission : ....

2 **Déterminer** le nombre de feuilles horizontales f_0 **de détrempe** à l'**étape 0**.

Analyser - Raisonner

3 **Déterminer** le nombre de feuilles f_1 **de détrempe** à l'**étape 1**.
Présenter le calcul, aussi simple soit-il.

Réaliser

4 **Recopier** et **remplir** le tableau ci-contre pour suivre le nombre de couches, pliage après pliage.

Étape	Nombre de feuilles f_n de détrempe

5 L'évolution du nombre de feuilles est assimilable à une suite numérique. Pour calculer un terme à partir du précédent, **on multiplie toujours par le même nombre : la raison, notée q**. On parle de **suite géométrique**.

Préciser pour cette suite géométrique, concernant le mille-feuilles :
le premier terme : ...... la raison : ......

Valider
Communiquer

6 **Répondre** à la problématique en rédigeant la réponse.

Déterminer le sens de variation d'une suite géométrique

Contexte — L'héritage maudit

Mémé Yvette est décédée. C'est terrible. Elle laisse derrière elle **37 chats, 19 lapins, 1 poney** et **2 enfants** complètement accablés par le chagrin.
Lors de la lecture du testament, le notaire annonce aux 2 enfants qu'ils ne toucheront leur héritage qu'au décès de « Museau », le poney, qui compte bien vivre 10 ans supplémentaires. Les enfants ont le choix entre deux options :
- un compte en banque avec **700 000 €** de provisions, cumulant **2 %** d'intérêts chaque année.
- le manoir de famille, valorisé à **1 300 000 €** mais dont la valeur se déprécie de **5 %** chaque année.

Problématique

Vers quelle option vaut-il mieux se diriger : le compte en banque ou le manoir ?

S'approprier

1 **Rédiger** les attentes de la problématique pour définir les objectifs de la **mission**.

Ma mission : ....

2 **Cocher** l'option qu'a priori, vous choisiriez.

❏ *le compte en banque*

❏ *le manoir de famille*

Réaliser

3 **Calculer** la valeur de l'option choisie, année après année, en remplissant la deuxième colonne du tableau. **Arrondir** les résultats au centième.

Année	0	1	2	3
Valeur (€)				

Analyser - Raisonner

4 On peut assimiler la valeur de l'héritage à une suite géométrique (v_n).

a. **Préciser** son premier terme v_0 dans le cas choisi ainsi que sa raison q.

b. **Compléter** le schéma en utilisant les propositions suivantes : q^1 ; q^2 ; q^3 ; et q^n

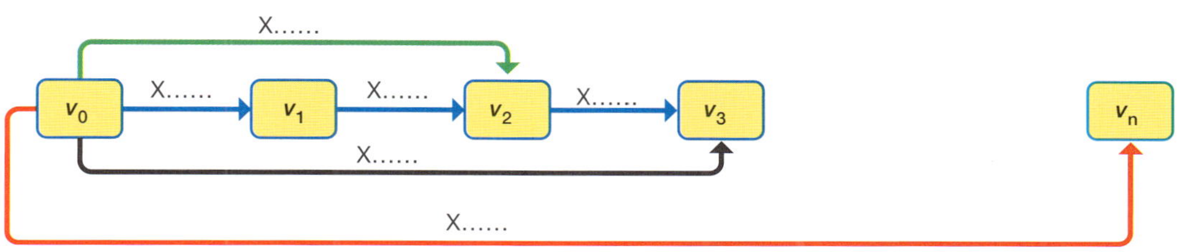

Réaliser

Appeler l'enseignant pour validation de la démarche.

c. Déterminer la valeur de l'héritage que vous avez choisi à la mort de « Museau ».

d. Demander les résultats d'un camarade ayant choisi une autre option que vous.

e. Comparer le sens de variation des deux suites géométriques considérées.

Valider

Communiquer

Être autonome

5 **Répondre** à la problématique en justifiant la réponse.

Activité 3 Modéliser une suite géométrique

Contexte — Vers le minimalisme

Sabina revient tout juste d'un **roadtrip** autour du monde qui lui a fait prendre conscience de l'importance de consommer et jeter moins. Elle souhaite faire un effort sur sa production de déchets.

Actuellement, **Sabina** produit **13 kg** de déchets ménagers par mois. Chaque mois, elle compte réduire sa masse de déchet de **10 %** par rapport au mois précédent.

Problématique

Dans 2 ans, Sabina aura-t-elle passé la barre symbolique de 1 kg de déchets ?

S'approprier

1 **Rédiger** les attentes de la problématique pour définir les objectifs de la **mission**.

Ma mission : ....

S'approprier

Analyser - Raisonner

2 **Modéliser** par une suite géométrique (d_n) la situation présentée en précisant le premier terme, la raison, et ce à quoi renvoient rang et terme de la suite.

3 **Exprimer** le terme général de la suite (d_n) en fonction de sa raison et du rang.

Réaliser

4 **Calculer** la quantité de déchets de **Sabina** dans 2 ans.

Valider

Communiquer

Être autonome

5 **Répondre** à la problématique en justifiant la réponse.

Activité 4

Calculer la somme des premiers termes d'une suite géométrique

Contexte — Le clan Hyûga

Naruto est un manga de type **Shōnen** écrit par **Masashi Kishimoto**. On y suit les aventures de plusieurs clan ninja dans un univers rétro-futuriste. Un des personnages les plus populaires, **Neji,** maîtrise une technique nommée les 64 poings du **Hakke**.
Cette technique consiste en un enchaînement de coups de poings en plusieurs séquences avec pour protocole :

- la technique commence par une séquence de 2 coups de poings.
- le nombre de coups de poings double à chaque séquence.
- il y a 6 séquences en tout.

Problématique — Est-il parfaitement juste de nommer cette technique ainsi ?

S'approprier 1 2 3 4

1 **Rédiger** les attentes de la problématique pour définir les objectifs de la **mission**.

Ma mission : ....

2 **Expliquer** pourquoi le nombre de coups à chaque séquence correspond à une suite géométrique.
En préciser le premier terme et la raison.

Réaliser 1 2 3 4

3 **Déterminer** le nombre de coups pour chaque séquence en recopiant et remplissant le tableau ci-dessous.

Séquence						
Rang	0	1	2	3	4	5
v_n						

4 **Calculer** le nombre total de coups donné sur les 6 séquences.

Appeler l'enseignant pour validation de la démarche.

5 Soit la formule permettant de calculer directement la somme des n premiers terme d'une suite géométrique (v_n) :

$$\text{Somme} = v_0 \times \frac{q^n - 1}{q - 1}$$

avec : v_0, premier terme de la suite
q, raison de la suite
n, nombre de termes à ajouter

S'approprier 1 2 3 4 — *Réaliser* 1 2 3 4 — *Valider* 1 2 3 4 — *Communiquer* 1 2 3 4 — *Être autonome* 1 2 3 4

a. **Repérer** les données nécessaires à l'application de la formule.

b. **Calculer** le nombre de coups total au moyen de la formule.

c. **Comparer** les résultats des questions **4** et **5.b**.

d. **Répondre** à la problématique en rédigeant la réponse.

Suites géométriques

A Suite géométrique

Une suite géométrique est une suite si on passe d'un terme au suivant en multipliant toujours par le même nombre. Ce nombre est appelé la raison et est souvent noté **q**.

Pour calculer un terme d'une suite arithmétique (u_n) utiliser une des expressions suivantes :

$u_n = u_0 \times q^n$ ou $u_n = q \times u_{n-1}$

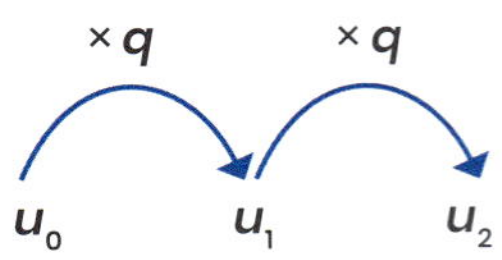

...

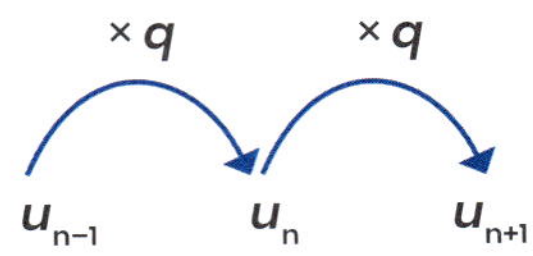

Exemple 1

Déterminer le premier terme et la raison des 2 suites géométriques suivantes.

Suite (k_n) : -8 ; -12 ; -18 ; -27

Premier terme : $k_0 =$ ......

Raison : $q =$ ......

Suite (m_n) : 3 ; 9 ; 27 ; 81 ; 243

Premier terme : $m_0 =$ ......

Raison : $q =$ ......

B Sens de variation d'une suite géométrique

On peut aisément prédire le sens de variation d'une suite géométrique de raison **q** positive en fonction de la valeur de **q**.

	$0 < q < 1$	$q = 1$	$1 < q$
$u_0 < 0$	Croissante	Constante	Décroissante
$u_0 > 0$	Décroissante	Constante	Croissante

C Modélisation d'un pourcentage d'augmentation ou de diminution par une suite géométrique

Cas d'une diminution

On soustrait à 100 %, le pourcentage de diminution

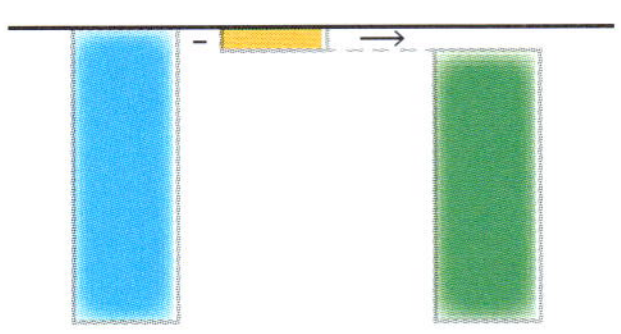

Cas d'une augmentation

On ajoute à 100 %, le pourcentage d'augmentation

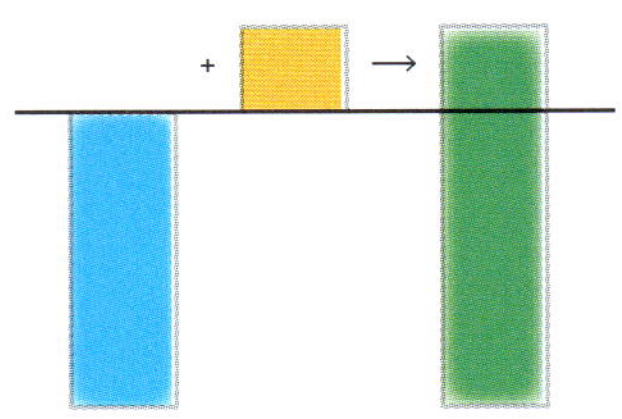

Exemple 2

Le nombre de cellules cancéreuses d'un patient en rémission diminue de 5 % par mois.

Calculer la raison de la suite géométrique permettant de modéliser cette baisse de cellules cancéreuses ?

Exemple 3

La valeur d'une carte de collection augmente de 25 % par an.

Calculer la raison de la suite géométrique permettant de modéliser la valeur de cette carte ?

D Somme des termes d'une suite géométrique

La somme des N premiers termes d'une suite géométrique se calcule au moyen de la formule suivante :

$$\text{Somme} = v_o \times \frac{q^n - 1}{q - 1}$$

avec : v_o ; premier terme de la suite

q ; raison de la suite

n ; nombre de termes à ajouter

E Pour représenter graphiquement une suite géométrique

Porter :
- le rang en abscisses
- la valeur du terme en ordonnées

Une suite ne se représente pas sous la forme d'une courbe mais sous la forme d'un nuage de points. On considère la suite (w_n)*, géométrique, de premier terme* w_0 *et de raison* $q = 0{,}5$*.*

1. Calculer *les termes de la suite* (w_n) *jusqu'au* **rang 4**.

2. Construire *un repère adapté aux valeurs et* **représenter graphiquement** *la suite* (w_n) *sur une feuille quadrillée.*

F Pour représenter graphiquement une suite géométrique sur un tableur

1. Sélectionner onglet insertion > Graphique > Nuage de points

2. Cliquer droit dans la zone de graphique > Sélectionner des données

3. Sélectionner Entrées de légende > Ajouter

4. Inscrire un nom pour la série
Sélectionner les données pour l'axe des abscisses
Sélectionner les données pour l'axe des ordonnées
Valider en appuyant sur OK

3. Vérifier *que le nuage de points tracé,* ***question 2****, est similaire à celui obtenu sur un tableur.*

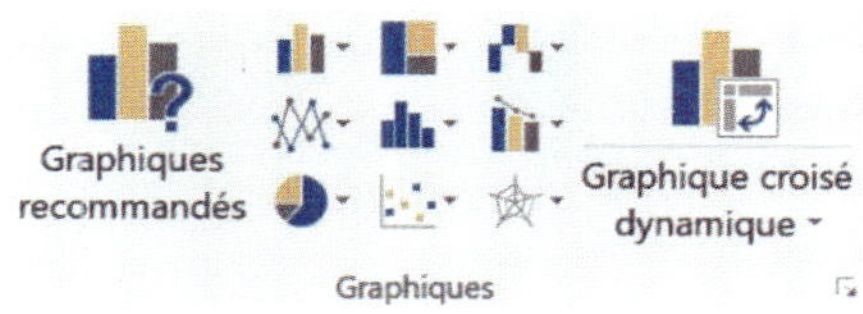

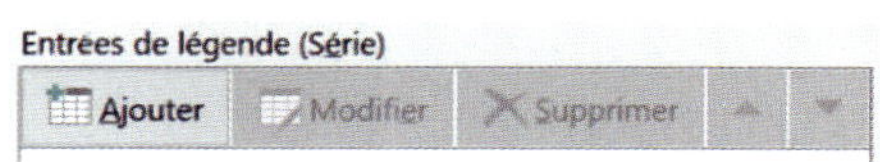

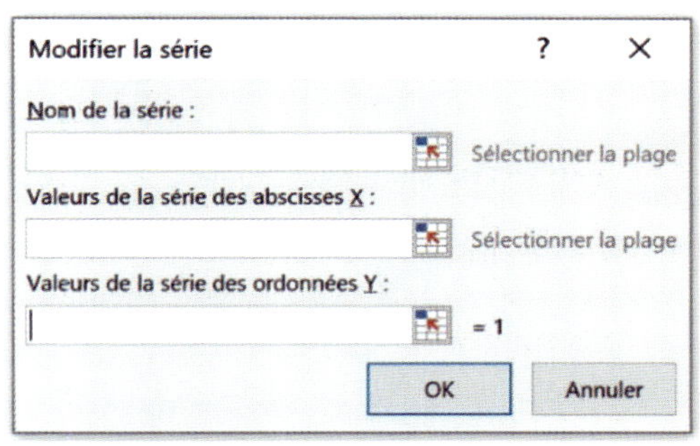

Exercices

Vérification des connaissances

TOP CHRONO

☐ 5 minutes ☐ 10 minutes

Analyser - Raisonner

1 Une augmentation régulière de 3 % est assimilable à une suite géométrique de raison :

❑ *1,3* ❑ *1,03* ❑ *0,7* ❑ *0,97* Cette suite est alors ❑ ***décroissante*** ❑ ***croissante***.

2 Une diminution régulière de 13 % est assimilable à une suite géométrique de raison :

❑ *1,13* ❑ *1,013* ❑ *0,87* ❑ *0,087* Cette suite est alors ❑ ***décroissante*** ❑ ***croissante***.

Entraînements

Exercice 1

Réaliser

1 **Calculer** les termes indiqués pour les suites géométriques de premier terme $\boldsymbol{u_0}$ et de raison $\boldsymbol{q}$.

$\begin{cases} u_0 = 14 \\ q = 0{,}4 \end{cases}$

$u_1 = ...$

$u_{17} = ...$

$\begin{cases} u_0 = 2\,048 \\ q = 2{,}5 \end{cases}$

$u_1 = ...$

$u_9 = ...$

$\begin{cases} u_0 = 100 \\ q = 0{,}3 \end{cases}$

$u_1 = ...$

$u_{109} = ...$

2 **Calculer**, pour les mêmes suites, les sommes suivantes :

$S = u_0 + u_1 + ... + u_{16} + u_{17}$

$S = ...$

$S = u_0 + u_1 + ... + u_8 + u_9$

$S = ...$

$S = u_0 + u_1 + ... + u_{108} + u_{109}$

$S = ...$

Approfondissements

Exercice 2

Le Double Dutch

Brooke Couprie a pendant longtemps été présidente d'un club de **Double Dutch**.
Elle y a littéralement consacré sa vie et décide de changer d'activité. Aussi, à son départ, les nouveaux représentants du club souhaitent participer à sa réinsertion en lui proposant une pension dégressive, à raison de **12 %** par mois.

La pension initiale est de **2 000 €**. Brooke décide de faire un tour du monde de 2 ans.

Problématiques : 1. ***Combien peut-elle espérer à son retour ?***
2. ***Combien aura-t-elle touché en tout à ce moment-là ?***

S'approprier

1 **Rédiger** les attentes de la **problématique 1** pour définir les objectifs de la **mission**.

Ma mission : ....

S'approprier

Analyser - Raisonner

2 **Associer** la situation à une suite géométrique (p_n) en précisant le premier terme, la raison, et ce à quoi renvoient rang et terme.

Appeler l'enseignant pour validation de la démarche.

Analyser - Raisonner | Communiquer

3 **Proposer** une méthode de résolution pour répondre à la **problématique 2**.

Appeler l'enseignant pour validation de la démarche.

Réaliser | Communiquer

4 **Exécuter** le protocole validé avec l'enseignant. Répondre à la problématique.

Autoévaluation

Exercice 3

Extrait du *Washington Post*, juillet 2016

La région de **Yamalo-Nenets**, en **Sibérie**, a été placée en quarantaine. En cause, la mort d'au moins **1 500 rennes**, contaminés par l'anthrax, une bactérie mortelle réveillée par la fonte du permafrost. L'épidémie s'est propagée à l'homme, tuant un garçon de 12 ans et forçant l'hospitalisation de dizaines de personnes.

Données : **Datation au Carbone 14, Shane Banquet, août 2018 :**

Pour avoir une idée de l'âge de vieilles dépouilles, on utilise des systèmes de datation au carbone 14. Il s'agit d'une forme radioactive du carbone. L'activité de cette radioactivité est simple à mesurer. En vie, nous sommes tous soumis à une certaine activité de **carbone 14**. Cette activité vaut **14 000 unités**. Une fois mort, cette activité baisse. En effet, elle est réduite de moitié tous les **5 700 ans**.

Problématique : ***Comment déterminer l'âge de cette bactérie pour mieux lutter contre ?***

S'approprier

1 **Rédiger** les attentes de la problématique pour définir les objectifs de la **mission**.

Ma mission : ....

S'approprier

2 **Indiquer** votre nom, votre prénom et votre activité actuelle de **carbone 14**.

3 **Calculer** combien vaudra cette activité dans **5 700 ans**.

Analyser - Raisonner | Réaliser

4 **a. Associer** l'évolution de l'activité à une suite géométrique en précisant le premier terme et la raison. Le rang représentera une tranche de **5 700 ans**.

b. Calculer l'activité jusqu'au **rang 9** en remplissant le tableau au modèle ci-dessous.

n	0	1	2	3	4	5	6	7	8	9
A_n										

Valider | Communiquer

5 **Répondre** à la problématique sachant que l'activité mesurée sur les cadavres des rennes vaut **110 unités**. **Justifier** la réponse.

Grille d'évaluation

Compétences	S'approprier				Analyser - Raisonner				Réaliser				Valider				Communiquer				Être autonome				Total
Niveau d'acquisition	1	2	3	4	1	2	3	4	1	2	3	4	1	2	3	4	1	2	3	4	1	2	3	4	.../10
Barème	.../2				.../2				.../2				.../1				.../2				.../1				

AA

9 Fonctions dérivées de fonctions polynômes du 3e degré

Étude de la fonction cube : dérivée • Variations • Représentation graphique

Je découvre

Les dérivées pour le 3e degré, à quoi ça sert ?

Tous les phénomènes continus de la vie courante admettent des dérivées.
Une fonction cube permet de modéliser notamment un volume ou un bénéfice. Sa dérivée permettra donc de calculer les variations de cette fonction en apportant aussi une réponse à des problèmes d'optimisation.

Voici un problème d'optimisation
Soit une pièce en carton carrée de **20 cm** de côté.
Pour réaliser une boîte sans couvercle, on enlève un carré à chaque coin pour relever ensuite les rectangles latéraux.

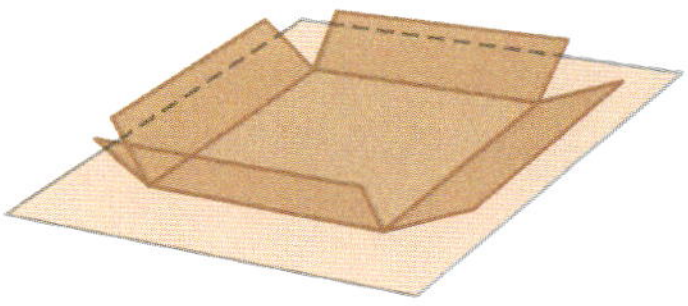

Un fichier **GeoGebra** est mis à disposition.

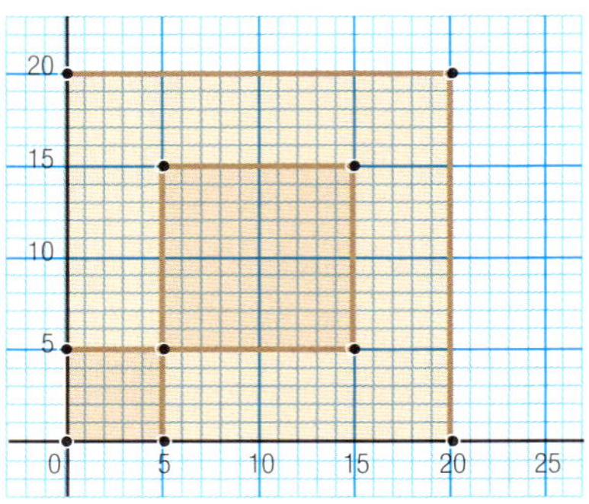

Figure 1

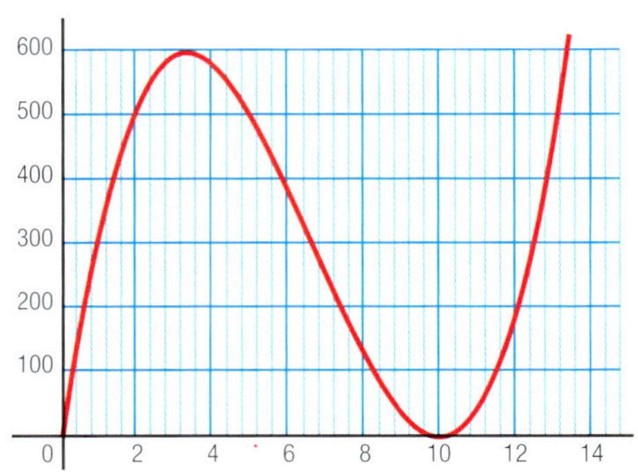

Figure 2

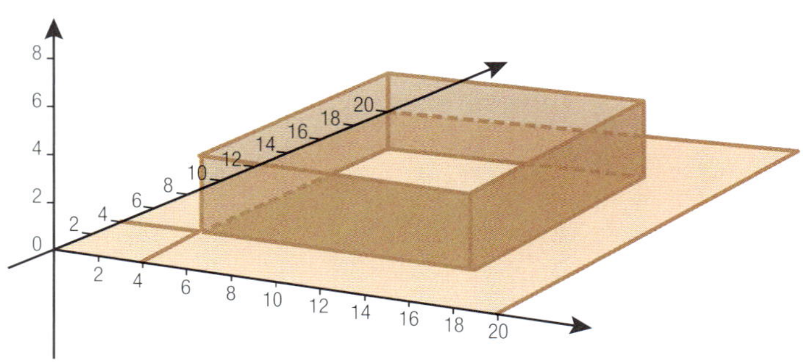

Figure 3

1 **Quelle doit être la dimension des coins carrés pour obtenir un volume maximal de la boîte ?**

2 **Pourquoi la hauteur de la boîte ne doit pas dépasser 10 cm ?**

Recherche personnelle

Effectuez une recherche sur un des deux thèmes proposés :

- ☐ Donner l'exemple d'une grandeur physique, pour laquelle les dérivées en facilitent l'étude.
- ☐ Contextualiser une problématique dans laquelle une optimisation est nécessaire.

À retrouver en ligne

Rendez-vous sur votre Site compagnon !

- Démarche d'investigation
- Outils calculatrice
- À l'oral
- Méthode
- Évaluation
- GeoGebra

AUTOMATISMES

Je teste mes automatismes

Soit f la fonction dérivable sur l'intervalle $[-2 ; 6]$ définie par : $f(x) = x^2 - 4x + 5$.

1 **Donner** l'expression de sa dérivée f'.
$f'(x) = ...$

2 **Résoudre** l'équation : $2x - 4 = 0$.

3 **Étudier** le signe de $f'(x)$.

4 **Calculer** $f(-2)$; $f(2)$ et $f(6)$.

5 **Compléter** le tableau de variations.

x	-2 6
Signe de $f'(x)$	
f	

6 **Cocher** la bonne proposition.
La fonction f admet un :
❏ ***maximum***   ❏ ***minimum***
au point d'abscisse **2**.

7 **Tracer** les 3 tangentes T_1 ; T_2 et T_3 à la courbe représentative ci-dessous.
T_1 : au point d'abscisse $x = 0$.
T_2 : au point d'abscisse $x = 2$.
T_3 : au point d'abscisse $x = 4$.

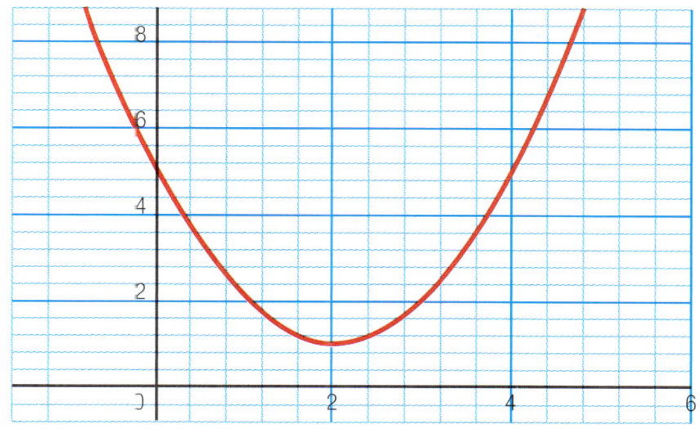

8 **Déterminer** les équations de la tangente à la courbe :
a. au point d'abscisse **2**.
b. au point d'abscisse **0**.

COUP DE POUCE

Exploitation de la dérivée
Une exploitation de la dérivée permet d'étudier les **variations** d'une grandeur, d'effectuer une **optimisation**, c'est-à-dire de rendre optimale une situation concrète à ses attendus.

Dérivée d'une fonction
- La dérivée d'une fonction f est notée f' sur son intervalle de définition.
- La dérivée f' d'une fonction f permet d'établir ses variations sur son intervalle d'étude.
- La formule $(x^n)' = nx^{n-1}$ permet de déterminer la dérivée d'une fonction polynomiale.
- Le nombre dérivé $f'(x_0)$ est le coefficient directeur de la tangente à la courbe au point d'abscisse x_0.
- Équation de la tangente à la courbe au point d'abscisse x_0 : $y = f'(x_0)(x - x_0) + f(x_0)$.

Fonctions dérivables et dérivées

Fonction définie sur	Fonction f	Fonction dérivable sur	Fonction dérivée f'
Ensemble des réels	$ax + b$	Ensemble des réels	a
	b		0
	x^2		$2x$

Extremum d'une fonction
Une fonction f, dérivable sur son intervalle d'étude $[a ; b]$, peut admettre un extremum lorsque $f'(x_0) = 0$.

Sens de variation d'une fonction
Lorsque la dérivée f' est positive, la fonction f est croissante.
Lorsque la dérivée f' est négative, la fonction f est décroissante.

Tableau de variation
Le tableau donne les variations de la fonction et précise s'il y a des extremum.

Représentation graphique
Utiliser les fonctionnalités de la **calculatrice** ou du **logiciel GeoGebra**.

Activité 1

Étudier les variations d'une fonction cube

Contexte — Le cube stylisé

Douglas est artiste sculpteur, il doit réaliser un cube stylisé en métal pour une exposition d'art. Il estime disposer d'un budget suffisant pour réaliser un cube de **6 cm** d'arête.

Données

Le coût de revient d'un cube métallique est donné par la relation : $C = a^3$.
Il est exprimé en dizaine d'euros avec a la longueur d'une arête en **cm**.
Douglas dispose de **2 500 euros**.

Problématique — Douglas pourra-t-il réaliser le cube stylisé ?

S'approprier

1 **Rédiger** les attentes de la problématique pour définir les objectifs de la **mission**.

Ma mission : ....

2 **Cocher** la bonne proposition.
Le coût de revient pour un cube de **3 cm** d'arête est de : ❑ *9 €* ❑ *27 €* ❑ *Autre :* .....

Analyser - Raisonner

3 **Émettre** une conjecture permettant de répondre à la problématique.

Communiquer

Présenter cette conjecture aux autres apprenants et **écouter** attentivement les leurs.

Analyser - Raisonner

Réaliser

4 Le coût de revient est modélisé par la fonction f, telle que : $f(x) = x^3$, avec x associé à la longueur d'une arête en **cm**. Le domaine d'étude de cette fonction est restreint à l'intervalle **[− 8 ; 8]**.

a. Compléter le tableau de valeurs en utilisant le mode tableur de la calculatrice.

x	− 8	− 6	− 4	− 2	0	2	4	6	8
$f(x)$	− 512	.....	− 64	.....	.....	8	64	.....	512

b. En déduire le tableau de signes suivant.

x	− 8	0	8
Signe de f			

c. Déterminer $f'(x)$.

d. Résoudre, sur l'intervalle **[− 8 ; 8]**, l'équation $f'(x) = 0$.

e. Compléter le tableau de variations.

x	− 8	8
Signe de $f'(x)$		
f		

f. Visualiser la représentation graphique de la fonction f en **utilisant** les fonctionnalités du logiciel **GeoGebra**.

g. Cocher la bonne proposition.
Lorsque la dérivée d'une fonction s'annule en un point, la fonction : ❑ ***ne possède pas*** ❑ ***possède*** toujours un extremum en ce point ❑ ***peut posséder*** un extremum.

Valider

5 **Répondre** à la problématique en rédigeant la réponse.

Communiquer

Présenter oralement la réponse au professeur.

Étudier une fonction polynôme de degré 3

Contexte — La boîte

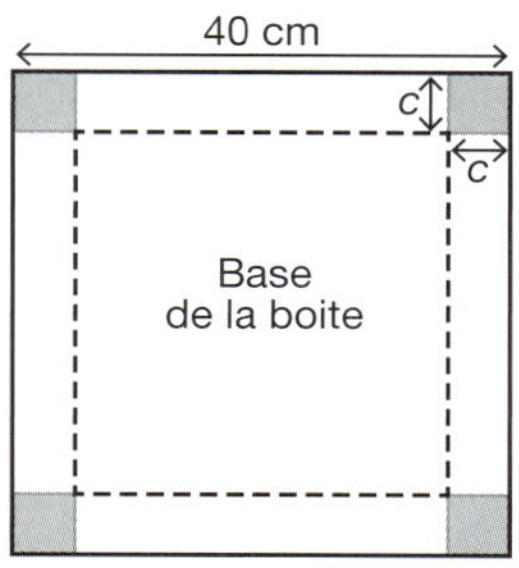

Eddy désire réaliser une boîte de rangement sans couvercle. Il dispose d'une plaque carrée, en carton de **40 cm** de côté.
Pour réaliser cette boite, il souhaite découper 4 coins carrés de **5 cm** de côté pour en rabattre les bords, voir figure.
Il estime ainsi obtenir un volume maximal.

Données

Le volume de la boîte est donné par la relation : $V = 4c^3 - 160c^2 + 1\,600c$
avec le volume V en **cm³** et c la mesure d'un côté de coin carré en **cm**.
La mesure d'un côté de coin carré ne peut pas dépasser **20 cm**.
La boite obtenue a une base carrée.

Problématique — L'estimation d'Eddy est-elle correcte ?

S'approprier

1 **Rédiger** les attentes de la problématique pour définir les objectifs de la **mission**.

Ma mission : ....

2 **Cocher** la bonne proposition. Pour un coin carré de **5 cm** de côté, le volume de la boite est de : **4 500 cm³** ❑ *Vrai* ❑ *Faux*.

Analyser - Raisonner
Communiquer

3 **Émettre** une conjecture permettant de répondre à la problématique.

Présenter cette conjecture aux autres apprenants et **écouter** attentivement les leurs.

Analyser - Raisonner
Réaliser

4 Le volume de la boite est modélisé par la fonction f, définie par : $f(x) = 4x^3 - 160x^2 + 1\,600x$; avec x associé à la mesure d'un côté de coin carré en **cm**. Le domaine d'étude de cette fonction est restreint à l'intervalle $[0 ; 20]$.

a. Compléter le tableau de valeurs en utilisant le **mode tableur** de la calculatrice.

x	0	2	4	6	8	10	12	14	16	18	20
$f(x)$	0	2 592	.....	4 704	.....	4 000	.....	.....	1 024	.....	0

b. Déterminer l'expression de la dérivée de la fonction f.

c. Résoudre l'équation : $12x^2 - 320x + 1\,600 = 0$, en utilisant le **mode solver** de la calculatrice. **Arrondir** les résultats à **0,01**.

d. Compléter le tableau de variations.

x	0 20
Signe de $f'(x)$	
f	

e. Visualiser la représentation graphique de la fonction f en utilisant la calculatrice.

Xmin = ...	Ymin = ...
Xmax = ...	Ymax = ...
Scale = 2	Scale = 100

Valider
Communiquer

5 **Répondre** à la problématique en rédigeant la réponse.

Présenter oralement la réponse au professeur.

Activité 3

Étudier une fonction « recette » de degré 3

Contexte — Les figurines

Alex est artisan céramiste, il réalise et vend les figurines qu'il produit. Chaque jour, **Alex** peut fabriquer et vendre jusqu'à **11 figurines**. Afin de rendre maximale la recette journalière, il choisit de ne fabriquer et de ne vendre, que **8 figurines** par jour.

Données

La recette journalière est donnée par la relation : $R = -n^3 + 12n^2 - 20$.
Avec R la recette en euros et n le nombre de figurines vendues.
Lorsque la recette journalière est positive, **Alex** réalise un gain.
Lorsque la recette journalière est négative, **Alex** accuse une perte.

Problématique — Le choix d'Alex est-il judicieux ?

S'approprier

1 **Rédiger** les attentes de la problématique pour définir les objectifs de la **mission**.

Ma mission : ....

2 **Cocher** les bonnes propositions.

Lorsqu'**Alex** ne vend aucune figurine, il accuse une perte. ❏ *Vrai* ❏ *Faux*.

Lorsqu'**Alex** vend **11 figurines**, la recette journalière est de ❏ *100 €* ❏ *101 €* ❏ *110 €*.

Analyser - Raisonner

3 **Émettre** une conjecture permettant de répondre à la problématique.

Communiquer

Présenter cette conjecture aux autres apprenants et **écouter** attentivement les leurs.

Analyser - Raisonner

4 **Calculer** la recette journalière pour **8 figurines** vendues.

Réaliser

5 La recette journalière est modélisée par la fonction f, tel que : $f(x) = -x^3 + 12x^2 - 20$ avec x associé au nombre de figurines vendues. La fonction f est définie sur intervalle $[0 ; 11]$.

a. **Montrer** que l'expression de la dérivée de la fonction f est : $f'(x) = -3x^2 + 24x$.

b. **Déterminer** les valeurs de x solutions de l'équation : $-3x^2 + 24x = 0$; en utilisant le **mode solver** de la calculatrice.

c. **Compléter** le tableau de variations.

d. **Visualiser** la représentation graphique de la fonction f en utilisant la **calculatrice**.

x	0 11
Signe de $f'(x)$	
f	

Xmin = ...	Ymin = ...
Xmax = ...	Ymax = ...
Scale = 2	Scale = 10

Valider

6 **Répondre** à la problématique en rédigeant la réponse.

Communiquer

Présenter oralement la réponse au professeur.

Être autonome

Activité 4

Étudier une fonction coût de production

Contexte — Les boites en plastique

Larra est directrice d'une entreprise qui produit des boites en plastique. Le coût de production annuel dépend du nombre de boites fabriquées par jour.

Données

Le coût de production annuel, en euro, est donné par la relation :
$C = (1/3)\,n^3 - 35\,n^2 + 1\,000\,n + 50$; avec n le nombre de boites produites par jour.

Problématique

Quel doit être le nombre de boites à produire par jour pour un coût de production annuel minimal ?

S'approprier

1 **Rédiger** les attentes de la problématique pour définir les objectifs de la **mission**.

Ma mission : ....

2 **Cocher** la bonne proposition.
Pour **30 boites** produites par jour, le coût de production annuel est de : ❑ *750 €* ❑ *7 550 €*.

Analyser - Raisonner — *Communiquer*

3 **Émettre** une conjecture permettant de répondre à la problématique.

Présenter cette conjecture aux autres apprenants et **écouter** attentivement les leurs.

Analyser - Raisonner — *Réaliser*

4 Le coût de production est modélisé par la fonction f définie, sur l'intervalle $[0 ; 100]$, par :
$f(x) = (1/3)x^3 - 35x^2 + 1\,000x + 50$; avec x associé au nombre de boites fabriquées par jour.

a. **Montrer** que l'expression de la dérivée de la fonction f est : $f'(x) = x^2 - 70x + 1\,000$.

b. **Résoudre** l'équation : $x^2 - 70x + 1\,000 = 0$ en utilisant le **mode solver** de la calculatrice.
Nommer les 2 solutions x_1 et x_2.

c. **Compléter** le tableau de variations.

x	0	100
Signe de $f'(x)$		
f		

d. **Visualiser** la représentation graphique de la fonction f ; en utilisant les fonctionnalités du logiciel **GeoGebra**.

e. **Cocher** les bonnes propositions.
La fonction f admet un ❑ *minimum* ❑ *maximum* pour le point d'abscisse x_1.
La fonction f admet un ❑ *minimum* ❑ *maximum* pour le point d'abscisse x_2.

Valider — *Communiquer* — *Être autonome*

5 **Répondre** à la problématique en rédigeant la réponse.

Présenter oralement la réponse au professeur.

SYNTHÈSE Fonctions dérivées des fonctions polynômes de degré 3

La dérivée d'une fonction ***f*** est notée ***f '*** sur son intervalle de définition. Son exploitation permet d'effectuer une optimisation.

A. Fonctions dérivables et dérivées

Les fonctions usuelles sont dérivables.

Fonction définie sur	Fonction *f*	Fonction dérivable sur	Fonction dérivée *f'*
Ensemble des réels	ax + b	Ensemble des réels	a
	b		0
	x^2		$2x$
	x^3		$2x^2$

B. Opération sur les dérivées

	Fonction	Dérivée
Addition	$h + g$	$h' + g'$
Différence	$h - g$	$h' - g'$
Produit	$k\,f$	$k\,f'$

C. Nombre dérivé

Le nombre dérivé $f'(x_0)$ représente la pente de la tangente à la courbe, au point d'abscisse x_0.

$f'(x_0)$ = le coefficient directeur de la tangente.

La dérivée ***f'*** d'une fonction ***f*** permet d'étudier ses variations sur son intervalle d'étude.

D. Variations d'une fonction dérivable

1. Les extremum de la fonction

Une fonction ***f***, dérivable sur son intervalle de définition **[a ; b]**, peut admettre un extremum lorsque $f'(x_0) = 0$.

2. Le sens de variation de la fonction

• Lorsque la dérivée ***f'*** est **positive**, la fonction ***f*** est **croissante**.

• Lorsque la dérivée ***f'*** est **négative**, la fonction ***f*** est **décroissante**.

E. Le tableau de variations

La fonction dérivée de la fonction ***f***, s'annule pour les valeurs x_1 et x_2.

x	a		x_1		x_2		b
Signe de $f'(x)$		−	0	+	0	−	
f	$f(a)$	↘	$f(x_1)$	↗	$f(x_2)$	↘	$f(b)$

La fonction ***f*** admet un **minimum** au point d'abscisse x_1 et un **maximum** au point d'abscisse x_2.

F. Représentation graphique

Utiliser les fonctionnalités de la **calculatrice** ou/et du logiciel **GeoGebra**.

A Pour déterminer la dérivée d'une fonction polynomiale

Apprendre par cœur.

Utiliser la relation : $(x^n)' = nx^{n-1}$.

***Compléter** ci-dessous les fonctions dérivées demandées.*

a. *Soit les fonctions **f**, **g** et **h** définies par leurs expressions algébriques :*
$f(x) = 4x + 1$; $g(x) = 2x^2 - 5x + 8$ et $h(x) = -2x^3 + x^2 - 3x + 1$.
Déterminer *l'expression de leur dérivée* $f'(x) =$ .... $g'(x) =$ .... $h'(x) =$ ....

b. **Donner** *la dérivée de la fonction **k**, telle que :* $k(x) = i(x) + j(x)$ *avec* $i(x) = 2x^3$ *et* $j(x) = -3x^2 + 2$.
$i'(x) =$ .... *et* $j'(x) =$ .... *donc* $k'(x) =$ ....

B Pour étudier les variations d'une fonction *f*

1. **Déterminer** $f'(x)$
2. **Vérifier** s'il y a des extremum.
3. **En déduire** le sens de variation.
4. **Dresser** le tableau de variations.

*Soit la fonction **f** définie sur l'intervalle* $[-4, 8]$ *par :* $f(x) = x^3 - 3x^2 - 9x + 2$.
***Étudier** les variations de la fonction **f**.*

SYNTHÈSE Fonction cube : dérivée ; variations et représentation graphique

La fonction cube f associe à tout nombre x, le réel x^3. Pour tout réel x on a donc : $f(x) = x^3$.
Soit l'intervalle d'étude $[-5 ; 5]$, de la fonction f.

A. Signes de la fonction cube

1. La courbe se situe en-dessous de l'axe des abscisses sur l'intervalle $[-5 ; 0]$.
2. La courbe se situe au-dessus de l'axe des abscisses sur l'intervalle $[0 ; 5]$.

B. Tableau de signes

x	-5		0		5
Signe de f		+	0	+	

C. Sens de variation

La dérivée de la fonction f est : $f'(x) = 3x^2$.
La fonction cube est donc strictement croissante pour tout réel x.

D. Tableau de variations

x	-5		0		5
Signe de $f'(x)$		−	0	+	
f	$f(-5)$	↗	0	↗	$f(5)$

Lorsque la dérivée d'une fonction s'annule en un point, celle-ci ne possède pas toujours un extremum en ce point : voir la courbe représentative.

E. Représentation graphique.

La courbe représentative de la fonction cube est une cubique. Elle est symétrique par rapport à l'origine du repère.

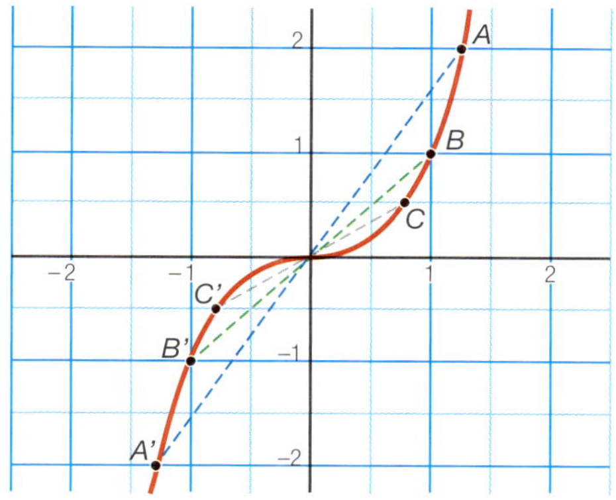

O est un centre de symétrie car O est le milieu des segments [AA'], [BB'] et [CC'].

Pour étudier une fonction f associée à une fonction cube

1. **Déterminer** $f'(x)$
2. **En déduire** le sens de variation
3. **Dresser** le tableau de variations
4. **Tracer** sa courbe représentative

Étudier les variations de la fonction f dérivable sur l'intervalle $[-5 ; 5]$ par $g(x) = x^3 + 1$.

a. Compléter le tableau de valeurs.

x	− 5	− 3	− 1	0	1	3	5
g(x)							

b. Écrire l'expression de sa dérivée g'.

c. Résoudre l'équation $g'(x) = 0$.

d. Calculer : $g'(-5) = ...$ $\quad g'(5) = ...$

e. Compléter le tableau de variations.

x	-5	5
Signe de $g'(x)$		
g		

f. Cocher la bonne proposition.
La fonction g admet un extremum ❑ *Vrai* ❑ *Faux*

g. Montrer que le point M de coordonnées $M(0 ; 1)$ est le centre de symétrie de la courbe représentative de g.

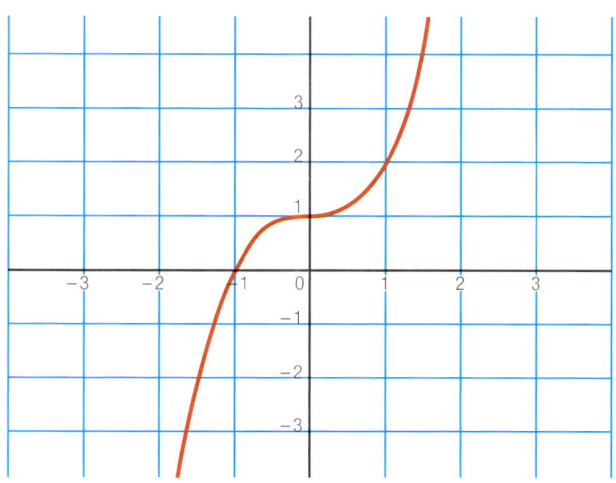

Exercices

Vérification des connaissances

TOP CHRONO

☐ 5 minutes ☐ 10 minutes

Analyser - Raisonner

Cocher la (les) bonne(s) proposition(s).

1 L'expression de la dérivée de la fonction **f** définie par : $f(x) = x^3 - 2x^2 + 3x - 18$ est :
❑ $f'(x) = 3x^2 - x^2 + 3$ ❑ $f'(x) = 3x^2 - 4x^2 - 18$ ❑ Autre : $f'(x) =$ .....

2 La dérivée d'une fonction permet d'établir ses variations ❑ *Vrai* ❑ *Faux*.

3 Lorsque la dérivée **f'** est positive, la fonction **f** est ❑ *croissante* ❑ *décroissante*.
Lorsque la dérivée **f'** est négative, la fonction **f** est ❑ *croissante* ❑ *décroissante*.

4 Lorsque la dérivée en un point d'abscisse x_0 est nulle, $f'(x_0) = 0$, la courbe représentative de la fonction cube admet toujours un extremum. ❑ *Vrai* ❑ *Faux*.

5 Le tableau de variations d'une fonction donne l'allure de la courbe représentative de la fonction **f** ❑ *Vrai* ❑ *Faux*.

6 La fonction **f** définie par : $f(x) = x^3$ est toujours ❑ *croissante* ❑ *décroissante*.

Entraînements

Exercice 1

Analyser - Raisonner
Réaliser

Application des règles de dérivation

1 **Déterminer** la dérivée des fonctions suivantes.

$f(x) = -x^3 - 10x^2 + 5x - 12$ $f'(x) =$ .....

$g(x) = 2x^3 - 1{,}5x^2 + 5x - \sqrt{25}$ $g'(x) =$ .....

$h(x) = (1/3)x^3 + 2x - 1/2$ $h'(x) =$ .....

Être autonome

2 **Déterminer** la valeur de **x** pour laquelle la fonction peut admettre un extremum, en utilisant le **mode solver** de la calculatrice. **Écrire** les résultats en respectant : $x_1 < x_2$.

$i(x) = 2x^3 - 9x^2 - 60x + 1$ $i'(x) =$ ..... $x_1 =$ ..... et $x_2 =$ .....

$j(x) = x^3 + 1{,}5x^2 - 6x + 5$ $j'(x) =$ ..... $x_1 =$ ..... et $x_2 =$ .....

$k(x) = 2x^3 + 3x^2 - 36x + 8$ $k'(x) =$ ..... $x_1 =$ ..... et $x_2 =$ .....

Exercice 2

Les épices

Monsieur **Kaisse** est représentant de commerce, il vend des épices.
Le bénéfice, en dizaine d'euros, lié aux ventes de la semaine est donné par la fonction **f** définie par : $f(x) = -2x^3 + 9x^2 + 24x - 12$ sur l'intervalle $[-5 ; 10]$ avec **x** associé à la masse, en kilogramme (kg), d'épices vendus.
Jean estime qu'il doit vendre **3,5 kg** d'épices pour réaliser un bénéfice maximal.

Analyser - Raisonner
Réaliser

1 **Déterminer** l'expression de la dérivée de la fonction **f**.

2 **Résoudre**, sur l'intervalle $[-5 ; 10]$, l'équation : $-6x^2 + 18x + 24 = 0$.

3 **Compléter** le tableau de variations.

x	-5	10
Signe de $f'(x)$		
f		

Être autonome

4 **Répondre** à la problématique en rédigeant la réponse.

Approfondissements

Exercice 3

La foire aux vins

Vanessa organise une foire aux vins. L'entrée est payante et la billetterie est ouverte de 9 h à 17 h. Le nombre de visiteurs dans une journée est modélisé par la fonction f définie par : $f(x) = x^3 - 37{,}5x^2 + 450x - 220$ sur l'intervalle $[9 ; 17]$ avec x associé à l'heure de la journée.
Vanessa estime qu'à **13 h** le nombre de visiteurs est maximal.

Analyser - Raisonner 1 2 3 4
Réaliser 1 2 3 4

1 **Cocher** les bonnes propositions.
À **13 h**, le nombre de visiteurs est d'environ : ❑ *1 489* ❑ *1 490* ❑ *Autre :* .....

2 **Déterminer** les variations de f sur l'intervalle $[9 ; 17]$.

a. **Écrire** l'expression de la dérivée de f.

b. **Résoudre** l'équation : $3x^2 - 75x + 450$ en utilisant le **mode solver** de la calculatrice.
En respectant : $x_1 < x_2$. $x_1 =$ ..... et $x_2 =$ .....

c. **Compléter** le tableau de variations.

x	9	17
Signe de $f'(x)$		
f		

d. **Visualiser** la représentation graphique de la fonction f ; en utilisant les fonctionnalités du logiciel **GeoGebra**.

Être autonome 1 2 3 4

3 **Répondre** à la problématique en rédigeant la réponse.

Autoévaluation

Exercice 4

Le magasin

Monsieur **Durève** est le gérant d'une grande surface. Le nombre de clients entrant dans le magasin est modélisé par la fonction g, définie par : $g(x) = 2x^3 - 87x^2 + 1\,188x + 245$ sur l'intervalle $[8 ; 22]$; avec x associé à l'heure de la journée.
Il estime qu'à **11 h** le nombre de clients est maximal.

Problématique : *L'estimation d'Ivan est-elle correcte ?*

S'approprier 1 2 3 4

1 **Cocher** la bonne proposition.
À **11 h**, le nombre de clients dans le magasin est de ❑ *5 105* ❑ *5 448* ❑ *Autre :* .....

Analyser - Raisonner 1 2 3 4
Réaliser 1 2 3 4

2 **Déterminer** l'expression de la dérivée de la fonction g.

3 **Déterminer** les valeurs de x pour lesquelles la fonction admet un extremum, en utilisant le **mode solver** de la calculatrice et en respectant :
$x_1 < x_2$. $x_1 =$ ..... et $x_2 =$ .....

4 **Vérifier** graphiquement les résultats précédents en utilisant **GeoGebra** ou la **calculatrice**.

Valider 1 2 3 4
Communiquer 1 2 3 4
Être autonome 1 2 3 4

5 **Répondre** à la problématique en rédigeant la réponse.

AA

10 Fonctions logarithme décimal et exponentielle

Fonction exponentielle de base *q*, nombre réel positif et différent de 1

Je découvre

La reproduction des lapins

Des études montrent que, dans le cadre de l'élevage de lapins, si l'on prend au départ 5 couples, donc 10 lapins, au bout d'une année, le nombre est multiplié par 10.
La tendance peut se poursuivre les années suivantes.

1 Quel est le nombre de lapins au début de l'élevage ?

2 Quel est le principe d'évolution du nombre de lapins par an ?

3 Comment obtenir le nombre de lapins au bout de 5 ans ?

Recherche personnelle

Effectuez une recherche sur un des deux thèmes proposés :

- ☐ John NEPER.
- ☐ Les logarithmes et les exponentielles.

À retrouver en ligne

Rendez-vous sur votre Site compagnon !

- Démarche d'investigation
- Outils calculatrice
- À l'oral
- Méthode
- Évaluation
- Geogebra

Je teste mes automatismes

Soit V_n une suite géométrique de raison $q = 3$ et de premier terme $V_1 = 2$.

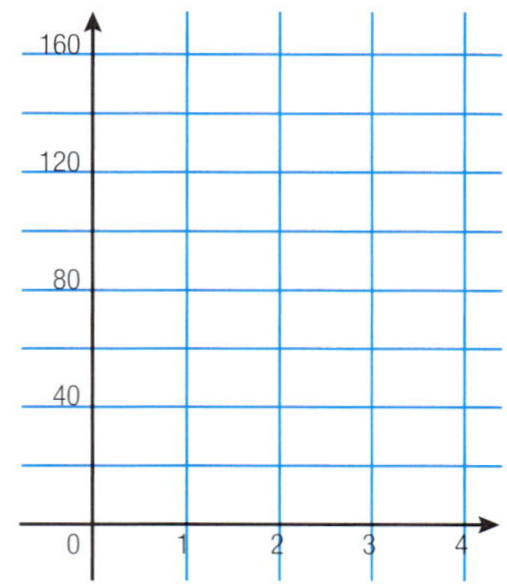

1 **Calculer** les 4 termes suivants de cette suite puis **compléter** le tableau.

rang n	1	2	3	4	5
V_n					

2 **Placer** les cinq points formés par le couple rang et terme correspondant.

3 **Relier** les points pour tracer la courbe.

4 **Donner** les variations de cette courbe.

COUP DE POUCE

Calculs et écriture avec les puissances

Relations : $a^b \times a^c = a^{b+c}$; $(a^b)^c = a^{bc}$

et $a^b / a^c = a^{b-c}$

Exemple 1 : $10^5 = 10^3 \times 10^2$; $7^2 \times 5^3 \times 5^5 \times 7^3 = 7^5 \times 5^8$

Écriture scientifique : $3{,}16 \times 10^{-3} = 0{,}00316$.

Terme général d'une suite géométrique

Soit une suite géométrique V_n de raison q et le premier terme V_1.
Le terme général de cette suite géométrique est donné par la relation :

$$V_n = V_1 \times q^{n-1}.$$

Exemple 2 :
Soit V_n une suite géométrique de **premier terme 3** et de **raison $q = 4$**.
Son terme général est donc : $V_n = 3 \times 4^{n-1}$.

Sens de variation d'une suite géométrique

Toutes les suites géométriques dont la raison q est positive sont **toutes croissantes**.

Exemple 3 :
Dans l'*exemple 2*, le terme général de la suite géométrique est : $V_n = 3 \times 4^{n-1}$.
Cette suite est croissante et elle admet le tableau de variations suivant :

n	1	5
V_n	12 ↗	768

Activité

1 Représenter graphiquement une fonction exponentielle

Contexte — Augmentation de production

L'entreprise **ORN19** créée en 2019 a produit **50 000** exemplaires de son produit star.
À partir de 2020 et afin d'augmenter ses parts de marché, elle décide d'augmenter sa production de **10 %** par an par rapport à celle de l'année précédente.
ORN19 se fixe pour objectif de tripler sa production.

Données

On note U_1 la production de l'année 2019 : $U_1 = 50\,000$.

Problématique — En quelle année l'entreprise ORN19 atteindra son objectif ?

S'approprier

1 **Rédiger** les attentes de la problématique pour définir les objectifs de la **mission**.

Ma mission : ....

Analyser - Raisonner

2 **Émettre** une conjecture permettant de répondre à la problématique.

Communiquer

Présenter cette conjecture aux autres apprenants et **écouter** attentivement les leurs.

Analyser - Raisonner

3 **Donner** la production que souhaite atteindre l'entreprise.

Réaliser

4 **Calculer** les productions U_2 ; U_3 et U_4 respectivement des années **2020**, **2021** et **2022**.

5 **Montrer** que la suite des nombres U_1 ; U_2 ; U_3 et U_4 est une suite géométrique et **préciser** sa raison.

6 **Donner** U_n, le terme général de cette suite géométrique.

L'évolution de la production de l'entreprise sur 15 années est modélisée par la fonction f d'expression algébrique : $f(x) = 50\,000 \times 1{,}1^{x-1}$.

7 **Tracer** sur **GeoGebra**, la représentation graphique de la fonction f sur l'intervalle $[1 ; 15]$.

8 **Compléter** le tableau de variations de la fonction f.

x	1	15
f		

9 **Tracer** la droite d'équation : $y = 150\,000$.

10 **Déterminer** les coordonnées du point d'intersection entre la droite et la courbe représentative de la fonction f.

Valider

11 **Répondre** à la problématique en rédigeant la réponse.

Communiquer

Présenter oralement la réponse au professeur.

Activité 2 — Représenter graphiquement la fonction logarithme décimal

Contexte — Additions et multiplications

Pour effectuer des calculs complexes, **John Neper** inventa les logarithmes. Il réussit à remplacer des multiplications par des additions. **Henry Briggs** inventa plus tard un logarithme particulier : le **logarithme décimal** dont le principe est le suivant.
Pour calculer le produit de deux valeurs de la ligne 1 du tableau, on additionne les deux valeurs correspondantes de la ligne 2, on repère le résultat sur cette même ligne. Le résultat du produit sera la valeur correspondant à la somme sur la ligne 1.

x	10	100	1000	10000	10000	1000000
y	1	2	3	4	5	6

Exemple :
Calculer 100 × 10 000.
À 100 correspond 2 ; à 10 000 correspond 4. On calcule 2 + 4 = 6.
6 correspond à 1 000 000 qui est donc le résultat de 100 × 10 000.
On a remplacé la multiplication par une addition.

Données

La fonction qui permet d'obtenir y en fonction de x est la fonction logarithme décimal d'expression : $f(x) = \log x$.

Problématique

Quelles sont les variations de la fonction f et quelle est sa représentation graphique ?

S'approprier

1 **Rédiger** les attentes de la problématique pour définir les objectifs de la **mission**.

Ma mission : ....

Analyser - Raisonner

2 **Émettre** une conjecture permettant de répondre à la problématique.

Communiquer

Présenter cette conjecture aux autres apprenants et **écouter** attentivement les leurs.

Réaliser

3 **Compléter** à l'aide de la calculatrice le tableau de valeurs.

x	−1 000	−10	−0,1	0	0,1	1	5	10	100	400	1 000
y											

4 **Justifier** pourquoi les valeurs de x doivent être positives.

5 **Tracer** sur **GeoGebra** la représentation graphique de la fonction f sur l'intervalle $[0,5 ; 1\,000]$.

6 **Compléter** le tableau de variations de la fonction f.

x	1	15
f		

Valider

7 **Répondre** à la problématique en rédigeant la réponse.

Communiquer

Présenter oralement la réponse au professeur.

Activité

3 Exploiter un exemple de la vie courante avec le logarithme décimal

Contexte pH d'une solution

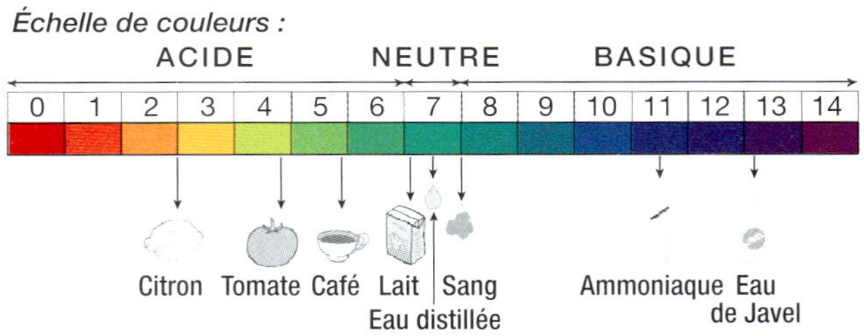

Le **pH** permet de distinguer les solutions acides des basiques.
Ses valeurs sont comprises entre 0 et 14.
Il reflète la concentration des ions oxonium notée $[H_3O^+]$ mesurée en **mol/L**.
La solution la plus acide, de **pH = 0**, a une concentration de l'ordre de **1 mol/L**.
Un **pH = 14** équivaut à une concentration de **10^{-14} mol/L**.

Données

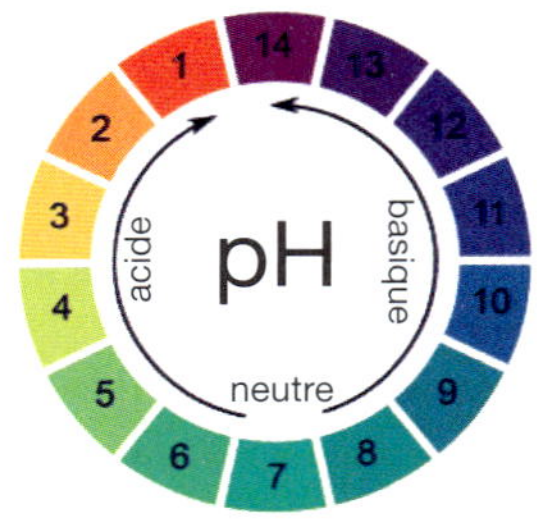

pH et concentration sont liées par la relation : pH = **$-\log [H_3O^+]$**.
Le Cola a une concentration :
$[H_3O^+] = 0{,}00316$ mol/L.

Problématique Le Cola est-il acide ou basique ?

S'approprier

1 **Rédiger** les attentes de la problématique pour définir les objectifs de la **mission**.

Ma mission : ....

Analyser - Raisonner

Communiquer

Réaliser

2 **Émettre** une conjecture permettant de répondre à la problématique.

Présenter cette conjecture aux autres apprenants et **écouter** attentivement les leurs.

3 **Donner** l'unité du **pH** et de la concentration en ions $[H_3O^+]$.

4 **Compléter** les phrases suivantes :

La concentration ..... lorsque le **pH** augmente.

La concentration ..... lorsque le **pH** baisse.

5 On modélise le pH par la fonction f d'expression : $f(x) = -\log x$ où x représente la concentration $[H_3O^+]$.

a. **Tracer** la représentation graphique de la fonction f sur **GeoGebra** sur l'intervalle $[0 ; 1]$.

b. **Tracer** la droite d'équation : $y = 0{,}00316$.

c. **Déterminer** les coordonnées du point d'intersection de la droite avec la courbe de la fonction f.

Valider

Communiquer

6 **Répondre** à la problématique en rédigeant la réponse.

Présenter oralement la réponse au professeur.

Activité 4 Résoudre algébriquement une inéquation avec un logarithme

Contexte — Décibels et pression

Lorsqu'on entend un son, l'oreille subit une pression acoustique **p**, exprimée en **pascal** et liée à l'intensité sonore **L**, donnée en décibel **dB** par la relation : **L = 20 log p + 94**.

Données

Une exposition à des sons à partir de **110 dB** présente un danger pour la santé.
Exemples : **110 dB** pour une enceinte à fond dans une voiture, **120 dB** pour un marteau piqueur ou au décollage d'un avion

Problématique — À partir de quelle pression acoustique faut-il protéger ses oreilles ?

S'approprier 1 2 3 4

1 **Rédiger** les attentes de la problématique pour définir les objectifs de la **mission**.

Ma mission : ....

Analyser - Raisonner 1 2 3 4

2 **Émettre** une conjecture permettant de répondre à la problématique.

Communiquer 1 2 3 4

Présenter cette conjecture aux autres apprenants et **écouter** attentivement les leurs.

Analyser - Raisonner 1 2 3 4

3 **Donner** la valeur de l'intensité acoustique à partir de laquelle il peut y avoir danger.
L'intensité sonore est modélisée par la fonction f définie sur l'intervalle $[0,5 ; 25]$ par :
$f(x) = 20 \log x + 94$ avec x associé à la pression acoustique en pascal.

Réaliser 1 2 3 4

4 **Tracer** la représentation de fonction f sur l'intervalle $[0,5 ; 25]$.

5 **Tracer** la droite d'équation : $y = 110$.

6 **Déterminer** les coordonnées du point d'intersection de la droite avec la courbe de la fonction f.

7 **Résoudre** l'inéquation : $19,986 \log x + 94 \geqslant 110$.

Valider 1 2 3 4

8 **Répondre** à la problématique en rédigeant la réponse.

Communiquer 1 2 3 4

Présenter oralement la réponse au professeur.

SYNTHÈSE Fonctions exponentielles de base q et fonction logarithme décimal

A Les fonctions exponentielles de base q

1. Expression algébrique et ensemble de définition

La fonction exponentielle de base q, où q est un réel strictement positif et différent de 1, est une fonction définie pour tout $x \in \mathbb{R}$ par : $f(x) = q^x$.

2. Variations

a. $0 < q < 1$

La fonction *f* est décroissante sur l'intervalle d'étude

x	a	b
f	q^a ↘	q^b

b. $q > 1$

La fonction *f* est croissante sur l'intervalle d'étude

x	a	b
f	q^a ↗	q^b

3. Propriétés

$q^x \times q^y = q^{x+y}$ $(q^x)^y = q^{xy}$ $q^x / q^y = q^{x-y}$

B La fonction logarithme décimal

1. Expression algébrique et ensemble de définition

Le logarithme décimal d'un nombre réel **a** strictement positif est un nombre réel **b** tel que :

$$10^b = a \text{ et } \log b = a$$

La fonction logarithme décimal est une fonction définie pour tout $x > 0$ par :

$$f(x) = \log x \text{ avec } \text{Log } 1 = 0 \text{ et } \text{Log } 10 = 1$$

2. Tableau de variations et représentation graphique

x	0,1	1	10
f	q^a ↗	0 ↗	1

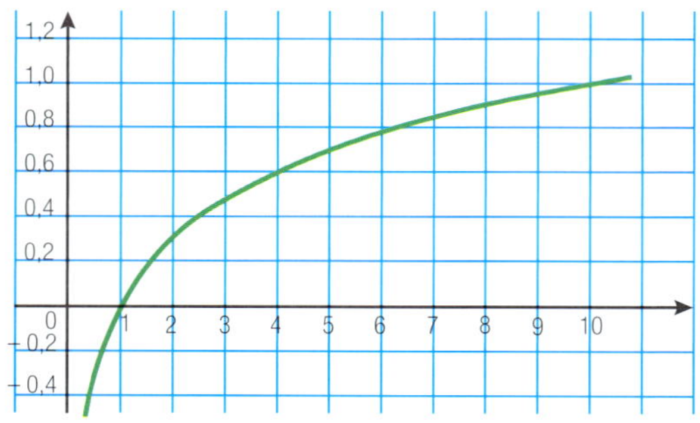

3. Propriétés

Avec $a > 0$ et $b > 0$ on a les relations :

$\log(ab) = \log a + \log b$ $\log(a/b) = \log a - \log b$ $\log(a^n) = n \log a$

C Équations et inéquations

1. $q^x = a$ a pour solution $x = \log a / \log q$ avec $q > 0$; $q \neq 1$ et $a > 0$.
2. $q^x \geqslant a$ a pour solution $x \geqslant \log a / \log q$ avec $q > 0$; $q \neq 1$ et $a > 0$.

TOP CHRONO

☐ 5 minutes ☐ 10 minutes

Vérification des connaissances

Analyser - Raisonner

1 **Cocher** la réponse adaptée :

$3^{-2} = -9$	$\log 1\,000 = 4$	$3 \log 2 = \log 2^3$	$\log 7 + \log 10 = \log 17$
❏ *Vrai* ❏ *Faux*	❏ *Vrai* ❏ *Faux*	❏ *Vrai* ❏ *Faux*	❏ *Vrai* ❏ *Faux*

2 **Cocher** la bonne réponse :

La courbe peut représenter une fonction $\log x$:

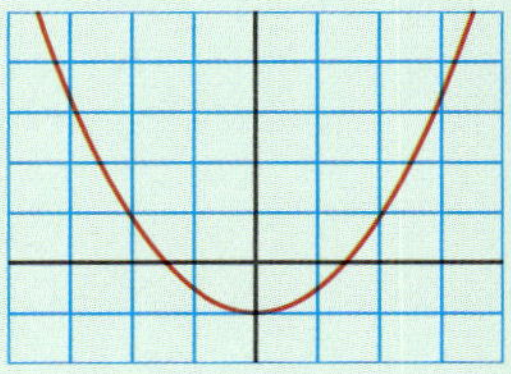

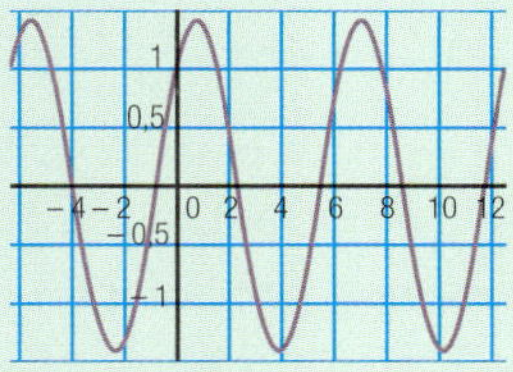

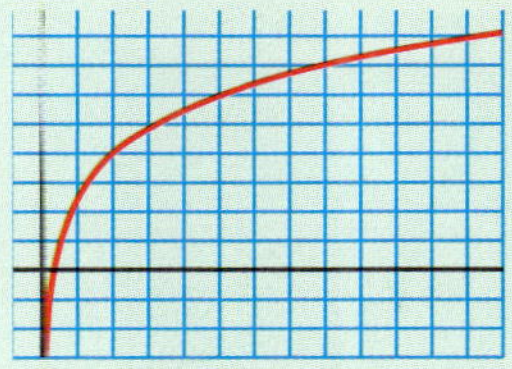

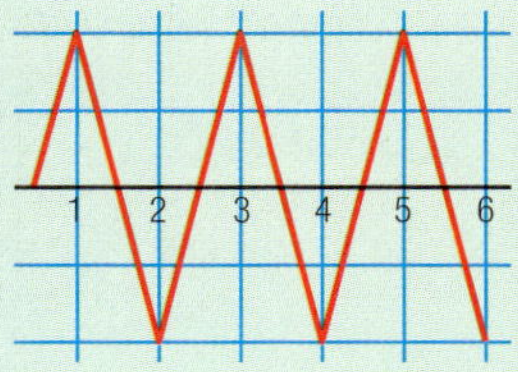

❏ *Vrai* ❏ *Faux*	❏ *Vrai* ❏ *Faux*	❏ *Vrai* ❏ *Faux*	❏ *Vrai* ❏ *Faux*

3 **Cocher** la bonne réponse :

$2 \text{ Log } 1 > 1$	$\log 0{,}1 > 0{,}1$	$10 \log 0{,}5 < 0$	$-\log 0{,}2 < 0$
❏ *Vrai* ❏ *Faux*	❏ *Vrai* ❏ *Faux*	❏ *Vrai* ❏ *Faux*	❏ *Vrai* ❏ *Faux*

4 **Donner** les variations des fonctions définies par leurs expressions algébriques sur l'intervalle [0 ; 100] :

a. $f(x) = 3 \log x$ ❏ *croissante* ❏ *décroissante*

b. $g(x) = -10 \log x$ ❏ *croissante* ❏ *décroissante*

c. $h(x) = x^2 + \log x^2$ ❏ *croissante* ❏ *décroissante*

d. $i(x) = -x - 4 \log x$ ❏ *croissante* ❏ *décroissante*

5 **Cocher** les bonnes réponses

Les fonctions ***f*** et ***g*** suivantes sont étudiées sur l'intervalle [0 ; 100] et leurs expressions algébriques sont données par : $f(x) = -4 \log x$ et $g(x) = -x^2 - \log x$.

a. La fonction ***f*** est ❏ ***croissante*** ❏ ***décroissante*** **alors** sa dérivée est ❏ ***positive*** ❏ ***négative***

b. La fonction ***g*** est ❏ ***croissante*** ❏ ***décroissante*** **alors** sa dérivée est ❏ ***positive*** ❏ ***négative***

Entraînements

Exercice 1 — Analyser - Raisonner

1 **Écrire** les nombres suivants en fonction de log 3.

- log 9
- log 27
- log 30
- log 300
- log 1/3
- log 0,03

Exercice 2 — Analyser - Raisonner

2 **Résoudre** graphiquement les équations suivantes :

- $13 \log x + 25 = 51$
- $50 \log x - 12 = 48{,}2$

Exercice 3 — Analyser - Raisonner

3 **Résoudre** par le calcul les équations suivantes :

- $20 \log x^2 = 40$
- $2 \log x^2 - 2 \log x = 1$

Exercices

Exercice 4

Analyser - Raisonner

4 **Résoudre** graphiquement les inéquations suivantes :

- $24 \log x > 3$
- $-12 \log x < -24$

Exercice 5

Analyser - Raisonner

5 **Résoudre** par le calcul les inéquations suivantes :

- $7 \log x > 36 + 5 \log x$
- $3 \log x^2 + 2 \log x < 32$

Approfondissements

Exercice 6

Nombre d'habitants

En 2020, une petite ville compte une population de **40 000 habitants**.
Le nombre d'habitants augmente de **7 % par an**.

Problématique : *Au bout de combien d'années la population dépassera les 60 000 habitants ?*

Réaliser

1 **Calculer** le nombre d'habitants en 2021.

2 **Calculer** le nombre d'habitants en 2022.

3 **Montrer** que le nombre d'habitants par an, forme une suite géométrique et **calculer** sa raison.

4 **Déduire** la formule permettant de calculer le nombre d'habitants en fonction de « **n** » où **n** représente le nombre d'années.

5 **Résoudre** l'équation : $40\,000 \times 1{,}07^n > 60\,000$.

Valider

Communiquer

6 **Répondre** à la problématique.

Autoévaluation

Exercice 7

Âge d'un fossile

Il est possible de connaître l'âge d'un fossile grâce à l'utilisation de la technique de datation au carbone 14, noté ^{14}C. En effet, tout organisme vivant contient une quantité de carbone 14, qui reste inchangée tant que l'organisme est en vie. Une fois mort, la quantité baisse. Une modélisation mathématique permet d'établir que l'âge d'un fossile, en centaines d'années, est donnée en fonction de x par l'expression $f(x) = -186{,}05 \log x$ avec x associé à la fraction de carbone 14 restant dans l'organisme fossilisé.

Deux animaux fossilisés viennent d'être découverts. Les analyses ont permis d'établir que la fraction de carbone 14 restante est de 40 % pour le premier et de 80 % pour le second.

Problématique : ***Quel est l'âge de chaque animal ?***

S'approprier 1 2 3 4 — *Analyser - Raisonner* 1 2 3 4 — *Communiquer* 1 2 3 4

1 **Donner** la valeur de **x**, fraction de carbone 14, restant dans l'organisme fossilisé de chaque animal.

2 **Cocher** la bonne réponse.

❑ La proportion de ^{14}C du second animal est moitié moindre que celle du premier.

❑ La proportion de ^{14}C du second animal est deux fois plus importante que celle du premier.

Réaliser 1 2 3 4

3 **Exécuter** le logiciel **GeoGebra**.

4 **Tracer** la courbe représentative de ***f*** sur l'intervalle **[0 ; 1]**.

5 **Tracer** la droite (D_1) d'équation : ***x* = 0,40**.

6 **Déterminer** les coordonnées du point d'intersection de la droite (D_1) avec la courbe de la fonction ***f***.

7 **Tracer** la droite (D_2) d'équation : ***x* = 0,80**.

8 **Trouver** le point d'intersection de la droite (D_2) avec la courbe de la fonction ***f***.

Raisonner 1 2 3 4 — *Réaliser* 1 2 3 4

9 **a.** **Comparer** les deux ordonnées trouvées.

b. Ces deux valeurs respectent-elles la même proportion trouvée à la **question 2** ?

Valider 1 2 3 4 — *Communiquer* 1 2 3 4 — *Être autonome* 1 2 3 4

10 **Répondre** à la problématique en rédigeant la réponse.

Grille d'évaluation

Compétences	*S'approprier*	*Analyser - Raisonner*	*Réaliser*	*Valider*	*Communiquer*	*Être autonome*	Total
Niveau d'acquisition	1 2 3 4	1 2 3 4	1 2 3 4	1 2 3 4	1 2 3 4	1 2 3 4	.../10
Barème	.../2	.../2	.../2	.../1	.../2	.../1	

Situations de AA7 à AA10

Exercice 1

Le capital

Kelly souhaite placer un capital de **25 k€**. Le placement est à intérêts composés au taux annuel de **6,6 %.** Les intérêts sont capitalisés mensuellement.
Elle estime que la valeur acquise par le capital au bout de **42 mois** de placement sera d'au moins **31 400 €**.
L'estimation de Kelly est-t-elle correcte ?

Analyser - Raisonner 1 2 3 4
Réaliser 1 2 3 4

1 **Calculer** le taux mensuel du placement.

2 **Déterminer** la valeur acquise par le capital le premier mois.

3 **Calculer** la valeur acquise par le capital au bout de **42 mois** de placement.
Utiliser la relation : $C = C_0\,(1 + t)^n$, avec C_0 le capital de départ.
Préciser la valeur de **t** et la valeur de **n**.

4 **Répondre** à la problématique posée.

Exercice 2

Le marathon

Simon souhaite participer au marathon de Paris. La course a lieu un dimanche et il a **15** semaines pour se préparer. La distance réglementaire à parcourir est de **42,195 km. Simon** s'entraine un jour par semaine, le dimanche.
La première semaine, il s'entraînera sur **5 km**, ensuite il augmentera la distance de **20 %** chaque semaine. **Simon sera-t-il prêt pour le marathon de Paris** ?
Soit (v_n) la suite numérique, de 1er terme $v_1 = 5$ et de raison q ; qui modélise la distance parcourue chaque semaine.

Analyser - Raisonner 1 2 3 4
Réaliser 1 2 3 4

1 **Cocher** la bonne proposition : La distance parcourue chaque semaine suit la progression d'une suite géométrique. ❑ *Vrai* ❑ *Faux*.

2 **Préciser** la raison de la suite numérique.

3 **Calculer** le terme de **rang 15** de la suite (v_n). **Utiliser** la relation : $v_n = v_1 \times q^{(n-1)}$.

4 **Répondre** à la problématique posée.

Exercice 3

Le gâteau

Elvyre est pâtissière, elle a contaminé accidentellement, un gâteau avec **60 cellules** de staphylocoques dorés. La contamination s'est produite à **10 h 00**. Le risque d'intoxication est réel lorsque le nombre de bactéries contenu dans le gâteau, est supérieur ou égal à **2 000**.
Le nombre de bactéries, à chaque heure, est modélisé par la suite géométrique $v_n = 60 \times (1{,}5)^n$, avec n associé au rang de l'heure.
Le gâteau pourra-t-il être consommé, sans danger d'intoxication, pour le gouter de 16 h 00 ?

Analyser - Raisonner 1 2 3 4
Réaliser 1 2 3 4

1 **Calculer** le nombre de bactéries au bout d'une heure, pour **n = 1**.

2 **Montrer** que la suite géométrique (v_n) est croissante. **Utiliser** la relation : $v_{n+1}/v_n > 1$.

3 **En déduire** la raison de la suite géométrique (v_n).

4 **Calculer** la valeur de $f(6)$, on suppose qu'aucune bactérie ne meurt.

5 **Calculer** la somme des six premiers termes de la suite géométrique (v_n).

6 **Répondre** à la problématique posée en rédigeant la réponse.

Exercice 4

Fonction polynôme de degré 3.

Soit la fonction g définie sur l'intervalle $[-2 ; 6]$ par : $g(x) = x^3 - 6x^2 + 3x + 10$.
Exploiter la représentation graphique de la fonction g donnée **figure 1**.

Analyser - Raisonner
Réaliser

1 **Résoudre** graphiquement l'équation $g(x) = 0$

2 **Compléter** le tableau de signe suivant.

x	-2 6
Signe de $g(x)$	

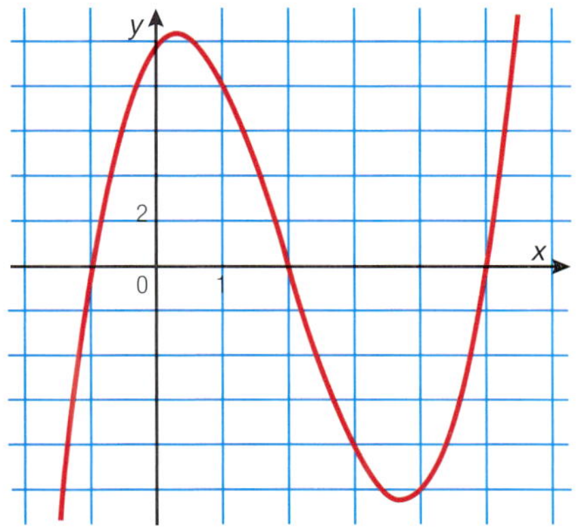

Figure 1

3 **Déterminer** l'expression de la dérivée de la fonction g.

4 **Résoudre** l'équation : $3x^2 - 12x + 3 = 0$
Utiliser le **mode solver** de la calculatrice.

5 **Calculer** le nombre dérivé de g, respectivement au point d'abscisse $x = 2$ puis au point d'abscisse $x = 5$.

6 **Tracer** la tangente à la courbe en ces points.
Utiliser les fonctionnalités du logiciel **GeoGebra**.

Exercice 5

Le Salon de beauté

Sarah est responsable d'un salon de beauté.
Le bénéfice réalisé par mois est modélisé par la fonction f **définie**, sur l'intervalle $[0 ; 24]$ par :
$f(x) = 0{,}01\,x^3 - 0{,}48\,x^2 + 7{,}2\,x - 2{,}5$: avec x associé au nombre de clients.
Le bénéfice réalisé est exprimé en centaine d'euros. **Sarah pourra-t-elle réaliser un bénéfice maximal d'au moins 3 200 euros par mois ?**

Analyser - Raisonner
Réaliser

1 **Déterminer** l'expression de la dérivée de la fonction f.

2 **Résoudre** l'équation $0{,}03\,x^2 - 0{,}96\,x + 7{,}2 = 0$
a. **Utiliser** le **mode solver** de la calculatrice.
b. **Vérifier** graphiquement les résultats précédents.
Exploiter les fonctionnalités du logiciel **GeoGebra.**

3 **Établir** le tableau de variations de f sur $[0 ; 24]$. **Arrondir** les résultats **à 0,01.**

4 **Répondre** à la problématique posée en rédigeant la réponse.

Exercice 6

Le niveau sonore

Alexis est invité à une soirée de fête d'anniversaire. Il estime que le niveau sonore dépasse le « seuil de douleur » de **130 dB.**
Le niveau sonore, en décibel, est donné par la fonction f telle que : $f(x) = 10 \log(x.10^{12})$; avec x associé à l'intensité sonore en W/m². **L'estimation d'Alexis est-elle correcte ?**

Analyser - Raisonner
Réaliser

1 **Résoudre algébriquement l'équation $10 \log(x.10^{12}) = 130$.**

2 **Vérifier** graphiquement le résultat obtenu.
Exploiter les fonctionnalités du logiciel **GeoGebra.**

3 **Établir** le tableau de variations sur l'intervalle $[0 ; 10]$.

x	0 .....
Signe de $f'(x)$	+
f	

4 **Répondre** à la problématique posée en rédigeant la réponse.
L'intensité sonore mesurée lors de cette soirée est de **8,5 W/m².**

Déterminer un rang à partir duquel une suite géométrique dépasse une valeur

A Situation et données

Adama a été, cette année, victime de cyber harcèlement. Aujourd'hui, tout le lycée a visionné une vidéo qu'il aurait voulu garder privée. Il trouve le courage d'en parler à un enseignant et lui explique : « C'est allé si vite ! En quelques jours, tout le lycée était au courant ! Je l'ai juste montré à mon meilleur ami... »

Son enseignant lui explique que, dans ces cas-là, le nombre de personnes au courant augmente de **5 %** à chaque heure qui passe et qu'il vaut mieux ne pas diffuser en premier sa vidéo car il est plus difficile d'agir après.

Problématique : ***Comment se fait-il qu'un lycée de 1 200 élèves soit si vite au courant ?***

B Programmer pour répondre à la problématique

Le script **Python** ci-contre permet de renvoyer le rang à partir duquel une suite géométrique est supérieure à une valeur.

```
def u(n):
    u=8*(1.4)**n
    return u

n=0

while float(u(n))<10000:
    n=n+1

print(n)
```

S'approprier

1 **Associer** la situation à une suite géométrique (u_n) dont on définira le premier terme u_0 et de raison q.

2 **Préciser** le premier terme et la raison de la suite dans le script présenté.

Analyser - Raisonner

Réaliser

3 **Saisir** et **modifier** le script pour qu'il permette de répondre à la problématique.

Appeler l'enseignant qui vérifie ce script.

Réaliser

Communiquer

Être autonome

4 **Exécuter** le script et répondre à la problématique.

C Pour aller plus loin

En cas de cyber harcèlement, l'association e-enfance propose de nombreuses ressources :

- Sur les réseaux sociaux :
- Sur le site https://www.e-enfance.org/
- Sur leur standard téléphonique : 0 800 200 000 (gratuit, anonyme et confidentiel).

Communiquer

5 **Décrire** une situation de harcèlement. **Préciser** ce qui a été fait pour la résoudre.

PA 8 Déterminer la somme des termes consécutifs d'une suite géométrique

A Situation et données

En 2000 apparaît l'un des virus informatiques les plus marquant de l'histoire : « I love you ». Il est nommé ainsi car le virus était dissimulé dans des échanges de mails à l'objet amoureux.

Le virus se reproduisait en récupérant les contacts des boites mails. Ainsi, chaque jour, chaque ordinateur corrompu en infectait 20 autres, en ayant commencé avec 1 seul ordinateur infecté.

En quelques jours, ce sont près de 50 millions de postes reliés à internet qui ont été infectés.

Problématique : ***Comment autant de postes ont-ils pu être infectés en aussi peu de temps ?***

B Programmer pour répondre à la problématique

Le programme **Python** ci-contre renvoie à la somme des 15 premiers termes d'une suite géométrique.

```
def u(n):
    u=10*(10**n)
    return u

n=0
N=15
somme=0

while n!=N:
    somme=somme+float(u(n))
    n=n+1

print(somme)
```

S'approprier 1 2 3 4

1 **Préciser**, pour le script ci-contre :

Le premier terme de la suite ; ….

La raison ; ….

Le nombre de termes additionnés ; ….

Analyser - Raisonner 1 2 3 4

Réaliser 1 2 3 4

2 **Saisir** et **modifier** le script pour qu'il permette de répondre à la problématique.

Appeler l'enseignant qui vérifie ce script.

Réaliser 1 2 3 4

Communiquer 1 2 3 4

Être autonome 1 2 3 4

3 **Exécuter** le script et répondre à la problématique.

C Pour aller plus loin

L'épidémie de grippe de 2019 a concerné 270 000 personnes à son pic.

L'observatoire de santé publique sait par expérience que le nombre de patients atteints diminue de 20 % chaque semaine sur une durée de 14 semaines.

Problématique : ***Combien de patients la grippe aura-t-elle atteint cette année depuis le pic ?***

Appeler l'enseignant qui pourra fournir quelques indices pour **modéliser** et **résoudre** la situation.

Déterminer un encadrement ou une valeur approchée d'une solution d'une équation du type $f(x) = g(x)$

A Situation et données

Srinivasa Ramanujan est un mathématicien indien ayant marqué fortement le début du XXe siècle. Il est le producteur des « cahiers de Ramanujan » qui contiennent plusieurs milliers de résultats. Il aura fallu plus de 25 ans et l'arrivée des ordinateurs pour prouver l'ensemble de ses résultats.

Il est notamment à l'origine de la présentation de cette équation : $x^4 = \frac{2\,143}{22}$

La solution de cette équation renvoie une valeur intéressante...

Problématique : ***Quelle est cette valeur intéressante ?***

B Programmer pour répondre à la problématique

On peut assimiler l'équation de **Srinivasa Ramanujan** à une équation du type $f(x) = g(x)$.

S'approprier

1 **Indiquer** ce que valent dans ce cas-là $f(x)$ et $g(x)$.

2 **Entourer** l'équivalent de l'équation $f(x) = g(x)$.

$\frac{f(x)}{g(x)} = 0$ $\qquad$ $f(x) - g(x) = 0$ $\qquad$ $f(x) - g(x) = 1$

S'approprier / Analyser - Raisonner

3 **Annoter**, collectivement, le script afin de bien assimiler ce dernier.

Appeler l'enseignant qui vérifie la prise de notes.

Réaliser

4 **Recopier** le script et l'exécuter sur l'intervalle [0 ; 10] avec une précision de 10^{-8}.
Noter le résultat obtenu.

Communiquer / Être autonome

5 **Répondre** à la problématique.

C Pour aller plus loin

Un sportif est soupçonné de s'être injecté un produit dopant. La quantité de produit présent dans son sang est donnée approximativement par la relation suivante :

$$D(t) = 10\left(e^{-0,5t} - e^{-t}\right)$$

où t est le temps en heure après l'injection.

Le contrôle antidopage échouera à révéler sa fraude si la quantité est inférieure à 0,2.

Problématique : ***Quand le contrôle antidopage doit-il être fait au plus tard ?***

D Comprendre le script pour répondre à la problématique

```
import math

def f(x):
    return x**4

def g(x):
    return 2143/22

def h(x):
    return f(x)-g(x)

def dicho(a,b,precision):
    if b-a<=precision:
        return a,b
    else:
        c=a+(b-a)/2
        if h(a)*h(c)<=0:
            return dicho(a,c,precision)
        else:
            return dicho(c,b,precision)


sol=dicho(0,10,0.000000001)
print(sol)
```

Calculer un capital placé sous intérêts composés

A Situation et données

Hunter x Hunter est un shonen manga dessiné par **Yoshihiro Togashi**.

Le concept fort de l'œuvre réside dans la capacité des personnages à développer des pouvoirs dont la seule limite est leur imagination.

L'un des personnages, **Knuckle Bine**, a développé un pouvoir qui collecte des intérêts composés sur la santé de son adversaire via un compteur. Si ce dernier ne fait rien, la cible voit le compteur augmenter de **10 % toutes les 10 secondes**. Le compteur démarre à **254**.

Problématique : ***Comment déterminer le montant du compteur en fonction de la durée du combat ?***

B Programmer pour répondre à la problématique

Le compteur passe de **254 à 279**.

S'approprier

1 **Vérifier** qu'il s'agit bien d'une **augmentation de 10 %**.

Analyser - Raisonner
Réaliser

2 **Proposer** un script Python permettant de calculer le montant affiché par le compteur en fonction de la durée du combat.

Appeler l'enseignant qui vérifie le script ou apporte un soutien si nécessaire.

Communiquer
Être autonome

3 **Déterminer** le montant affiché par le compteur dans le cas où le combat dure autant de temps qu'il vous a fallu pour arriver à cette question.

J'ai mis .... minutes pour arriver à cette question.

Le compteur afficherait ....

C Pour aller plus loin

On fournit ci-dessous, un script **Python** permettant de calculer le montant du capital obtenu après *n* périodes d'un placement à intérêts composés.

S'approprier
Communiquer

4 **Annoter** le script afin de l'utiliser plus facilement à l'avenir.

```
def f(C0,t,n):
    Cn=C0*(1+t)**n
    print(Cn)

print(f(     ,     ,     ))
```

11 Calculer un taux moyen

A Situation et données

En géographie, la collecte de données peut prendre appui sur 3 grandes catégories de collecte :
- l'observation sur terrain ;
- la consultation de documents ;
- l'enquête par sondage, questionnaire.

L'accès à ces trois leviers peut être fastidieux, chronophage, coûteux voire impossible dans la pratique. Ce sont les raisons pour lesquelles on peut observer des trous dans certaines données.

Le tableau ci-contre est extrait des données de la banque mondiale de données.

Scolarisation des garçons dans le secondaire

Arménie	64,3 (en 2010) 66 (en 2016)
République démocratique du Congo	19,3 (en 2007) 30,7 (en 2014)
Rwanda	60,1 (en 2010) 69,5 (en 2015)
Zambie	39,5 (en 2007) 46,6 (en 2014)

Problématique : ***À quel taux annuels moyens de progression peut-on résumer les données pour ces pays ?***

B Programmer pour répondre à la problématique

1 2 3 4 *S'approprier*

1 **Préciser** l'indicateur présenté dans le tableau.

1 2 3 4 *Réaliser*

2 **Recopier** et **compléter** le tableau suivant :

Pays	Nombre d'années entre les mesures	Taux de progression
Arménie		
République démocratique du Congo		
Rwanda		
Zambie		

1 2 3 4 *S'approprier*

3 **Rappeler** la formule permettant de déterminer un taux moyen à partir d'un taux global.

1 2 3 4 *Analyser - Raisonner*
1 2 3 4 *Réaliser*

4 **Proposer** un script **Python** permettant de calculer un taux moyen à partir d'un taux global.

Appeler l'enseignant qui vérifie la progression de la démarche ainsi que le script.

1 2 3 4 *Communiquer*
1 2 3 4 *Être autonome*

5 **Répondre** à la problématique.

O1 GeoGebra : représentation graphique d'une fonction du second degré et résolution d'une équation du second degré

Utilisation du logiciel **GeoGebra** pour :

1. réaliser la représentation graphique de la fonction f définie par : $f(x) = ax^2 + bx + c$ avec $a \neq 0$.

2. résoudre graphiquement l'équation : $ax^2 + bx + c = 0$ avec $a \neq 0$.

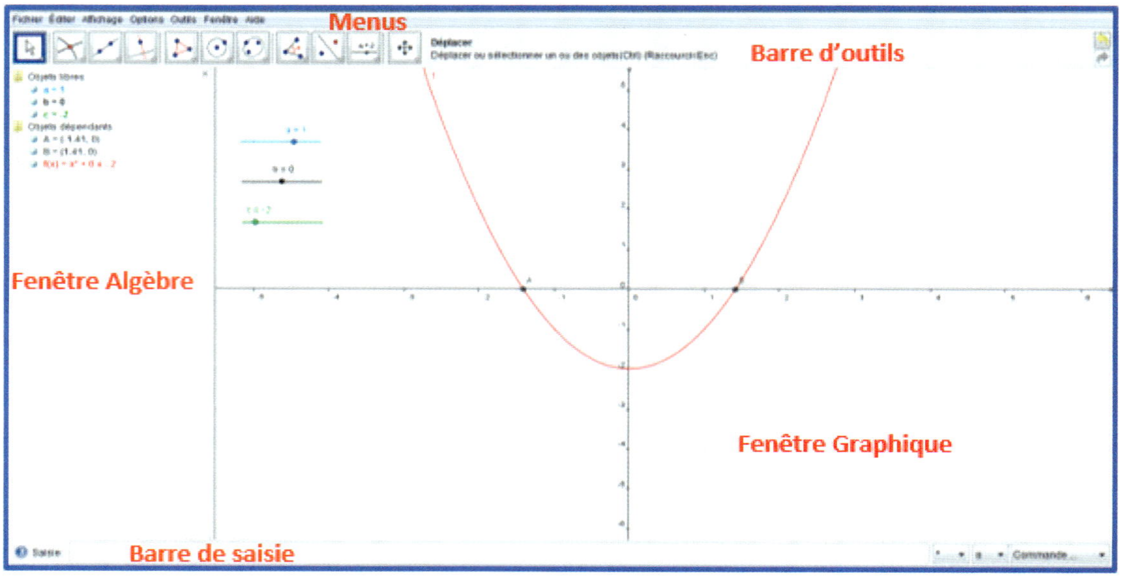

J'applique le protocole

1 **Création d'un curseur pour les coefficients a, b et c**

a. Pour le coefficient **a**.

Cliquer sur l'icône, la fenêtre « Curseur » apparait.

- **Nommer** le curseur « **a** ».
- **Préciser** l'intervalle des valeurs de « **a** ».
- **Cliquer** sur « appliquer ».

b. Pour les coefficients **b** et **c**.

Répéter le protocole décrit précédemment.

2 **Représentation graphique de la fonction f**

Écrire dans la barre de saisie : « ax^2+bx+c » puis **valider**.

Le tracé apparait dans la fenêtre graphique.

3 **Résolution graphique de : $ax^2 + bx + c = 0$**

Cliquer sur le point puis **sélectionner** « intersection » dans le menu déroulant.

Cliquer sur un point de l'axe des abscisses puis sur un point de la courbe.

- **Les points A et B apparaissent dans la fenêtre graphique.**
- **Les coordonnées, respectivement des points A et B apparaissent dans la fenêtre algèbre.**

Je vois à l'écran

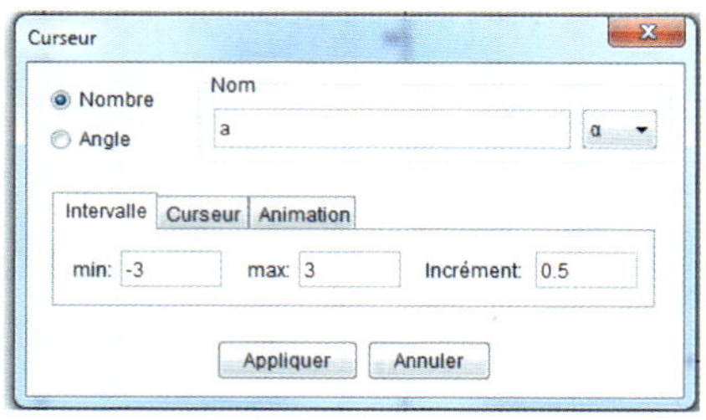

Le curseur apparait 

pour **déplacer** le curseur dans la fenêtre graphique

Saisie: f(x) = a x^2 + b x + c

pour **agir** sur la fenêtre graphique.

02 GeoGebra : résolution graphique d'équations du type : $f(x) = c$ avec f fonction du second degré

Utilisation du logiciel **GeoGebra** pour :
1. réaliser la représentation graphique de la fonction f définie par $f(x) = x^2 - 2x - 3$ sur l'intervalle $[-4 ; 6]$,
2. résoudre graphiquement l'équation $f(x) = 0$,
3. résoudre graphiquement l'équation $f(x) = c$ avec c un réel appartenant à l'intervalle $[-5 ; 15]$.

J'applique le protocole

1 Représentation graphique de la fonction f.
Écrire dans la barre de saisie :
« fonction[x^2-2x-3,-4,6] » puis **valider**.

2 Résolution graphique de : $f(x) = 0$
Cliquer sur le point puis **sélectionner** « intersection » dans le menu déroulant.
Cliquer sur un point de l'axe des abscisses puis sur un point de la courbe.

• **Les points A et B apparaissent dans la fenêtre graphique.**

• **Les coordonnées du point A et les coordonnées du point B apparaissent dans la fenêtre algèbre : A $(-1; 0)$ et B $(3; 0)$.**

3 Résolution graphique de : $f(x) = c$
• **Pour tracer la droite d'équation $y = c$:**
Cliquer sur l'icône, la fenêtre « Curseur » apparait. **Compléter** la fenêtre puis **cliquer** sur « appliquer ».
Écrire dans la barre de saisie : « y=c »
puis **valider**.
Une droite apparait.

• **Pour déterminer les points d'intersection avec la courbe de f :**
Cliquer sur le point puis **sélectionner** « intersection » dans le menu déroulant.
Cliquer sur un point de la droite d'équation $y = c$ puis sur un point de la courbe.

• **Les points C et D apparaissent dans la fenêtre graphique.**

• **Les coordonnées, respectivement des points C et D apparaissent dans la fenêtre algèbre.**

Je vois à l'écran

Saisie: **fonction[x^2-2x-3,-4,6]**

Le tracé apparait dans la fenêtre graphique.

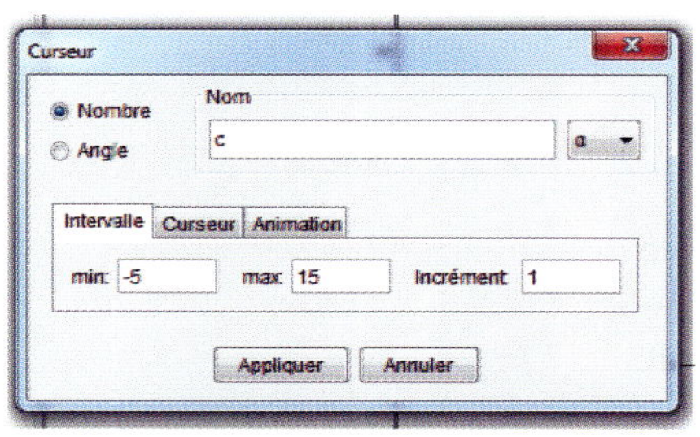

Curseur :

Saisie: **y=c**

pour **déplacer** le curseur dans la fenêtre graphique.

pour agir sur la fenêtre graphique.

03 Figures et mesures en géométrie plane

Comment faire pour tracer des figures en géométrie plane et afficher des mesures ?

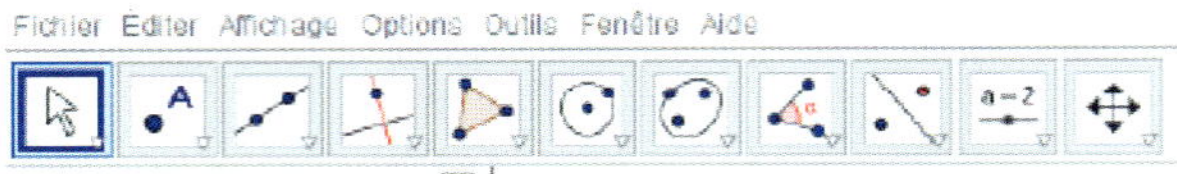

Barre d'outils

J'applique le protocole

A Placement d'un point

1. Cliquer sur l'**icône** et **placer** le point à partir de la «**barre d'outils**».

2. Rentrer les coordonnées du point **A(x;y)** en écrivant **A=(x,y)** dans la «**barre saisie**».

B Effaçage d'un point

Cliquer droit sur le point puis «**effacer**».

C Déplacement d'un point

Cliquer sur la première **icône**.

D Retour à l'étape précédente

Cliquer sur la flèche en haut à droite.

E Tracé d'un segment de longueur donnée

1. Placer un point : **voir partie A**.

2. Cliquer sur l'**icône**.

3. Rentrer la longueur voulue.

Un second point apparait.

F Tracé d'un angle de mesure donnée

1. Placer deux points : **voir partie A**.

2. Cliquer sur l'**icône**.

Un second point apparait.

G Tracé d'un polygone régulier

1. Placer un point **A(0,0)**.

2. Cliquer sur l'**icône**.

Se placer sur le point **A** puis **se déplacer** pour représenter un segment.
Une fenêtre apparait, **préciser** l'aire.

*La valeur de l'aire du polygone s'affiche dans la «fenêtre algèbre» : **poly =** ....*

H Affichage des mesures de longueur

1. Cliquer sur l'**icône**.

2. Cliquer sur les extrémités du segment mesuré.

La valeur de la mesure de la longueur du segment s'affiche dans la «fenêtre algèbre» : distance .... = ...

Je vois à l'écran

A(2,3) devient en saisie : 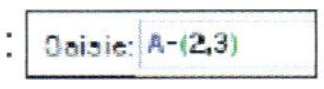

B(2,2 ; 3,5) devient en saisie : 

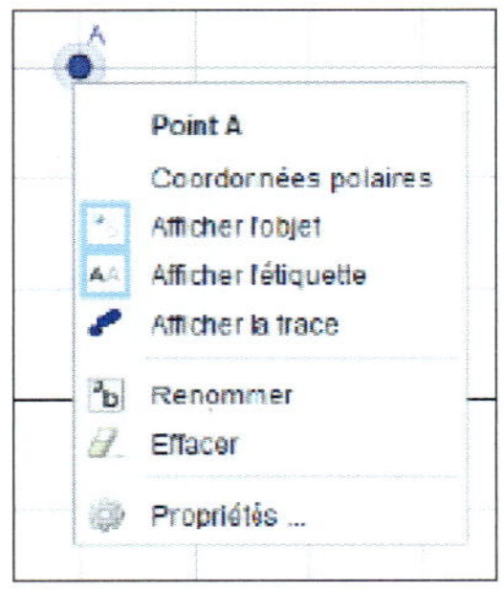

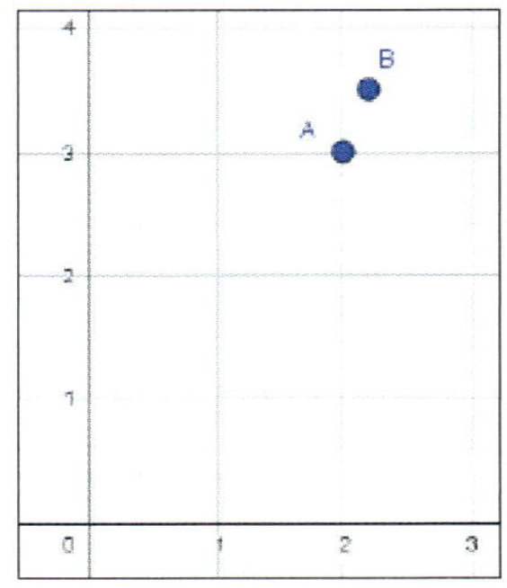

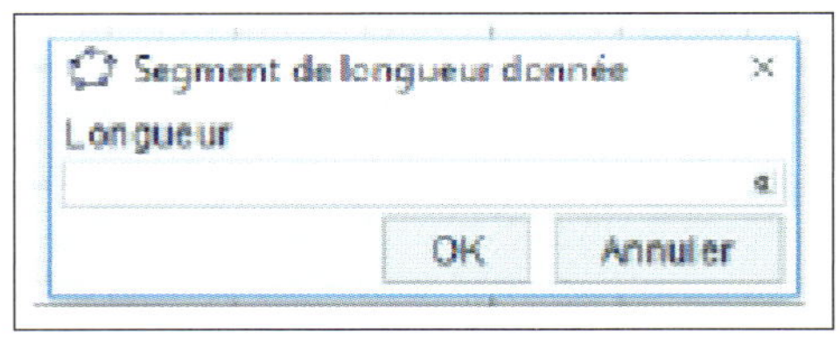

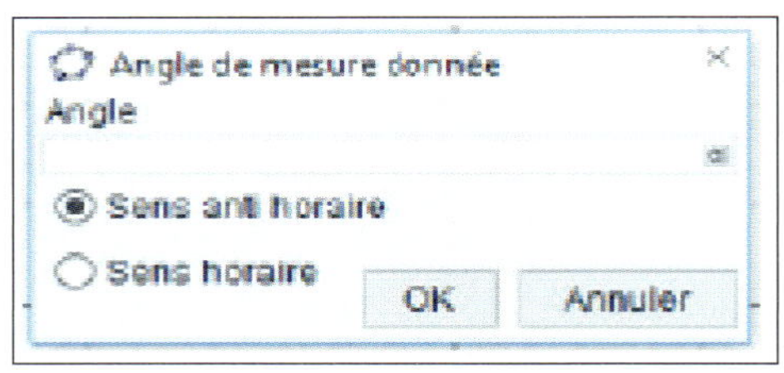

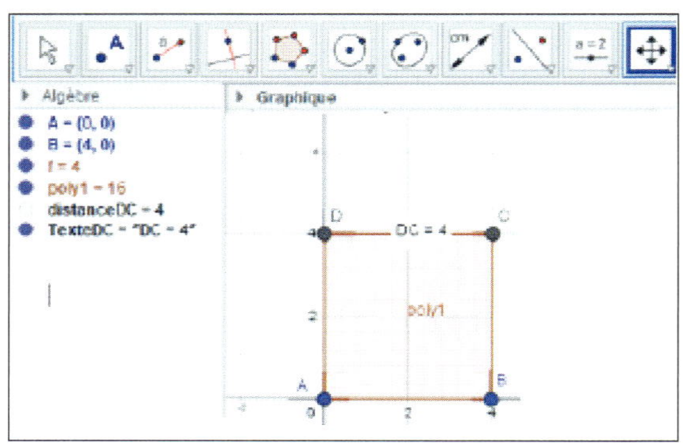

04

Solides en géométrie dans l'espace

Comment tracer des figures de géométrie dans l'espace, de mesures connues ou non ?
Consigne pour tous les solides : cliquer sur « **Affichage** » puis « **Graphique 3D** ».

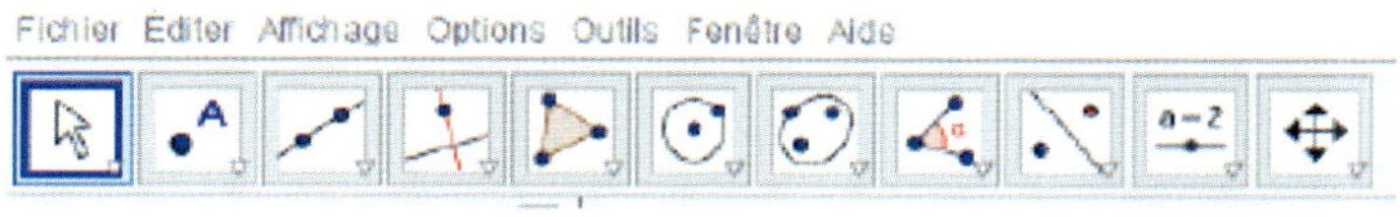

Barre d'outils

J'applique le protocole | **Je vois à l'écran**

A Tracé d'un cube d'arête 4 unités

1. Rentrer dans la « **barre Saisie** » les points **A** et **B** tels que : **A=(0,0,0)** et **B=(4,0,0)**

2. Cliquer sur le bouton cube puis sur les points **A** et **B**.

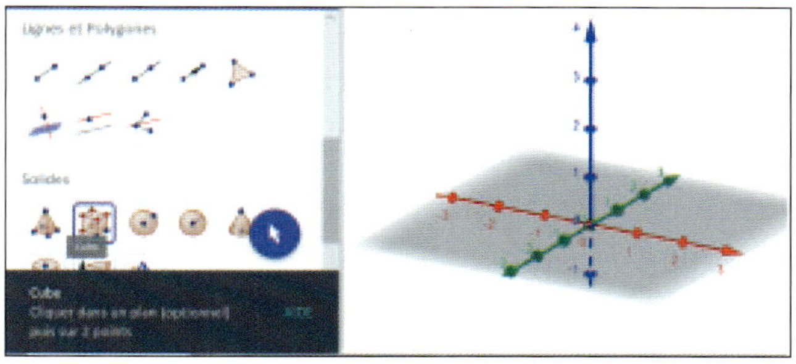

B Tracé d'une sphère

Cliquer sur le bouton « **sphère** » et choisir entre :

1. Sphère (centre-point)
Cliquer sur le bouton « **point** » pour définir le centre puis **cliquer** sur un deuxième point qui définira la sphère

OU

2. Sphère (centre-rayon)
Cliquer sur le bouton « **point** » pour définir le centre puis rentrer la valeur du rayon souhaité.

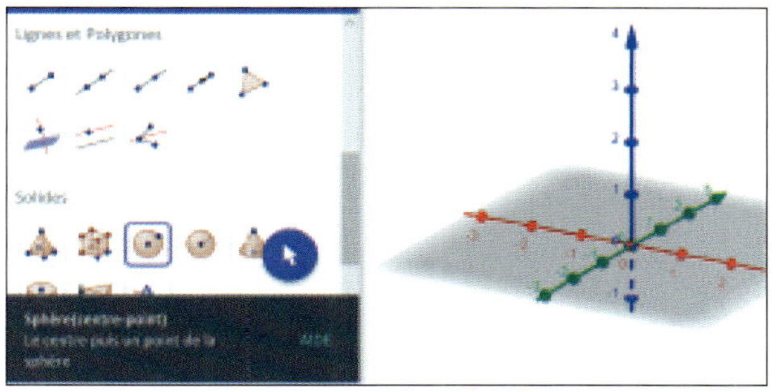

C Tracé d'une pyramide

1. Cliquer sur le bouton « **pyramide** »

2. Tracer le polygone représentant sa base

3. Placer un point représentant sa hauteur.

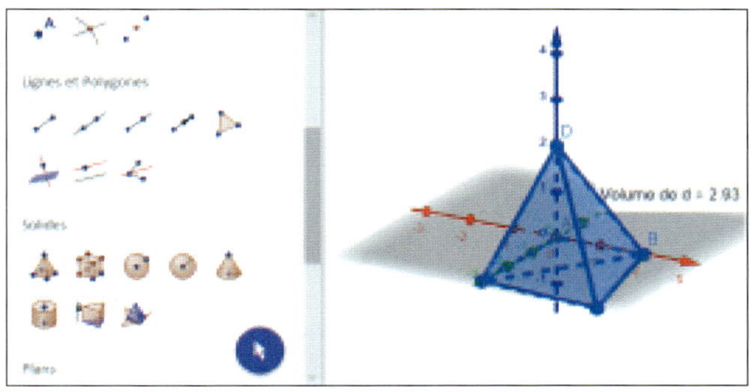

D Tracé d'un cylindre et affichage de son volume et de l'aire de la base circulaire

1. Cliquer sur le bouton « **cylindre** »

2. Cliquer sur deux points qui seront les centres des disques du cylindre.

3. Rentrer la valeur du rayon souhaité.

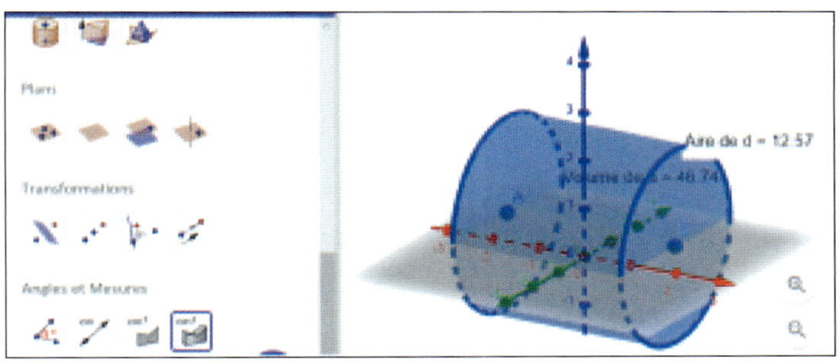

NOTATIONS POUR LOGIGRAMME ENSEMBLE ET LOGIQUE

A Éléments géométriques de construction d'un logigramme

Un logigramme est une représentation graphique d'un enchaînement d'étapes d'un raisonnement. Voici la symbolique des éléments géométriques avec les objectifs pour chacun d'eux :

1 Annonces

Utiliser en début et fin de tâches pour les annonces.

parallélogramme à angles arrondis

3 Instructions

Indiquer les calculs ou actions à faire.

rectangle

2 Requêtes et données

Saisir ou afficher ces requêtes ou données.

parallélogramme

4 Tests

Écrire les questions modifiant le parcours du logigramme.

losange

5 Enchaînements

Indiquer le parcours par un fléchage des étapes.

flèche

B Notation ensembliste

	Vocabulaire	Symbole	Signification ou schématisation	
1	**Appartient**	$\in$	$a \in A$: a appartient à l'ensemble A.	
2	**Est inclus dans**	$\subset$	$A \subset B$: l'ensemble A est inclus dans l'ensemble B. Tous les éléments de A sont dans l'ensemble B.	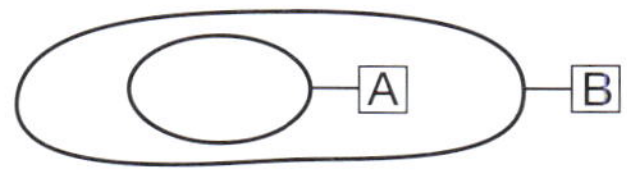
3	**Union**	$\cup$	$A \cup B$: tous les éléments des ensembles A et B sont réunis.	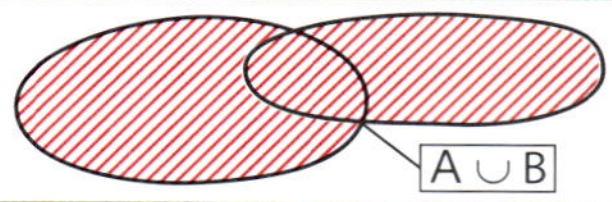
4	**Intersection**	$\cap$	$A \cap B$: c'est uniquement les éléments communs aux 2 ensembles A et B.	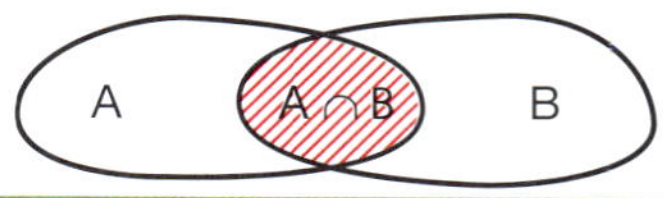
5	**Contraire**	$\bar{A}$	Si A est inclus dans B alors le contraire de A dans B désigne tous les éléments de B qui ne sont pas dans A.	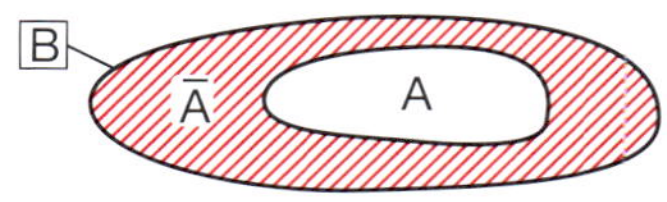
6	**Couple**	(x ; y)	(2 ; 3) est un couple. Avec les coordonnées : 2 désigne l'abcisse sur l'axe horizontal 3 désigne l'ordonnée sur l'axe vertical	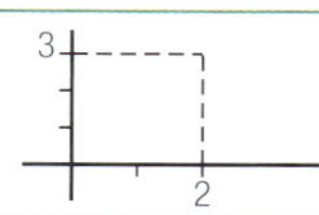
7	**Intervalle ouvert**	]a ; b[	a < valeurs < b	
8	**Intervalle semi-ouvert**	[a ; b[	a ≤ valeurs < b	
9	**Intervalle semi-ouvert**	]a ; b]	a < valeurs ≤ b	
10	**Intervalle fermé**	[a ; b]	a ≤ valeurs ≤ b	
11	**Égalité**	=	x = 3	La valeur de x vaut 3
12	**Négation**	/	Le symbole est « barré »	$a \notin A$

LETTRES UTILISÉES POUR GRANDEURS ET LEURS UNITÉS

A Lettres, grandeurs et unités en maths

l **L** **m**	largeur longueur mètre
A **m²**	aire mètre carré
V **m³**	volume mètre cube
e	constante arrondie à $e \approx 2{,}71828$
f, g, h, u, v	fonctions
O **x** **y** **z**	origine du repère abscisse ordonnée cote
h	hauteur, mais aussi heure
n_i	effectif
N	effectif total
f_i	fréquence
p	probabilité
$\bar{x}$	moyenne
M_e	médiane
π (« pi »)	constante arrondie à $\pi \approx 3{,}14$
r ou R	rayon d'un cercle/disque/sphère
d ou D	diamètre d'un cercle/disque/sphère
α	angle
° ou rad	degré ou radian

B Lettres, grandeurs et unités en sciences

I **A**	intensité électrique ampère
U **V**	tension électrique volt
P **W**	puissance électrique watt
Q **J**	quantité de chaleur joule
t **s**	temps seconde
f **Hz**	fréquence hertz
T **°C ou °F** **ou K**	période ou température degré Celsius ou Fahrenheit ou kelvin
v **m/s**	vitesse ou célérité mètre/seconde
a **m/s²**	accélération mètre/seconde²
F **N**	valeur d'une force newton
m **kg**	masse kilogramme

C Préfixes

kilo	hecto	déca	unité	déci	centi	milli			micro			nano
10^3	10^2	10^1	10^0	10^{-1}	10^{-2}	10^{-3}	10^{-4}	10^{-5}	10^{-6}	10^{-7}	10^{-8}	10^{-9}
1 000	100	10	1	0,1	0,01	0,001			0,000 001			0,000 000 001

D Conversions

Volume : 1 L = 1 dm³

Température : 1 °F = 1,8 °C + 32 ou 1 K = 1 °C + 273

Temps : 1 h = 60 min ou 1 h = 3 600 s avec 1 min = 60 s

Angle : 180 ° = π rad

E Lettres grecques

Nom en lettres	Minuscules	Nom en lettres	Minuscules	Nom en lettres	Minuscules	Nom en lettres	Minuscules
Alpha	α	Êta	η	Nu	ν	Tau	τ
Bêta	β	Thêta	θ	Pi	π	Upsilon	υ
Gamma	γ	Lambda	λ	Rhô	ρ	Phi	φ
Delta	δ	Mu	μ	Sigma	σ	Oméga	ω
Epsilon	ε						

Capacités en Première professionnelle du groupement C

Pavés	Capacités en mathématiques pour la première professionnelle (groupement C)	Vu trimestre 1	Vu trimestre 2	Vu trimestre 3
	DOMAINE : STATISTIQUE ET PROBABILITÉS			
	Statistique à deux variables quantitatives			
SP 1	a. Représenter graphiquement à l'aide d'outils numériques un nuage de points associé à une série statistique à deux variables quantitatives			
SP 1	b. Réaliser un ajustement affine, à l'aide d'outils numériques Déterminer l'équation réduite d'une droite d'ajustement par la méthode des moindres carrés, à l'aide d'outils numériques Interpoler ou extrapoler des valeurs inconnues			
SP 1	c. Déterminer le coefficient de détermination d'une série statistique à deux variables quantitatives à l'aide d'outils numériques Évaluer la pertinence d'un ajustement affine			
PA	d. Déterminer des indicateurs de position et de dispersion en utilisant les listes			
PA	e. Déterminer l'équation réduite d'une droite d'ajustement par la méthode des moindres carrés à l'aide d'outils numériques			
PA	f. Déterminer le coefficient de détermination à l'aide d'outils numériques			
	Probabilités			
SP 2	a. Calculer la probabilité d'un évènement par addition des probabilités élémentaires			
SP 2	b. Calculer les probabilités d'un évènement contraire et de la réunion d'évènements incompatibles			
SP 2	c. Compléter ou exploiter des représentations : tableaux croisés d'effectifs, diagrammes			
SP 2	d. Calculer la probabilité de la réunion, de l'intersection de deux évènements Utiliser la relation : $P(A \cup B) = P(A) + P(B) - P(A \cap B)$			
SP 2	e. Calculer des fréquences conditionnelles à partir de tableaux croisés d'effectifs			
SP 2	f. Déterminer une probabilité conditionnelle Utiliser la définition : $P_A(B) = P(A \cap B) / P(A)$			
PA	g. Estimer $P(A \cup B)$ et $P(A \cap B)$ à l'aide d'un tableur puis conjecturer la relation : $P(A \cup B) = P(A) + P(B) - P(A \cap B)$			

Pavés	Capacités	1	2	3
	DOMAINE : ALGÈBRE-ANALYSE			
	Calculs commerciaux et financiers			
AA 1	a. Calculer le montant disponible après *n* périodes de placement à intérêt simple Déterminer un taux			
AA 1	b. Calculer un coût de production, un résultat, un coût marginal			
AA 1	c. Calculer un coût moyen unitaire			
PA	d. Calculer le montant d'un capital obtenu après *n* périodes à intérêts simples			
PA	e. Déterminer un coût marginal			
PA	f. Déterminer un coût moyen unitaire			
	Suites numériques			
AA 2	a. Générer par le calcul ou à l'aide d'un outil numérique, les termes de différentes suites			
AA 2	b. Étudier le sens de variation d'une suite donnée par $u_n = f(n)$ dans des cas simples			
AA 2	c. Calculer un terme de rang donné d'une suite arithmétique définie par son premier terme et par une relation de récurrence ou par l'expression du terme de rang *n* Réaliser et exploiter une représentation graphique du nuage de points $(n ; u_n)$ dans le cas où (u_n) est une suite arithmétique Reconnaître les premiers termes d'une suite arithmétique Déterminer le sens de variation d'une suite à l'aide de sa raison			
AA 2	d. Calculer la somme des n premiers termes d'une suite arithmétique avec ou sans outils numériques			
PA	e. Calculer un terme de rang donné d'une suite numérique Calculer la somme d'un nombre fini de termes d'une suite numérique			
PA	f. Générer une liste de termes d'une suite numérique et les représenter par un nuage de points			
PA	g. Déterminer le rang à partir duquel les termes d'une suite numérique monotone sont supérieurs ou inférieurs à une valeur donnée			

	Résolution graphique d'équations ou d'inéquations			
AA 3	a. Résoudre graphiquement ou à l'aide d'un outil numérique des équations de la forme $f(x) = g(x)$ où f et g sont des fonctions			
	b. Résoudre graphiquement ou à l'aide d'un outil numérique des inéquations de la forme $f(x) \leq g(x)$ où f et g sont des fonctions			
PA	c. Déterminer par balayage un encadrement ou une valeur approchée d'une solution d'une équation $f(x) = g(x)$ lorsqu'on sait qu'elle existe dans un intervalle donné			
	Fonctions polynômes de degré 2			
AA 4	a. Visualiser à partir de la représentation graphique d'une fonction polynôme f de degré 2, le nombre possible de solution(s) de l'équation $f(x) = 0$			
	b. Donner l'allure de la représentation graphique d'une fonction polynôme de degré 2 donnée sous forme factorisée Associer une parabole à une expression algébrique de degré 2 donnée			
	c. Tester si un nombre réel est racine d'un polynôme de degré 2			
	d. Factoriser un polynôme de degré 2 donné dont les racines réelles sont connues			
	e. Déterminer les racines et le signe d'un polynôme de degré 2 donné sous forme factorisée Déterminer la deuxième solution d'une équation du second degré possédant deux solutions dont une solution est connue			
PA	f. Déterminer par balayage un encadrement ou une valeur approchée d'une racine d'une fonction polynôme de degré 2 qui n'est pas donnée sous forme factorisée lorsqu'on sait qu'elle existe dans un intervalle donné			
	Fonctions dérivées et étude des variations d'une fonction			
AA 5	a. Construire en un point la tangente à la courbe représentative d'une fonction f à l'aide d'outils numériques			
	b. Déterminer, par une lecture graphique, lorsqu'il existe, le nombre dérivé d'une fonction f en l'abscisse d'un point de la courbe représentative de cette fonction			
	c. Construire en un point la tangente à la courbe représentative d'une fonction f connaissant le nombre dérivé en ce point Écrire l'équation réduite de la tangente à une courbe en un point lorsqu'elle existe			
AA 6	d. Utiliser les formules et les règles de dérivation pour déterminer la dérivée d'une fonction polynôme de degré inférieur ou égal à 2			
	e. Étudier, sur un intervalle donné, les variations d'une fonction à partir du calcul et de l'étude du signe de sa dérivée. Dresser son tableau de variations			
	f. Déterminer un extremum d'une fonction sur un intervalle donné à partir de son sens de variation			
	g. Dresser le tableau de variations d'une fonction polynôme de degré inférieur ou égal à 2			
	h. Étudier la fonction inverse : dérivée, variations, représentation graphique Dresser son tableau de variations			
PA	i. Visualiser la tangente comme approximation affine de la fonction « à proximité » du point considéré			

DOMAINE : GÉOMÉTRIE				
	Géométrie dans l'espace			
G 1	a. Représenter un solide usuel à l'aide d'un logiciel de géométrie dynamique ou d'un logiciel métier			
	b. Exploiter une représentation d'un solide usuel ou d'un solide constitué d'un assemblage de solides usuels			
	c. En utilisant un logiciel de géométrie dynamique ou un logiciel métier : – réaliser la section d'un solide usuel par un plan – construire la section plane d'un solide passant par des points donnés			

Capacités en Terminale professionnelle du groupement C

Pavés	Capacités en mathématiques pour la terminale professionnelle (groupement C)	Vu trimestre		
		1	2	3
DOMAINE : STATISTIQUE ET PROBABILITÉS				
	Statistique à deux variables			
SP 3	a. À l'aide d'outils numériques : – choisir un modèle adapté pour réaliser un ajustement d'un nuage de points associé à une série statistique à deux variables – utiliser un ajustement pour interpoler ou extrapoler des valeurs inconnues			
	Probabilités			
SP 4	a. Représenter par un arbre de probabilités pondéré une situation aléatoire donnée			
	b. Exploiter la lecture d'un arbre de probabilités pondéré pour déterminer les probabilités des évènements associés aux différents chemins Dans des cas simples, calculer une probabilité à l'aide de la formule des probabilités totales			
	c. Montrer que deux évènements sont indépendants : $P(A \cap B) = P(A) \times P(B)$			
DOMAINE : ALGÈBRE-ANALYSE				
	Calculs commerciaux et financiers			
AA 7	a. Calculer le montant du capital obtenu après n périodes d'un placement à intérêts composés Déterminer la durée n de placement d'un capital initial C_0 à un taux t donné, pour obtenir un captal donné			
	b. Compléter un tableau d'amortissements			
	c. Calculer un taux annuel mensuel équivalent à un taux annuel donné Calculer un taux moyen			
PA	d. Calculer le capital obtenu après n périodes de placement à intérêts composés			
	e. Calculer une durée de placement pour obtenir un capital donné à un taux de placement à intérêts composés connu			
	f. Calculer le montant des annuités, des mensualités dans le cadre d'un crédit			
	g. Calculer le coût d'un crédit			
	h. Calculer au taux moyen			
	Suites numériques			
AA 8	a. Calculer un terme de rang donné d'une suite géométrique définie par son premier terme et par une relation de récurrence ou par l'expression du terme de rang n Réaliser et exploiter une représentation graphique du nuage de points $(n\,;u_n)$ dans le cas où (u_n) est une suite géométrique Déterminer le sens de variation d'une suite géométrique à l'aide de sa raison q avec $q > 0$ et son premier terme			
	b. Calculer la somme des n premiers termes d'une suite arithmétique avec ou sans outils numériques			
PA	c. Calculer un terme de rang donné d'une suite géométrique			
	d. Calculer la somme d'un nombre fini de termes d'une suite géométrique			
	e. Générer une liste de termes d'une suite géométrique et les représenter par un nuage de points			
	f. Déterminer le rang à partir duquel les termes d'une suite géométrique sont supérieurs ou inférieurs à une valeur donnée			
	Fonction polynôme de degré 3			
AA 9	a. Étudier la fonction cube : dérivée, variations, représentation graphique			
	b. Utiliser les formules et les règles de dérivation pour déterminer la dérivée d'une fonction polynôme de degré inférieur ou égal à 3 Dresser, à partir du signe de la dérivée, le tableau de variations d'une fonction polynôme de degré inférieur ou égal à 3 Exploiter le tableau de variations d'une fonction polynôme f de degré inférieur ou égal à 3 pour : – déterminer le nombre des solutions de l'équation $f(x) = c$, où c est un nombre réel – déterminer les éventuels extremum locaux de la fonction f			
PA	c. Déterminer par balayage un encadrement ou une valeur approchée d'une équation $f(x) = g(x)$ lorsqu'on sait qu'elle existe dans un intervalle donné			

	Fonctions exponentielles et logarithme décimal			
AA 10	a. Représenter graphiquement les fonctions exponentielles de base q, définies sur un intervalle donné, par $x \rightarrow q^x$ (avec q nombre réel strictement positif et différent de 1) Utiliser les propriétés opératoires des fonctions exponent elles étudiées pour transformer des écritures numériques ou littérales			
	b. Représenter graphiquement la fonction logarithme décimal sur un intervalle donné			
	c. Résoudre par le calcul, graphiquement, ou à l'aide d'outils numériques des équations du type : $q^x = a$ et $\log(x) = a$ ou des inéquations du type : $q^x \geqslant a$ (ou $q^x \leqslant a$) et $\log(x) \geqslant a$ (ou $\log(x) \leqslant a$)			
PA	d. Déterminer par balayage un encadrement ou une valeur approchée d'une équation $f(x) = g(x)$ lorsqu'on sait qu'elle existe dans un intervalle donné			

	ALGORITHMIQUE ET PROGRAMMATION			
	a. Analyser un problème Décomposer un problème en sous-problèmes			
	b. Repérer les enchaînements logiques et les traduire en instructions conditionnelles et en boucles			
	c. Choisir ou reconnaître le type d'une variable Réaliser un calcul à l'aide d'une ou plusieurs variables			
	d. Modéliser ou compléter un algorithme ou un programme Concevoir un algorithme ou un programme simple pour résoudre un problème			
	e. Comprendre ou concevoir des fonctions Compléter la définition d'une fonction Structurer un programme en ayant recours à des fonctions pour résoudre un problème donné			
	f. Générer une liste Manipuler des éléments d'une liste (ajouter, supprimer, extraire, etc) Parcourir une liste Itérer une ou plusieurs instructions sur les éléments d'une liste			

Programme complémentaire en vue de la préparation à une poursuite d'études

AA 11 Calcul intégral

AA 12 Fonctions logarithme népérien et exponentielle

Pavés du programme complémentaire sur le site compagnon

AA11 Calcul intégral

Je découvre puis Je teste mes automatismes

1. Déterminer les primitives de fonctions usuelles
2. Déterminer les primitives d'une somme de fonctions ou du produit d'une fonction par un réel avec les TIC
3. Calculer l'intégrale d'une fonction sur un intervalle donné
4. Interpréter l'intégrale comme une aire

Synthèse : Calcul intégral

Exercices : vérification des connaissances, entraînements, approfondissements, auto-évaluation

AA12 Fonctions logarithme népérien et exponentielle

Je découvre puis Je teste mes automatismes

1. Représenter graphiquement la fonction logarithme népérien
2. Étudier les variations de la fonction logarithme népérien
3. Utiliser les propriétés opératoires de la fonction exponentielle
4. Utiliser les propriétés opératoires de la fonction exponentielle

Synthèses : Fonction logarithme népérien
Fonction exponentielle de base e

Exercices : vérification des connaissances, entraînements, approfondissements, auto-évaluation

Crédits

p. 12 : Shutterstock ; **p. 14 :** AdobeStock/TeraVector ; **p. 17 :** Instagram ; **p. 20 :** AdobeStock/Pierre-Yves Babelon ; **p. 25 :** Shutterstock/Vetreno ; **p. 26 :** Shutterstock/Vectorpocket ; **p. 32 :** AdobeStock/Paulina ; **p. 33 :** AdobeStock/Africa Studio ; **p. 34 (h) :** Shutterstock/Irina Strelnikova ; **p. 34 (b) :** Shutterstock/ProStockStudio ; **p. 35 :** Shutterstock/Diana Grytsku ; **p. 36 :** Shutterstock/tsyhun ; **p. 37 :** Shutterstock/Romolo Tavani ; **p. 38 :** Shutterstock/Creative Lab ; **p. 42 :** Shutterstock/Gorodenkoff ; **p. 43 :** Shutterstock/Igor Panevski ; **p. 44 (g) :** AdobeStock/alfa27 ; **p. 44 (d) :** AdobeStock/jaime ; **p. 46 (ht) :** Shutterstock/LedyX ; **p. 46 (b) :** AdobeStock/James Thew ; **p. 52 :** Shutterstock/SofiaV ; **p. 53 :** Shutterstock/inmedialv ; **p. 61 :** Shutterstock/Colton Lee Garcia ; **p. 62 (g) :** BIS/Ph.Jean-Pierre Vieil © Archives Larbor ; **p. 62 (m) :** AdobeStock/ninell ; **p. 62 (d) :** AdobeStock/andersphoto ; **p. 64 :** Shutterstock/Anna Tigra ; **p. 65 :** AdobeStock/EsanIndyStudios ; **p. 66 :** AdobeStock/murattellioglu ; **p. 67 :** AdobeStock/Aleksei ; **p. 70 :** AdobeStock/pdesign ; **p. 71 :** Shutterstock/Droidworker ; **p. 72 (ht) :** Shutterstock/Roel Slootweg ; **p. 72 (m) :** Shutterstock/Michal Stipek ; **p. 72 (b) :** AdobeStock/siempreverde22 ; **p. 74 :** Shutterstock/Lano4ka ; **p. 75 :** Shutterstock/Flystock ; **p. 77 :** Shutterstock/Mikhail Kolesnikov ; **p. 80 :** Shutterstock/Boris Stroujko ; **p. 85 :** Shutterstock/naum ; **p. 87 :** Shutterstock/vectorlab2D ; **p. 94 (ht g) :** Shutterstock/Mega Pixel ; **p. 94 (ht m) :** Shutterstock/Kobkob ; **p. 94 (ht d) :** Shutterstock/Grzegorz Petrykowski ; **p. 94 (b g) :** Shutterstock/yukihipo ; **p. 94 (b m) :** Shutterstock ; **p. 94 (b d) :** Shutterstock/Viktor Fedorenko ; **p. 98 :** Shutterstock/Ambiento ; **p. 104 (g) :** AdobeStock/chandlervid85 ; **p. 104 (m) :** AdobeStock/teracreonte ; **p. 104 (d) :** AdobeStock/Zerbor ; **p. 105 :** AdobeStock/absent84 ; **p. 106 :** Sharon Mollerus *via* Wikimedia Commons ; **p. 108 :** AdobeStock/StratfordProductions ; **p. 114 (ht) :** Shutterstock/Prokopeva Irina ; **p. 114 (b) :** Shutterstock/Cesare Andrea Ferrari ; **p. 115 (ht) :** AdobeStock/Jean-Jacques Cordier ; **p. 115 (b) :** Shutterstock/Naci Yavuz ; **p. 117 :** Shutterstock/r.classen ; **p. 120 :** AdobeStock/Goffkein ; **p. 121 :** Netflix ; **p. 124 :** Shutterstock/wavebreakmedia ; **p. 125 :** Shutterstock/Bojan Milinkov ; **p. 126 :** Shutterstock/Targa56 ; **p. 127 :** Shutterstock/SpeedKingz ; **p. 134 :** AdobeStock/Albachiaraa ; **p. 135 :** Shutterstock/DRogatnev ; **p. 136 :** Shutterstock/LMWH ; **p. 137 :** Shutterstock/KB_3 ; **p. 139 :** Shutterstock/Syda Productions ; **p. 142 :** Shutterstock/PODIS ; **p. 143 :** Shutterstock/Pressmaster ; **p. 144 :** Shutterstock/Simone Crespiatico ; **p. 147 (g) :** Shutterstock/Farah Sadikhova ; **p. 147 (d) :** Shutterstock/AVA Bitter ; **p. 148 :** Shutterstock/MaryValery ; **p. 149 :** Shutterstock/ADD1904 ; **p. 156 :** Shutterstock/patrimonio designs ltd ; p. 158 : Shutterstock/Nsit ; p. 159 : Shutterstock/robuart ; p. 162 : Shutterstock/Bhavnaben patel ; **p. 164 :** Shutterstock/Sergey Lavrentev ; **p. 166 :** Shutterstock/robuart ; **p. 169 (ht 1) :** Shutterstock/kotikoti ; **p. 169 (ht 2) :** Shutterstock/phive ; **p. 169 (ht 3) :** Shutterstock/shinjiru ; **p. 169 (ht 4) :** Shutterstock/robuart ; **p. 169 (b 1) :** Shutterstock/DRogatnev ; **p. 169 (b 2) :** Shutterstock/Kit8.net ; **p. 169 (b 3) :** Shutterstock/Tancha ; **p. 172 :** Shutterstock/Inspired By Maps.

N° De projet 10266730
Depôt legal : Août 2020
Imprimé en Italie 2020 par Rotolito S.p.A.